生活科・総合的学習の系譜と展望

［編］
中野真志
加藤　智

三恵社

刊行にあたって

　平成 29 年 3 月に幼稚園教育要領，小学校学習指導要領および中学校学習指導要領が改訂された。今次の改訂では，育成を目指す資質・能力の明確化，「主体的・対話的で深い学び」の実現に向けた授業改善，各学校におけるカリキュラム・マネジメントの推進等がその基本方針として掲げられた。

　この中でも最も大きな改革は，教育課程全体を通して育成を目指す資質・能力を (1) 生きて働く「知識・技能」の習得，(2)「思考力・判断力・表現力等」の育成，(3)「学びに向かう力・人間性等」の涵養という三つの柱に整理するだけでなく，各教科等の目標と内容に関しても，この三つの柱に再整理したことである。幼稚園教育要領においても幼児教育の特質を踏まえながら，そのねらいや内容を領域別に示し，上述の三つの柱に沿って内容が再検討された。幼児教育から初等教育および中等教育まで資質・能力の三つの柱に基づいて一貫して構造的・体系的に示したことは，これまでにない大改革であると言えよう。そして，この教育改革を推進する方策が「主体的・対話的で深い学び」の実現に向けた授業の質的な改善であり，その実現のためには，各学校におけるカリキュラム・マネジメントが不可欠であるという。

　このような日本の教育的現状と動向の中で，本書のタイトルを『生活科・総合的学習の系譜と展望』とした。生活科および総合的な学習の時間（以下，総合的学習とする）の系譜に含まれる教育思想，教育理論および教育実践は数多く存在し，我々の力量と本書での限られた紙幅ではすべてを論じることは不可能である。それゆえ，著者たちがこれまで着目し研究してきた人物と学校の実践に焦点化した。すなわち，フランシス・W・パーカーとシカゴ学院，ジョン・デューイとデューイ実験学校，峰地光重と池田小学校つづ原分校，木下竹次と奈良女子高等師範学校附属小学校，および誕生期の社会科との関連を踏まえた奈良女子大学附属小学校の「しごと」学習である。

　さらに，生活科が新設されて約 30 年，総合的学習が特設されて約 20 年が経過した。したがって，それらを回顧し展望するという意味で，生活科誕生期のカリキュラム開発および評価，気付きの質を高める，幼児教育から小学校教育への学びの接続，生活科の主体的・対話的で深い学び，「資質・能力」時代の総合的学習，カリキュラム・マネジメント，思考ツールの活用，および教師の実践的力量

形成を各章ごとに具体的な実践例に言及しながら考察し論じた。

　子供中心に対する教師中心，教師の指導活動に対する子供の自己活動，進歩主義に対する本質主義，新教育に対する旧教育，経験主義に対する系統主義，学問的な知識・能力に対する経験的な知識・能力等，多くの国で学校教育が成立して以降，教育史はこのように二項対立的に語られてきた。この見方に従えば，生活科と総合的学習はもちろん，子供中心，子供の自己活動の重視，経験主義教育，新教育に分類されるであろう。

　しかし，現実の教育実践はそれほど単純ではなく極めて複合的である。子供の個性が多様であると同時に，教師の個性も多様である。各学校を取り巻く環境と文化も国や地域，時代によって多様である。このような多様性を考慮せず，皮相のみを捉え単純化すること自体が問題であり，新教育がいつまでも未完の教育のままである主たる要因ではないかと考えている。偉大な教育者の思想，理論および実践がそれほど容易に理想的な形で多くの学校で実践されるわけがない。当時の歴史的・文化的・社会的な文脈の中で，それらの教育思想，教育理論，教育実践を詳細に考察する必要がある。本書の全ての章で，このアプローチを達成できたとは言い難いが，実践を意識した論稿となるよう試みた。

　本書の著者の多くは，2013 年，2015 年に三恵社から刊行した『探究的・協同的な学びをつくる──生活科・総合的学習の理論と実践──』で各章を担当した者たちである。執筆にあたっては，前書と同様に，大学の研究者だけではなく，小学校教育の現場で日々実践に携わっている教育者・実践者も加わっている。

　教師になることをめざし，勉学に励みながら将来の教師像を思い描いている学生，教壇に立って間もない，あるいは初めて生活科や総合的学習を担当することになった現職教員，そして，生活科と総合的学習の理論と実践についてさらに研鑽を深めたいと考えている実践者や研究者の方々が手にとってくださり，これからの生活科や総合的学習に限らず，カリキュラム・マネジメントや幼小連携の推進，日々の授業や学級経営の改善などに役立てていただけると幸いである。

　最後に，本書の刊行に際して，三恵社の方々には，終始ご懇切な配慮をいただいたことに深い謝意を表したい。

2018 年 9 月

編著者

目　次 ————————————————————————————————

刊行にあたって　*3*

1章　フランシス・W・パーカーの中心統合法とシカゴ学院の実践　*9*
岡田 直俊・中野 真志

　I　パーカーの来歴とカリキュラム思想の発展　*10*

　II　パーカーの子供観　*13*

　III　パーカーの中心統合法　*15*

　IV　シカゴ学院における教師の実践　*17*

2章　デューイ実験学校のカリキュラムと教育実践　*27*
中野 真志

　I　デューイ実験学校の開校とその経過　*28*

　II　デューイ実験学校における統合的なカリキュラム　*30*

　III　グループIII(6歳)の実践 —— 家庭を支える社会的オキュペーション ——　*34*

　IV　社会的な共同体としての学校　*39*

3章　峰地光重の「はらっぱ教室」
——「環境を切りひらく能動的な力」と「求知的興味」——　*43*
山本 恵士朗・加藤　智

　I　峰地光重の教育観　*43*

　II　求知的興味とは　*49*

　III　成長した子供の姿から考察する求知的興味　*54*

4章 大正新教育運動と木下竹次 *59*

金津 琢哉

- Ⅰ 大正新教育運動 *60*
- Ⅱ 奈良女子高等師範学校附属小学校の相互学習 *65*

5章 奈良女子大学附属小学校における「しごと」学習
―― 誕生期の社会科との関連を踏まえて ―― *75*

清水 聖

- Ⅰ 「しごと」学習とは何か *75*
- Ⅱ 「しごと」学習の実践 *81*

6章 生活科誕生期のカリキュラム開発および評価の実態
―― 水戸市立常磐小学校の研究を基に ―― *97*

加藤 智

- Ⅰ 常磐小学校について *97*
- Ⅱ 常磐小学校の取り組みの実際 *98*

7章 生活科における主体的・対話的で深い学び *117*

中野 真志

- Ⅰ 「主体的・対話的で深い学び」による授業の質的改善 *118*
- Ⅱ 生活科における「主体的・対話的で深い学び」 *119*
- Ⅲ 生活科の「見方・考え方」と生活科の「深い学び」 *121*
- Ⅳ 「深い学び」につながる子供の姿 *124*
- Ⅴ 気付きの質の高まりと「深い学び」 *126*
- Ⅵ 気付きを確かなものにし関連付ける工夫 *128*

8章　生活科学習において気付きの質を高める手だて
──思考ツールとリフレクションを使いこなす──　*133*

中村 仁志・加藤　智

Ⅰ　生活科学習における気付きの質の高まり　*133*

Ⅱ　生活科学習における思考ツールの活用　*135*

Ⅲ　生活科学習におけるリフレクションの活用　*140*

9章　幼児教育から小学校教育への学びの接続
──リンクカリキュラムの開発──　*151*

神谷 裕子

Ⅰ　これまでの経緯　*152*

Ⅱ　スタートカリキュラムの登場　*154*

Ⅲ　接続期カリキュラム　*158*

Ⅳ　まとめ　*167*

10章　「資質・能力」時代における総合的学習の展望　*173*

中村 仁志

Ⅰ　総合的学習の「模索」の時代 ──平成10年改訂──　*173*

Ⅱ　総合的学習の「明確化」の時代 ──平成20年改訂──　*177*

Ⅲ　総合的学習の「資質・能力」の時代 ──平成29年改訂──　*179*

Ⅳ　総合的学習と教育課程の次代──知識の「意義」の明確化と構造化──　*182*

11章　これからの時代に求められる
カリキュラム・マネジメントと総合的な学習の時間　*189*

加藤　智

Ⅰ　我が国におけるカリキュラム・マネジメントの動向　*190*

Ⅱ　総合的学習におけるカリキュラム・マネジメント　*192*

Ⅲ　総合的学習におけるカリキュラム・マネジメントの推進のために　*198*

12章　総合的学習における思考ツールの活用の可能性　*207*
西野 雄一郎

Ⅰ　思考ツールとは何か　*208*

Ⅱ　実践事例「八幡の水　滋賀の水」　*212*

Ⅲ　思考ツールを適切に活用するために　*222*

13章　生活科・総合的学習における教師の実践的力量形成　*227*
荻野 嘉美

Ⅰ　教師としての原点を学ぶ ——豊富小学校・担任時代——　*228*

Ⅱ　「ふるさと総合学習」を支える共に学び合い育ち合う仲間
　　　——大雨河小学校・教務主任時代——　*233*

Ⅲ　子供と共に，地域の先生から学ぶ教師——形埜小学校・校長時代——　*237*

Ⅳ　教師の力量形成における自主サークル活動の役割　*241*

資 料（学習指導要領）　*245*

フランシス・W・パーカーの中心統合法とシカゴ学院の実践

はじめに

19世紀半ばまで米国の公立普通学校[1]で伝統的に行われていた教育の特徴は、「教育の主な目的は知識の習得にあり、その知識はやがて品性に連なり市民資質に通ずる」[2]という信念にもとづく、教師による知識注入型の授業であった。しかし、19世紀後半、産業革命に伴う米国社会の変化と公立普通学校の量的な整備が進むようになると、伝統的なカリキュラムの改革を目指す教育運動が起きるようになる。これがいわゆる「新教育運動」である。従来の教科カリキュラムに対して経験カリキュラムが登場すると、保守派の教科中心の教科カリキュラムと、進歩派の子供中心の経験カリキュラムの間で激しい論争が行われ、カリキュラムの組織的な研究が発足することとなる[3]。

新教育運動の中でも、進歩派に位置するフランシス・W・パーカー（Francis Wayland Parker, 1837-1902）は、それまで伝統的に行われていた知識習得を目的とする教科カリキュラムに対し、新しく子供中心の経験カリキュラムへの展開を図った。パーカーが活躍する以前から、米国のいくつかの地方で西欧の教育思想の導入が図られたが、あくまで地方的なものに止まっていた。1860年代に入るとニューヨーク州オスウィーゴー（Oswego）で、ペスタロッチ（Johann Heinrich Pestalozzi, 1746-1827）の思想と方法の導入が米国の教育界に大きな影響を与えた。いわゆるオスウィーゴー運動（the Oswego Movement）と呼ばれるものである。しかし、このオスウィーゴー運動も次第に形式化してしまい、ペスタロッチの思想から離れてしまう。このような中、ペスタロッチだけでなく、フレーベル（Friedrich Wilhelm August Fröbel, 1782-1852）やヘルバルト（Johann Friedrich Herbart, 1776-1841）の教育思想を生かし、学校改革を推し進めたのがフランシス・パーカーである。マサチューセッツ州クインシー市（Quincy）の教育長として1875年から1880年

の在任中「クインシー運動」（the Quincy Movement）を指導した後，師範学校の校長として進歩的な学校運営に携わったパーカーは，米国最初の本格的な教育運動を起こした人物として，ジョン・デューイ（John Dewey）から「進歩主義教育運動の父」[4]と評価されている。

　現代においても，倉沢剛が米国のカリキュラム研究の発展の中で，伝統的な教科カリキュラムに対し，初めて子供中心の経験カリキュラムの道を切り開いた人物としてパーカーを評価しているほか，高田喜久司も「パーカーの学校改革は，当時の他のどの改革にも見られない，子どもの人間性尊重という意味で，画期的な特色をもつものであった」[5]と評価している。本書のテーマが生活科および総合的な学習の時間のルーツを探るということであるならば，このパーカーの子供中心の経験カリキュラムを無視せずにはいられないだろう。

　そこで本章では，まずパーカーの教育思想を概観する。そして，パーカーの教育思想の中でも，子供中心の経験カリキュラムとして有名な「中心統合法」（the theory of concentration）について論じた後，パーカーの教育思想をもとにしたシカゴ学院の実践事例を取り上げる。

I　パーカーの来歴とカリキュラム思想の発展

パーカーの来歴

　パーカーは，1937年にニューハンプシャー州に生まれた。16歳で小学校の教壇に立つと，22歳でイリノイ州の小学校の校長となった。しかし，数年後に南北戦争が勃発すると，自ら志願し，義勇軍として従軍することになる。パーカーは戦争で負傷するも，最終的には陸軍大佐まで昇進した。終戦後は，マンチェスターのグラマー・スクールの校長，続いてオハイオ州の師範学校の校長を勤めたが，叔母の遺産5,000ドルを手にしたことから，ドイツに留学した。

　1872年から2年半の間，ドイツの大学で勉強しながらも，ヨーロッパの各地を訪れ，先進的な教育施設を目にしたパーカーは，1875年に帰国し，マサチューセッツ州のクインシー市の教育長に就任する。パーカーはそこで公立学校の改革に取り組んだ。この教育運動は「クインシー運動」と呼ばれ，全米で

大いに注目を浴びた。クインシーで行われた教育方法は「クインシー・メソッド」(Quincy Method) と呼ばれている。

　1883 年，パーカーはイリノイ州のクック師範学校 (Cook County Normal School)（後のシカゴ師範学校）の校長となった。この師範学校は，附属学校を有しており，パーカーは，この学校で 1899 年までの 17 年間，附属学校の経営にも力を入れながら，多くの教師を育てあげた。このクック師範学校の校長を勤めていた間に，パーカーのカリキュラム思想は，「クインシー・メソッド」として見出した活動主義を取り入れた教科カリキュラムから，子供を中心とする経験カリキュラムへと大きな転換を果たすのである。これらの詳細については，パーカーのカリキュラム思想の発展で述べる。

　1889 年，パーカーの支持者であったブレイン夫人 (Mrs. Emmons Blain) から 100 万ドルの寄付を受けたパーカーは，シカゴ師範学校を退き，私立の教員養成学校「シカゴ学院」(Chicago Institute) を設立する。シカゴ学院は教員養成を行う傍らで，実習校として，幼稚園から高等学校までを含む附属学校を有した。この附属学校では，パーカーの教えを受けた多くの教師が教壇に立った。しかし，1901 年にシカゴ学院はシカゴ大学が新設する教育学部と合併し，パーカーはシカゴ大学教育学部の初代学部長となる。なお，この時のシカゴ大学には哲学・心理学部・教育学部部門の学科主任としてデューイも勤めていた。

　シカゴ学院がシカゴ大学と合併した後，パーカーは再びブレイン夫人からの援助を受け，新たにパーカースクール (Francis W. Parker School) を設立したが，1902 年に 65 歳で亡くなってしまう。

　教育委員長や教員養成学校の校長，附属学校の校長として，米国の伝統的なカリキュラムに挑戦したパーカーの功績は，その後の進歩主義教育運動につながっていくのである。

パーカーのカリキュラム思想の発展

　倉沢によると，パーカーのカリキュラム思想は，三つの段階で発展している[6]。

　第一期は，ドイツの留学から帰国し，クインシー市の教育長に就任してから，

クック師範学校に活動の拠点を移し，しばらくするまでの期間である。西村誠と清水貞夫によると，パーカーはドイツで教育を1コの科学として探究しようとしたヘルバルト派の理論や，直感教授で有名なペスタロッチの教育思想，さらには幼稚園の視察も通してフレーベルの教育思想を学んだとされる[7]。そして，これらの教育思想を生かし，知識習得を目的とする米国の伝統的なカリキュラムに挑んだ。

この時期のパーカーは，子供の活動を重視しながら，地理を中心としたカリキュラムを打ち出している。その教育思想は『地理学習法』（*How to Study Geography*）に詳しい。まず，低学年には幼稚園の遊戯的要素，表現活動と直感教授を取り入れた「ビジーワーク」（Busy Work）を導入した。さらに，ヘルバルト派の影響から，主要な教科を核として，一切の学習活動を統合しようとした。ヘルバルト派であるドイツのチラー（Tuiskon Ziller）は歴史と文学を核とするカリキュラムを提示したが，パーカーは米国に合わせ地理をその中核においた。さらに，教育方法としては子供の経験を重視し，野外観察などの多くの活動が取り入れられた。これらの活動を各教科の内容に沿って学習に結び付け，学習活動の統合を図ったのである。しかし，あくまでこの時期のパーカーのカリキュラム思想は教科中心のカリキュラムに過ぎなかった。

パーカーのカリキュラム思想の第二期は，パーカーがクック師範学校に拠点を移し，しばらくした後にカリキュラムの中心をこれまでの地理から子供に転換した時から始まる。

倉沢は，第一期のカリキュラム思想を「ヘルバルト的な教科カリキュラム」，第二期のカリキュラム思想を「フレーベル的な児童中心の活動カリキュラム」としている[8]。この時期のパーカーの教育思想は『教育学講話──中心統合法の理論──』（*Talk on Pedagogics, An Outline of the Theory of Concentration*）に詳しい。この時期のパーカーは，カリキュラムの中心に子供を位置付け，教育活動の統合を図った。この考えは，ヘルバルト派の中心統合法の影響を受けており，パーカー自身も中心統合法という言葉を用いている。しかし，パーカーは従来のヘルバルト派の中心統合法とは異なる内容で中心統合法を論じている。佐藤学によれば，ヘルバルト派であったマクマリー兄弟（Charles McMurry,

Frank McMurry) の中心統合法は，ドイツのチラーの影響を受け，中心教科を低学年では文学，高学年では歴史に求め，中心教科に他の教科を従属させるものであり，一方，第二期のパーカーが唱えた中心統合法は，カリキュラムの中心を子供とし，その周りを教科が取り巻くものであったとされる[9]。パーカーの中心統合法についてはⅢ節で詳しく述べることとする。

　パーカーのカリキュラム思想の第三期は，パーカーがシカゴ師範学校を退き，シカゴ学院を設立した1899年から，彼が亡くなる1902年までである。倉沢によれば，「パーカーの児童中心の立場はいよいよ明瞭に展開され，経験カリキュラムの理論的基礎も一段と深まり，ついには殆んどデューイに近い新教育の理論水準に到達」[10]したとされる。しかし，この第三期とそれ以前の第二期について，大きなカリキュラム思想の変化は見られない。第三期の時期が短かったこと，この時期のパーカーの著作が少ないことからもこの第二期・第三期の明確な区別がつかないため，ここでは，第二期・第三期を区別せず，パーカーのカリキュラム思想において，第一期を前半，第二期・第三期を後半と位置付けることとする。

Ⅱ　パーカーの子供観

　米国で伝統的に行われていた知識習得を目的とするカリキュラムに対し，新たに経験を重視し子供を中心としたカリキュラムを唱えたパーカーは，そもそも子供をどのようなものと捉えていたのか。この節では子供中心のカリキュラムを唱えた後期のパーカーの子供観を概観する。

　パーカーは『教育学講話』の中で，まず「子供とは何か」という問いを挙げている。そして，この問いは世界の中心的な問題であり，この問いに答えることは，さらに大きな問いである「創造主であり，生命を与えた者は何か」という問いに接近することになるとしている[11]。この問いに対する答えとして，パーカーは以下のように述べる。「子供は生まれたとき，まだ耳が不自由で，口がきけなくて，目が不自由な状態で生まれてくるのであるが，しかし，それはまた神意によって，驚くべき発達の可能性をもっているのである。」[12]つまり，子供

1章 ■　フランシス・W・パーカーの中心統合法とシカゴ学院の実践　13

は生まれたときは原始的な状態で生まれてくるが，同時に神意によってそれぞれ発達の可能性を秘めているとパーカーは考えていた。そして，それぞれ発達の可能性が異なることは認めている。すなわち子供によってそれぞれ遺伝による発達の限界性の違いがあるということである。しかし，パーカーは同時に，誰も発達の限界まで成長していないと考えている。

では，子供はどのように発達していくのか。精神の発達について，パーカーによれば，身体を取り巻くすべての物は外的エネルギーをもっており，子供に外的エネルギーを働きかけてくるとされる。このエネルギーの働きかけを受けた組織は，脳へと外的エネルギーを導く。子供は一個の中心エネルギーまたは，エネルギーの複合体であり，外的エネルギーからの刺激を受けると，その精神の内部に，外界に対応する概念を形成する。概念の統一体は，精神が外部へと反応することを可能にする。子供は外的な活動によって形成された刺激の下に動き始め，泣いたり，笑ったり，もしくは，外の世界の物のにおいをかいだり，音を聞いたりするようになる[13]。このように子供は外的エネルギーの働きかけを受け，それについての概念を形成し，外界への反応を自ら増やすことにより，さらに外界からの刺激を増やし，自身の概念を増やし，再構成していくのである。

高田はパーカーの子供観について，三つの重要な示唆があるとする。一つ目は，パーカーが子供の本質を「神性」の観念で意味づけていることである。子供の本質は神的なものであるとするならば，子供は自然と善なるものを求める。このことが，子供が自ら発達していくことを尊重し，教師が極力干渉を控えるパーカーの教授観につながったと指摘する。二つ目は，パーカーが子供を発達の可能性をもつ存在と認識していることである。遺伝の限界は認めつつも，その限界までは発達する可能性をもつとすることで，教師は子供が最大限に発達する諸条件を整え，人格の完成という目的に向かって努力する必要があるという教授観につながる。三つ目は，子供をエネルギーの複合体として捉えていることである。上述したように，外的エネルギーの働きかけを受けて，子供は概念を形成していく。教師の役割として，子供に外的エネルギーを働きかけることは必要だが，同時に形成された概念から子供は自ら外界への反応を増やし，

外界からの刺激を増やしていくとパーカーは考えたため，伝統的なカリキュラムで行われてきた教師の一方的な知識の注入に疑問を呈するのである[14]。

このようにパーカーは子供の本質を神性なものとした上で，子供が外的エネルギーと子供の中心エネルギーの相互作用によって発達すると考えた。この考えは，伝統的なカリキュラムにおいて行われた知識注入の授業を否定し，子供の活動を重視する経験カリキュラムの基礎となっている。

Ⅲ パーカーの中心統合法

前節で論じた子供観を踏まえて，パーカーはどのような教育を目指したのか。ここではパーカーの唱えた中心統合法を取り上げる。パーカーの中心統合法の大きな特徴は，それまでのヘルバルト派が述べてきた中心統合法とは異なり，その中心に教科ではなく子供が置かれていることである。教科中心の伝統的なカリキュラムに対して，パーカーが子供を中心としながら，どのようにして教育活動の統合を図ったかについてこの節で論じる。

そもそも伝統的なカリキュラムとパーカーのそれぞれの教育の目的は何か。倉沢によると，伝統的なカリキュラムの教育の目的は，「知識の習得にあり，その知識がやがて品性に連なり市民資質に通ずる」[15]とされている。一方，パーカーは教育の目的を「品性の陶冶」[16]としながらも，教育とは「人間の成長と発達の可能性のすべてを実現させること」[17]であり，「精神的・モラル的な発達のすべては自己活動（self-activity）による」[18]としている。この教育観には，前節で論じた子供観が大きく関わっていると言える。このような教育観のもとでパーカーは中心統合法について図1[19]の図解を示している。

図1からカリキュラムの中心には子供が置かれているのが分かる。その周りには，外的エネルギーを働きかける存在がある。これらが，子供に働きかけることで，「自発活動（spontaeous activities）」[20]をよび起こす。この自発活動とは「子どもの生得的な力が外的刺激によって活動し始める本能的・自然的な心的行為」[21]とされる。さらに自発活動について，自然な形でなされているのは，就学前の幼児や学校外での自然の中での遊びや生活の場においてであり，ここ

では，子供はいきいきとした興味をもって，教科（音楽，童話，神話，歴史，科学，宗教，地理，言語，数学，美術など）の初歩を無意識に学習し始めていると高田は述べる[22]。パーカーの子供観を踏まえると，外的刺激を受け，形成された概念はこれら教科の初歩であろう。そして，外界にさらに反応することにより，教科の初歩となる概念をさらに形成し再構築していく。これが各教科につながるのである。

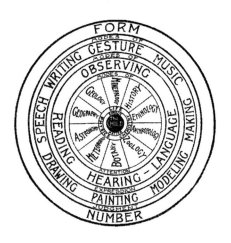

図1　中心統合法の理論図解

　外的エネルギーを与える存在としての生命，物理，化学の外側には，自発活動によって学ばれうる教科（歴史学，民族学，人類学，動物学，気象学，天文学，地理学，地質学，鉱物学）が置かれる。パーカーは教科について，中心（思想）教科があるとしている。中心教科は，魂と創造の真理の間の抵抗の最も少ない道すじをさし示し，その方向をさし示すものである[23]。つまり，子供の発達の可能性を実現するという目的において，中心教科の学習は，その発達を最も効率的に実現するためのものであると言える。また，パーカーが子供の自発的な学習と根気強い興味の対象には，中心教科のすべてが含まれる[24]と述べていることを踏まえると，中心教科とは図1に示される歴史学などを取り扱う教科の総称であると言える。

　さらにパーカーは，中心教科での教育的な思考を発達させる教科として形式教科をおいた。具体的に読み方，書き方，数学，芸術，手工（Manual Training），音楽，スピーチ，体育（Physical Culture），言語の教科に分けてパーカーは言及している[25]。これら形式教科が中心教科の外に三つの様式として位置される。

　中心教科のすぐ外には，注意の様式として，観察，聞き方，読み方が挙げられる。パーカーによれば注意には，二つの定義がある。「第一の定義は意識に対

する外的なものの特性によるはたらきかけは一定の意識活動をひきおこす。第二の定義は、注意とは、意志のはたらきによって、心身を外部の特性や外的なもののはたらきかけに対し、最も経済的な状態に保持しておくことである。」(強調は原文ママ)[26]つまり、観察、聞き方、読み方を通して、そのままでは意識を向けなかったであろう事物や対象に意識を集中させ、概念をより適切なものに変容させていくのである。

注意の三様式の外側には、音楽や製作、模型作りなどの表現の諸様式が置かれる。西村らは「表現は、思考(思想)や感情を身体的な活動を通して表出し、これを強めるものである。」[27]と述べる。

中心統合法のもっとも外側に位置するのが、判断の様式である。子供を中心とした一切の教育活動は、最終的にこの判断、すなわち事物を理解し、主体的、自律的に判断していく力を身につけることを目標としなければならない。図1にある形(form)と数(number)は、判断の最も典型的なものである。

これら注意、表現、判断のそれぞれの様式は別々に習得されるのではなく、中心教科の学習を通して、これら三つが習得されるべきであるとパーカーは考えた。伝統的なカリキュラムにおいては、形式教科にあたるこれら三つは、それぞれで教えられていたため、パーカーの中心統合法は、従来よりも効率的で効果的であったと言える。

このようにパーカーの中心統合法においては、子供が中心に位置し、子供の自発活動によって中心教科が学ばれ、注意、表現、判断に関わる形式教科は中心教科における思想の発達を強化するために中心教科と関連して学ばれる。

Ⅳ シカゴ学院における教師の実践

本節では、前節までで論じたパーカーの子供観、中心統合法の理論が、どのように実践されていたのかを、パーカーが晩年に設立し、校長を勤めたシカゴ学院の実践事例から、第2学年と第5学年の実践事例を用いて明らかにする。なお、本書の目的は生活科と総合的な学習の時間(以下、総合的学習と称す)のルーツを探ることであるため、実践の典型として低学年で一つ、高学年で一

つ取り上げることとする。

シカゴ学院第2学年10月の実践

　まずシカゴ学院第2学年の実践を取り上げる。この学年ではどのような教科があり，それぞれでどのような実践が行われていたか。ここでは，1900年10月の実践例を取り上げる。

表1　シカゴ学院第2学年1990年10月の実践内容一覧[28]

教科	主な内容
歴史	穴居人(原始人)の生活。穴居人の生活の肖像作り。フィールド自然史博物館への訪問。
文学	聖書の物語，原始人についての物語など。
地理学	洞穴。石灰石に穴をあける実験。地下水の働き。
自然学習	収穫。農場の訪問と，作物の貯蓄方法。植物の種の配布。
相関する数	自然学習,歴史,手工,体育,産業芸術に関連する簡単な足し算,掛け算,割り算。
読み方	子供の興味,活動,経験に関連したものを読む。
読み方・綴り方	正しい句読法や綴り方。
学校の家政学	月2回,昼食における果物の準備と給仕。そのための出納帳とレシピ本作り。
芸術	原始人の模型製作。指人形の劇場作りなど。
手仕事(Hand-Work)	辞書,模型製作のためのエプロン作りなど。
劇のような芸術	指人形劇の脚本作り。
音楽	「収穫の時間」「秋の歌」など。
手工 (Manual Training)	機織り機の作成。絵のための大きな包みの作成。
体育	身体測定。栄養,感覚の検査。原始的な遊戯。

パーカーの中心統合法では，子供の外側に中心となる教科があることを述べたが，彼の中心統合法と表1から判断すると，中心教科は歴史，地理，自然学習であろう。ここでは，歴史で穴居人の学習を，地理で洞穴の学習をそれぞれ行っている。パーカーは，学習の主題について以下のように述べている。

　　学習の二つの主題がある。すなわち，人間と自然である。二つは創造の分野では本来一つである。無知やうぬぼれのために，時々人によって分けられるが，この分野をわける線は存在しない。教科は過去に，知識を教育の目的とする理想のもとで分けられ，孤立された。品性の理想のもとでは，それらは関連され，化学，地理，歴史，それらを含むすべてが真に一つになる。それぞれの学習は，そのようにその他すべてを高める[29]。

　このように，パーカーは形式教科が中心教科の中で学ばれるだけでなく，中心教科同士も人間と自然という二つの主題で関連され一つになることを主張した。実践においても，このように洞穴と穴居人という内容で地理と歴史を結び付けようとしたことが分かる。
　しかし，表1のみでは具体的にそれぞれの活動が分からない。そこで具体例として以下に，シカゴ学院第2学年1990年10月の歴史の実践を挙げる。

　　第2学年としての1年間のワークは，子供が直接必要としていることの学習と，そのことに関係した人類の経験の学習である。大まかな学習は子供の環境によって作られる。また，子供は学校や家庭生活で必要なこととして考えていることを選ぶ。子供は自分の衣服や食べ物や住まいが多くの個人の労働の結果として供給されていることを知る。そして，彼が楽しいと満足することは，共同体の生活から可能になる。子供が現在の社会の条件に気づき，理解するのを助ける手段として，それらの条件を取り去ることを想像したり，原始人によって解決されたりするに違いない衣服や食べ物や住まいの供給の問題を，どのように子供は解決しようとするかを問われる。

野生動物からの攻撃の危険性は，守るための武器の発明を余儀なくされるだろう。また，住まいの必要性は洞穴の家の使用を指摘するだろう。子供たちは，洞穴を組み立て，それに粘土で作られた偏狭だったに違いないオキュペーションに従事している穴居人の肖像を設置する。

　子供たちは，フィールド自然史博物館を訪れ，この方法や，写真，立体幻灯機の使用を通して，穴居人によって使われた道具，武器，用具，または彼らの装飾品の種類について詳しくなるだろう。

　あるグループの調査の結果は，別のグループに劇での表現や読み物という形成で伝えられる[30]。

　ここから，第2学年の子供たちが実際に穴居人の住まいを再現していること，フィールド自然史博物館を訪れていたことから，座学だけでなく子供の活動が単元の中に取り入れられていたことが分かる。また，第2学年の芸術の教科の内容には「原始人の模型制作。指人形の劇場のための背景の色塗り。秋の景色の色塗り。」[31]という記述があった。原始人の模型製作とは，歴史における「穴居人の肖像を設置する」活動に使用する穴居人のことである。パーカーの中心統合法で述べたように，形式教科の活動は中心教科と関連して行われていることが分かる。

シカゴ学院第5学年10月の実践

　シカゴ学院第2学年では，歴史，地理が人間と自然という学習の主題において関連していた。では，他の学年はどうなっていたか。そこで次に第5学年1900年10月の実践を取り上げ考察する。

表2　シカゴ学院第5学年1990年10月の実践内容一覧[32)

教科	主な内容
歴史	ニューイングランドの入植と初期産業の発展。 清教徒によるニューイングランドの入植の歴史,地理,産業(農業,製造業,漁業など)の発展の様子の学習。
地理学	氷河。 ストーニーアイランド(Stony Island)への氷河の見学。
自然学習	植物,動物のための天気の観測。 温度計,雨量計などの記録。植物への霜の影響。
数のワーク	スキアメーター(Skiameter)[33)の読み取り,種の散布からの割合の学習。雨量計の観察記録からの,平均降雨量の計算。
言語(英語)	ストーニーアイランドでの観察記録。種の散布方法の概要。植物への霜の影響の学習の記述,清教徒の子供の生活の物語作り。
言語(ドイツ語)	耳の訓練。読み方,書き方。
言語(フランス語)	種の散布との相関。
劇のような読み方	清教徒の海外移住者の習慣,服装,家庭生活。
音楽	「収穫の歌」,清教徒の讃美歌など。
模型作り	陶器製造の実験。
織物技術	清教徒の衣装作成。羊毛の紡績。手織物。
手工	キャンバスのための木の枠の作成。スキアメーターの作成。機織り機の製造。
体育	基本の体操,遊戯,屋内外のレクリエーション。

　第5学年においても中心教科は歴史，地理，自然学習の三つである。それぞれの内容を見ると，歴史においてはニューイングランドの入植について，地理においては氷河，自然学習においては植物と動物のための天気の観測であり，それぞれの相関はないように見受けられる。確かに内容レベルでの相関はない

が，地理の内容の中に「シカゴについての地形と風景を，歴史において学習したニューイングランドの地形や風景と比較する。」[34]という記述があった。つまり，地理の授業において，歴史の学習内容を用いていたことが分かる。

　中心教科と形式教科については数多くの相関があった。例えば，数のワークの内容について以下に挙げる。

　　スキアメーターで得られた記録から見つける。
　(1) 正午に縦断図単位の日照の柱によっておおわれた水平の面の面積
　(2) 8時9時10時同じ柱によっておおわれた地域
　(3) 四つの場合における照明の強さの比率
　　　　この比率を単位ごとに表現する種にかかわるワークにおいて得られた記録から，学習した種の何％が風によって散布されるものか。何％が水によるものか。何％が自ら動物にくっつくものか。何％が食べられるものに包まれた種か。何％を種自身が食べられるものかを発見する。
　　　　それぞれの典型的な地域で見つけられた種で同じことをし，その結果を比較する。雨量計で得た観測結果から，以下の地域で，豪雨の間の降水量をバレルやトンで計算する。
　(1) 都市ブロック
　(2) リンカーン公園（約400エーカー）その月の間で降ったすべての量に気づく。天気の記録から10月の間の降雨量の平均が分かり，それ以前の10月の降雨と比べる。パーセントとしてその結果を表す。
　　　天気の記録の情報から，10月の晴れ，曇り，雨の一日の割合が分かる。[35]

　このように，学習内容が太陽の影響，種の比率および降水量などの計算となっており，自然学習と大きく関連している。さらに，言語（英語）は，以下の通りである。

　　　英語。書くワーク。ストーニーアイランドへの旅行とそこで観察された

様子，それを作りだした原因の提案も含めての叙述。種を散布させた方法の概要。霜の植物への影響に関する生徒の学習の結果の概要。清教徒の子供の生活における独自の物語。[36]

　英語についても自然学習との相関が見られる。この時間には，氷河への旅行とその観察結果の記述があり，パーカーの述べるように，中心教科で行った活動を英語の時間を使って振り返るようになっている。また，英語の時間については，自然学習の内容である種，歴史の内容である清教徒を取り扱っており，一つの形式教科に一つの中心教科ではなく，一つの形式教科でいくつもの教科と相関することがあったということが分かる。

　また，表2の手工の時間には「スキアメーターの作成」がある。上記の英語，数のワーク，自然学習の活動内容を踏まえると，自然学習で取り扱っている内容をもとに，教科が複数相関していることが分かる。一つの主題である教科とある教科を相関させるだけでなく，三つ以上の教科も相関し合うことが分かった。パーカーが中心統合法において，子供を中心に一切の教育活動を統合することを図ったように，実践においてもパーカーの教育思想通り，各教科を一対一で相関させるだけでなく，それぞれの教科で相関し合うカリキュラムを展開していったのである。

　パーカーは，一切の教育活動の統合を図った。二つの主題として人間と自然を挙げている。つまり，パーカーの中心統合法では人間と自然という主題のもと，中心教科は一つになり，形式教科はその中心教科の思考を強化する役割を果たすはずである。しかし，第2学年の中心教科の内容はそれぞれ歴史が穴居人，地理が洞穴，自然学習が収穫と種の配布となっている。歴史と地理においての相関は認められるが，自然学習においては，歴史や地理との相関は認められない。また，第5学年においても，歴史の内容がニューイングランド，地理の内容が氷河，自然学習の内容が天気の観測となっており，こちらは3教科の内容にそれぞれに相関があるとは言えない。これらのことから今回用いた第2学年，第5学年の資料に限り，必ずしも内容によって教科を相関させることができたわけではないということが言える。今後は，他学年や他の月の実践の検

討を通し，人間と自然という主題を用いて各教科をどのように相関させることを図ったのか，また，子供の自発活動が教科の学習とどのように結びついたかを考察する。

おわりに

　本章ではまずパーカーの来歴を紹介した後，パーカーの子供観を概観した。さらに，子供観を踏まえた上でのパーカーの中心統合法について述べ，パーカーの中心統合法が，子供を中心として位置付け，その外側に自発活動から学ばれる中心教科，さらに外側に注意，表現，判断の形式教科が位置付けられたことを示した。また，シカゴ学院の実践事例を取り上げることにより，シカゴ学院では，形式教科は中心教科の内容と相関して行われていたこと，中心教科同士については，内容を基に相関が図られたことを示した。

　パーカーの教育思想は我が国にも影響を与えている。稲垣忠彦は我が国の総合学習に一世紀以上の歴史があるとし，明治末期の実践として，樋口勘次郎の「飛鳥山遠足」の例を挙げているが，その際に樋口がパーカーの中心統合法を参照して統合主義の実践を試みたことに言及している[37]。この樋口の実践は現在の総合的学習のルーツの一つである。また，高田はデューイの業績を認めつつも，公立学校においてより現実的な教育実践を展開したパーカーに，我が国の個性的で自由な生活や学習への主体性の確立を中核とした教育改革のルーツや原型を探っている[38]。当時の米国の伝統的なカリキュラムに挑戦したパーカーの子供中心の経験カリキュラムは，詰め込み教育への反省として導入された生活科・総合的学習の在り方の原型であろう。生活科・総合的学習は，各教科との結びつきが非常に強い教科である。特に総合的学習においては教科横断的な学習が，その理念の一つでもある。パーカーの中心統合法と，シカゴ学院における実践事例は，総合的学習と一つの教科の関連だけでなく，複数の教科と生活科と総合的学習の体系的な相関の可能性を我々に示してくれるだろう。

（岡田直俊・中野真志）

【注】

1) 高田は「common school」を「公立普通学校」と訳しているため，ここではその訳に従う。（高田喜久司（1981）「フランシス・W・パーカー ——学校改革の先駆者——」市村尚久編集『現代に生きる教育思想 第1巻 アメリカ』ぎょうせい，p.285。）

2) 倉沢剛（1985）『米国カリキュラム研究史』風間書房，p.86。

3) 同上書，p.95。

4) John Dewey (1930). "How Much Freedom in New York," Jo A. Boyston (Ed.), *The Later works of John Dewey : 1929–1930,* Vol.5, Southern Illinois University Press, 2008, p.320.

5) 高田，前掲書1，p.286。

6) 倉沢，前掲書2，p.120。

7) 西村誠・清水貞夫（1976）「訳者解説」『中心統合法の理論』梅根悟・勝田守一監修，明治図書，pp.227–228。

8) 倉沢，前掲書2，p.131。

9) 佐藤学（1990）『米国カリキュラム改造史研究——単元学習の創造——』東京大学出版会，pp.43–49。

10) 倉沢，前掲書2，p.131。

11) Francis Wayland Parker (1894). *Talks on Pedagogics: An Outline of the Theory of Concentration,* D. Appleton and Co., p.3.（以下，この原稿の翻訳に関しては，パーカー著，西村誠，清水貞夫訳，前掲書7を参考にした。）

12) Parker (1894). *op. cit.,* p.4.

13) *Ibid.,* p.5.

14) 高田喜久司（2009）「F・W・パーカーの児童観」教育方法研究会『教育方法学研究』，pp.4-6。

15) 倉沢，前掲書2，pp.86-87。

16) Francis Wayland Parker (1900). "The Plan and Purpose of the Chicago Institute," *The Course of Study,* 1 (1)， p.10.

17) Parker (1894). *op. cit.,* p.25.

18) *Ibid.,* p.25.

19) Parker (1894). *op. cit.,* p.ii.

20) 西村・清水，前掲書7，p.248。

21) 高田喜久司，前掲書1，p.307。

22）同上書，pp.307–308。

23）Parker (1894). *op. cit.*, p.27.

24）*Ibid.*, p.16.

25）Parker (1900). *op. cit.*, pp.13–14.

26）Parker (1894). *op. cit.*, p.120.

27）西村・清水，前掲書 6，p.248。

28）Antoinette Hollister (1900). "Second Grade," *The Course of Study,* 1 (2), pp.159–160. をもとに筆者作成。なお，家庭の家政学については，Flora J. Cooke (1900) "Cooking in the Primary Grades No. I." *The Course of Study,* 1 (2), pp.137–138. をもとに作成。

29）Parker (1900). *op. cit.*, p.12.

30）Hollister (1900). *op. cit.*, p.159.

31）*Ibid.*, p.160.

32）Willard Streeter Bass (1900). "Fifth Grade," *The Course of Study,* 1 (2), pp.165–168. をもとに筆者作成。

33）スキアメーターとは，太陽の高さを測る装置のことである。

34）Bass (1900). *op. cit.*, p.166.

35）*Ibid.*, p.166.

36）*Ibid.*, pp.166–167.

37）稲垣忠彦（2000）『総合学習を創る　シリーズ教育の挑戦』岩波書店，pp.3–4。

38）高田喜久司（1987）「パーカーの教育実践とデューイ」日本デューイ学会『日本デューイ学会紀要』(28)，p.143。

デューイ実験学校の カリキュラムと教育実践

はじめに

　ジョン・デューイ（(John Dewey) を世界的に有名にした『学校と社会』(The School and Society) は1899年にシカゴ大学出版会から刊行された。その本は，同年2月，デューイがシカゴ大学附属実験学校（以下，デューイ実験学校と称す）の保護者会で行った講演，「シカゴ大学附属小学校の3年間」(Three Years of the University Elementary School) と4月に保護者や後援者の集会で行った講演の速記録を印刷したものであった。

　初版は1,000部発行されたが，当時の批評家からはそれほど注目されなかった。しかし，教育の指導者，教師，教育に関心のある一般の人々には好評であった。なぜなら，もともとこの書物はデューイの講演であり，簡潔でわかりやすく書かれていたからだ。それゆえ，直ぐにベストセラーとなり，その後，10年間で7版を重ね，多くの外国語に翻訳された。日本でも1901（明治34）年に上野陽一により全訳に近い抄訳が出版され，1905（明治5）年には，文部省が馬場是一郎に訳出させ，文部省訳として日本書籍株式会社から出版された[1]。

　『学校と社会』はデューイの教育思想を一般の人々に普及させたこと以上に，デューイ実験学校を全米中の教育者たちに注目させた。それゆえ，ミシガン大学の教育学の教授，ヒンズデール（B. A. Hinsdale）は，この実験学校が今，非常に注目されていて，国内あるいは世界中の他のどの小学校よりも，その興味深い実験の成果への耳目を集めていると力説した[2]。

　本章では，以下，デューイ実験学校における統合的なカリキュラムに関して，心理的な諸要因と社会的な諸要因の同等の調和，およびオキュペーションによるカリキュラムの統合という観点で考察する。さらに，グループⅢ（6歳）の具体的な実践事例を取り上げ，心理的諸要因と社会的諸要因の同等の調和を達成するために，どのような教育実践が行われていたのかについて述べる。

Ⅰ　デューイ実験学校の開校とその経過

　1894年7月，デューイは34歳という若さながら，シカゴ大学の哲学と心理学と教育学をあわせた，新しい哲学科の主任教授として招聘された。そして，1895年秋学期からシカゴ大学教育学科が開設され，さらに1896年1月にデューイ実験学校が開校する。

　1月のある月曜日，シカゴ大学のキャンパスに近い57番街389番地の住宅を借りて，その学校は開校した。そこには大きな窓と日当たりの良い部屋があり，さらにその住宅は遊び場に囲まれていた。6歳から9歳までの16人の子供が在籍し，開講当日は12人が出席した。担任は，クック師範学校の教師であったミッチェル（Clara I. Mitchell）1人であり，後に教育学部大学院生のスメッドレイ（Frederick W. Smedley）が手工を指導した。最初の朝は歌で始まり，庭や台所などの使い方に関する子供たちの知識だけでなく彼らの観察力を調べるような試験も行われた。それから，子供たちは机に着いて厚紙を与えられ，朝の終わりまでには，鉛筆や他の文房具のための紙箱を完成させた。そして，その朝のプログラムの最後は体育であった。メイヒュー（Katherine C. Mayhew）とエドワーズ（Anna C. Edwards）によれば，最初の6ヶ月間は「試行錯誤」の時期であり，すべきでないことの指標になったという[4]。

　デューイ実験学校は，その後，1896年10月にキンバーク街（Kimbark Avenue）5714番地に移転した。6歳から11歳までの32人の子供たちが在籍し，正規の教師は，文学と歴史担当のミッチェル，理科と家庭科担当のキャンプ（Katherine Camp），手工担当のスメッドレイの3名であった。その他，音楽の非常勤教師，シカゴ大学教育学科からの大学院生の助手が3人いた。また，健康の問題にも特別に注意が払われ，子供たちはシカゴ大学の体育館を利用することができ，大学の女子体育の担当であったアンダーソン（Anderson）の指導を受けた。彼女はそれぞれの子供たちの身体的な必要性についての入念な研究を行っていた。

　デューイ実験学校は，1896年12月末の休暇中に57番街とロザリー・コート（Rosalie Court）の南東の角に立つ旧南公園のクラブハウスに移転した。新校

舎の地階には工作のための場所，3階には体操と遊びの部屋として利用できる大きな広間，その他に5つの風通しと採光の良い部屋があった。1階には約45人が着席でき，全体集会の部屋として利用できる部屋があり，南側には音楽室，図書室，裁縫室として利用できる部屋もあり，2階の北側の部屋は台所と実験室，南の端の部屋は食堂，中間にある部屋は芸術の活動，授業の部屋として利用される予定であった。

この新しい校舎に移転したため，新学期ではさらに12名子供を受け入れることが可能となった。入学希望者の数はもっと多かったが，教師の人数を考えると，子供たちの最大在籍者数は40名だと判断された。そして，12名のほとんどが欠員待ちの子供たちであった。1897年2月当時の記録では，6歳から10歳までの子供たちが在籍し，5つのグループに分けられていた。

1897年の12月までには，教員数は16人になり，子供の数が60人に増えたので，デューイ実験学校は再び，より大きな校舎が必要になった。1898年10月に，学校はエリス街（Ellis Avenue）5412番地の古い住宅地に移転し，この時に部門制を採用するようになった。また，4歳から5歳の子供を含む下位小学校（幼稚園部）部門が加えられ，82名の子供が在籍した。最年長は14歳であった。新校舎には，隣接した室内体育館と工作室，大きな屋根裏部屋があり，それは芸術と織物の教室として利用された。理科部門には二つの実験室，一つは物理と化学を組み合わせた部屋，もう一つは生物の部屋があった。歴史部門は英語部門と共有の三つの特別室があった。家庭科室には当時，二つのグループが一緒に学習できる十分な広さの台所と二つの食堂があった。

1900年，1901年，1902年とデューイ実験学校の生徒数は増加し続け，最人で140人の子供たちが在籍した。教員と講師の数も23人まで増え，大学院生の助手が約10名いた。学校の規模が大きくなったので，教員組織もより正式な形となり，デューイは引き続き実験学校の総責任者（Director）であり，シカゴ大学教育学科のヤング（E. F. Young）が総監督となった。デューイ夫人はこれまでも非公式に実験学校を手伝っていたが，正式に校長となった。

2章 ■ デューイ実験学校のカリキュラムと教育実践 | 29

Ⅱ デューイ実験学校における統合的なカリキュラム

1　心理的諸要因と社会的諸要因の同等の調和

　デューイはシカゴ大学に着任してまもなく実験学校の構想を練り始め，1895年に「大学附属初等学校の組織計画」（以下，「組織計画」と称す）を私的に印刷し配付した。この計画に示された構成的活動は，子供の本来的な衝動を発達させ，歴史，文学および科学という体系化された知識の総体へと導き，カリキュラムを統合させる機能をもっていた。デューイは実験学校でこのカリキュラム構想を検証しようとしていたのである。そのことは1896年と1897年の実践報告において，一貫して子供の活動と他のワークとの関連，ワークの社会的側面が重視されていたことからも明らかである。なぜなら，デューイ実験学校において社会的諸要因と心理的諸要因を同等に調和させるカリキュラムを開発しようとしていたからだ。

　では，なぜ，そのようなカリキュラムを求めたのか。当時，W.T. ハリス（William T. Harris）は合衆国で最も有名な教育哲学者であった。彼は1889年から1906年まで合衆国の教育長であり，十五人委員会の「学科の相互関係」分科委員会の委員長も務めた。ハリスは，「数学」，「地理」，「文学と芸術」，「文法」および「歴史」という学科が子供を西洋の社会的，知的伝統の適切で正しい理解に導くことができると確信していた。彼にとって，学校の諸教科は興味よりも努力を通して習得されるひとまとまりの事実と原則であった。教師の責務は，大人としての自覚および体系的な知識を習得するように子供を導くことであった。したがって，遊びではなく勉強が強調された。子供が教科の学習で困難を示すことなど，ハリスにはそれほど重要な問題ではなかった。子供は，成熟し完成した形で文明の成果に取り組まなければならなかったのである。ハリスはまさに，当時の人文主義カリキュラムの代弁者であった。

　デューイはハリスのカリキュラム論に異議を唱えた。そして，教育的価値を決定する上で心理学的根拠を軽視するような十五人委員会の報告書におけるハリスの見解が二元論の必然的な結果であると指摘した[5]。デューイは，ある学習を選択し配置する基準が子供を文明の要求に適応させる上で価値があるとい

うことに反対しなかった[6]。しかし、十五人委員会およびハリスの他の文書に含まれているカリキュラムの社会的決定論は心理学的な観点を排除する意味が込められていると批判したのでる[7]。

デューイは「論理学的な観点は事実がすでに発見され、すでに分類され類別され、体系化されていると仮定する。それは教材を客観的な観点で扱う。唯一の関心はその事実が本当に事実であるかどうか、使用される説明と解釈の理論が信頼できるかどうかである。」[8]と述べ、さらに「心理学的な観点から、我々は生き生きとした個人的な経験としての学習に関心がある。地理は分類され議論されるひとまとまりの事実と原則であるだけでなく、それはまた実際に個人が世界について感じ考える一つの方法でもある。それは前者となるまえに後者とならなければならない。」[9]と主張する。すなわち、各教科は事実と原則の総体である前に生き生きとした個人の経験となるべきであった。

結局、デューイは、当時の人文主義者による「組織された知識の総体を第一義とする論理学的な立場」と発達主義者による「子供の精神的諸操作を第一義とする心理学的な立場」の継続的論争において、どちらか一方を支持することはなかった。彼らの論争が本質的に誤りであることを指摘し、実験学校のカリキュラムにおいて心理的諸要因と社会的諸要因を同等に調和させようとした。

2 オキュペーションによるカリキュラムの統合

デューイは、「組織計画」において、オキュペーションではなく典型的活動もしくは構成的活動という言葉を使用した。しかし、1895年11月29日付、C.I.ミッチェル宛ての手紙の中では、オキュペーションと社会的オキュペーションという言葉が使用されている。デューイは、この手紙の中でオキュペーションと社会的オキュペーションに社会的な関連と歴史的な発展の意味を加え、実験学校のカリキュラムの中心に位置付けようとしていた。しかし、それらはカリキュラム論として十分に洗練されてはいなかった。後に、デューイ実験学校のカリキュラム開発の中で改善されていったのである。

では、なぜ、彼は、「組織計画」でオキュペーションという言葉を使用しなかったのか。典型的活動にも社会的な関連と歴史的な発展という意味が含まれ

てはいたが，オキュペーションという言葉の方がより適していたと思われる。
しかし，当時，この言葉は誤解を招きやすく，職業教育および仕事への過度の
強調と見なされる危険性があった。さらに，デューイは，実験学校の教師たち
がカリキュラムにおけるオキュペーションの本質と意味を短期間で理解するこ
とが難しいと判断したのであろう。それゆえ，「組織計画」と実験学校の初期の
カリキュラム構想と実践報告において，典型的活動，構成的活動および実験的
活動等の言葉が使用されたと推察できる。

　また，当時の人文主義的なカリキュラムを批判する者たちと同様，デューイ
もアメリカ・ヘルバルト主義の「文化史段階説」に魅力を感じ，その着想を実
験学校に取り入れたのであったが，現存するどの諸教科も理想的なカリキュラ
ムの統合を与えないと考えていた。デューイ実験学校のカリキュラムも歴史的
な発生反復を応用していたが，その反復は歴史的な諸段階ではなく，人間の基
本的な社会的諸活動の進化をたどっていた。したがって，実験学校のカリキュ
ラムには，「文化史段階説」との表面的な類似性を越えて，真の統合と相関を
目指す基本的な変容が存在したのである。

　デューイは，オキュペーションを「子供の側では一つの活動形態であって，
社会生活で営まれているいくつかの作業の形式を再現したり，それと類似した
形態で行われたりする活動である。」[10]と定義し，「オキュペーションにおける
心理学の根本的要点は経験の知的局面と実践的局面のバランスを維持すること
である。」[11]と述べた。デューイ実験学校のオキュペーションは，木材と道具を
用いた工作室での作業，料理，裁縫，さらには織物の作業によって代表されて
いた。そして，このオキュペーションを基軸に構築されたカリキュラムが個人
的諸要因と社会的諸要因を同等に調和させることができると考えられた。

　A.G. ワース（Arthur G. Wirth）は，デューイ実験学校のカリキュラムにお
けるオキュペーションの役割として①子供の学校での学習活動と学校外での経
験を関係づける機会を提供する，②子供の四つの自然な衝動，つまり，「構成的
衝動」，「調査的，実験的衝動」，「社会的衝動」，「表現的衝動」を利用する手段
を提供する，③学校は社会生活の諸活動が継続される場所であると子供が実感
できる，④より深い自由な教育経験を確保する手段である，ことを明らかにし

ている[12]。

　ワースのこのような結論は概ね妥当だと考えられるが，次の三点を指摘したい。第一に，オキュペーションは，「社会的諸要因と心理的諸要因を同等に調和」させること，カリキュラムの二つの次元，「教師の側」と「子供の側」を統一させるという要求から導かれたことである。なぜなら，これはデューイ実験学校における実験の主要な目的であり，その学校の一貫した基本的主題であったからだ。したがって，ワースが明らかにしたオキュペーションの役割もすべてこの基本的な主題から導かれたのである。

　第二に，オキュペーションが子供の発達に適合した学習経験を与え，それらを水平的，垂直的に統合しながら発展するするカリキュラムの中核であったことを忘れてはならない。それは，デューイ実験学校において子供の発達段階の定式化が試みられたこと，また，デューイが，「この学校におけるオキュペーションは……自然の素材と過程への科学的な洞察の活発な中心であり，そこから子供たちが人間の歴史的な発展の実感へと導かれる出発点である。」[13]と述べていることからも明らかである。

　第三に，オキュペーションの着想は，デューイ，実験学校の教師，学生と大学院生の助手およびシカゴ大学の教員によるカリキュラムの開発と改善のための協同的な努力を通して洗練され発展していったことである。子供の実際的な指導だけでなく，実験学校の運営，教材の選択，学科課程の案出，そこに含まれている教育上の原理と方法も固定したものではなく，このような協同によって徐々に変化し発展し続けた[14]。そして，実験学校のカリキュラムの理論と実践の変容とともに，デューイの教育理論も変化し，発展し続けたのである。

　ところで，先述したようにデューイも「文化史段階説」に魅力を感じていたため，実験学校の初期のカリキュラムは，その表面的な枠組みでは文化史段階説に類似していた。例えば，年少者のグループは原始人の家を建てる活動に従事し，年長者のグループは古代ギリシアの文明を学習していた。しかし，オキュペーションを軸にその組織と内容を組み替えようとしていた。そして，実験的な実践の結果，小学校低学年の社会的オキュペーションが，この成長段階の基礎として適切であると考えられた。小学校低学年で既存の教科に替わるカ

2章 ■ デューイ実験学校のカリキュラムと教育実践 33

リキュラムの構成要素として社会的オキュペーションを確立したのであった。

　なぜなら，原始人の生活において衣・食・住を学習することは，その年齢の子供の心理にとって隔たりがあったからである。子供たちを取り巻く現在の周囲環境，身近であり，それに触れ，体験できる自然的・社会的事象にこそ，子供たちが興味と関心を示す。また，発展的に学習を展開することができると実証されたからだ。

　この社会的オキュペーションの確立は，その後のタイラー原理に代表されるカリキュラム理論によって考察すると，デューイ実験学校のカリキュラムにおける学習経験の選択と組織化の変更と言えよう[15]。デューイにとって，社会的オキュペーションは単なるカリキュラム開発の方法概念ではなく，方法と内容を統合するものであった。なぜなら，デューイは，1897年の「学校カリキュラムの心理的側面」(The Psychological Aspect of the School Curriculum) の中で，方法と内容の二元論は「一方では精神的な操作と他方では知的な内容の二元論，つまり，精神とそれが操作する素材の二元論であり……経験における主体と客体の間の二元論である。」[16]と主張しているからだ。この見解は1916年の『民主主義と教育』においても変わらず，デューイは第13章「方法の本質」で「題材 (subject matter) と方法の統一」について詳細に論じている[17]。

Ⅲ　グループⅢ（6歳）の実践
──家庭を支える社会的オキュペーション──

　では，デューイ実験学校において個人的諸要因と社会的諸要因の同等の調和を達成するために，どのような教育実践が行われたのか。『デューイ・スクール』(The Dewey School) からその一端を見てみよう。

　以下，グループⅢの実践である[18]。このクラスの担任は理科の教師であるキャサリン・アンドルーズ (Katherine Andrews) であった。そして，ウィン・ラッカースティーン (Wynne Lackersteen) というアシスタントが一人いた。授業時間は午前9時から12時まで，幼稚部より30分長くなった。これまでの実験的な試みの成果として，この年齢に最も適した題材には「現存のオ

キュペーション」が選択された。

グループⅢは平均17名であった。ホームルームは、邸宅の一番良い部屋の一つであり、生物学の実験室としても使用されていた。そして、部屋には東向きと南向きの大きな張り出し窓とクローゼットがあり、奥まった小室が備わっていた。子供たちは、ここに集めた多くの生き物、植物や動物を飼うための飼育器や水槽を置いていた。

この部屋で子供たちは1日平均1時間半から2時間過ごした。この時間は、オキュペーションの学習について相談したり、それを劇化するのに利用されたりした。子供たちはグループに分かれて学習したが、全体で集会をしたり、コーラスをしたりした。グループⅢは2週間に一度、7歳児のグループⅣと一緒に屋外や体操場で遊びやゲームをした。そして、週に2,3回は幼稚部の部屋で幼児と一緒に30分ほど遊びと音楽を楽しんだ。

授業の展開は、どのグループもだいたい同じであった。授業開始後10分から15分間、それまでにやってきたこと、なぜ成功したのか、なぜ失敗したのかについてクラスで話し合った。そして、その日の計画を立て、仕事の分担を決めた。どの子供も順番にリーダーになり、部屋を移動しても大人から支援を受けることができるよう計画表を持ち歩いていた。

子供たちの興味や指導力には個人差があったが、たいてい計画をよく覚えていた。6歳児の主な興味は遊びにあったので、多くの時間が活動に費やされた。週に2時間だけが、知的な学習や社会的な活動についての物語や話し合いにあてられた。工作室での構成的な活動、料理および数のゲームと結びつけて具体的な数について学習することは、この年齢の子供としては珍しいことであった。しかし、このような方法で2年間、頻繁に長さ、重さ、容量に関する測定の単位が段階的に導入され教えられた。その結果、子供たちは数をよく理解し、後に算数の諸関係や表現を巧みに利用することができた。

また、度々遠足に行くことによって、子供たちに観察する態度と音楽やあらゆる芸術の形を含む構成的な表現力がバランスよく養われた。子供たちは、目的をもって見るように、つまり、実際の場所に戻って情報を得るために絵を描くように励まされた。言い換えれば、子供たちは6歳のレベルで研究するよう

励まされたのである。

1　子供の社会的な興味とオキュペーション

　現在のオキュペーションの学習は生活に必要な食べ物を強調したので，グループⅢは食べ物の学習に多くの時間を費やした。台所という実験室で，子供たちには，素材を混ぜ合わせたり，作ったものを見せ合ったり批評し合ったりする機会が多く与えられた。

　この学校での2年間の成果として，身近な自然や社会についての子供たちの知識は深められ広げられていた。それぞれの子供は，自分の家と他の家には類似点があり，手紙，食物，衣服，日常生活の必需品を運んで来る多くの人のサービスを通して，ある程度，すべてがより大きな社会や世界に依存していることがわかった。

　子供の興味は主に，運ばれてくる物ではなく運んで来る人にあった。そして，その人が何をしたか，どのようにしたのか，結果としてどうなったかが，子供たちの好奇心をかき立てた。人々，そして時々，彼らのオキュペーションが，子供の学習，会話，遊びの主題となった。遊びを通して，しだいに人への興味が，家庭や身近な地域の外の活動へと広がっていった。例えば，牛乳屋さんごっこを通して，子供の興味が，牛乳を運んでくる牛乳屋さん，牛乳配達の仕事とその真似をする楽しさから牛乳へ，牛乳はどこで生産されるのか，それはどのように作られるのかへと移っていったのである。

　このような考えはお話という形で最も良く伝えられる。というのはお話は子供たちが好む表現方法であるからだ。そしてお話は子供の知性に対応する。それは，何かを為したり，試したり，使ったりした事実を含み，子供の感情を引きつけるような共通の着想によって，様々な人や物や出来事を結びつける現実的な全体でなければならない。

　例えば，「とうもろこし」の学習は，子供がその成長を見て，自分で皮や殻を取って，それを挽いて粉にしたので，6歳の子供にはとても興味がありワクワクさせる学習であった。しかし，このような個人的な経験の背景がなければ，農場と農夫，粉屋と製粉場のお話から切り離された「とうもろこし」の学習は，

それが生活に果たす役割と実用性が見失われてしまうことになる。

　したがって，学習の社会的側面と科学的側面は切り離せなかった。人間と自然との意識的な区別は，後における熟考と抽象化の結果であり，それゆえ，この年齢の子供たちの精神的能力をはるかに超えているからだ。子供に土，空気，水，鳥，獣，花をそれらの環境における他の諸要因との関係，全生命過程におけるその機能から切り離して学ばせることは，自然環境と人々，人々の活動の相互関係，相互作用を分断することである。想像力が及ばず，子供は学びの道筋を見失い，その興味はしだいに消えてしまう。その結果，子供にとって自然は意味のない細部の塊となるのである。

　対照的に，自然物が人間的な意味や人間とのつながりをもつ時に，生活それ自体との関連を通して，対象への道筋は子供の精神を起点として明らかになる。生活の統一性は，それが子供にそれ自体を示す時，結びつけられ，生活の異なるオキュペーションへと進む。植物，動物，地理的な条件の多様性，それらについての描画，造形，ゲーム，構成的ワーク，数の計算は，精神的，感情的な満足を与える方法である。学習した様々な事柄と獲得された能力の相互作用によって，子供の精神的な成長の統一は維持されることが発見された。

　さらに，現在のオキュペーションの学習は初等教育の二つの原則，すなわち①よく知っているすでに経験したものから未知の遠いものへ，②子供の想像力の果たす役割を重視するという原則に適合していた。子供は毎日，他の子供から新しい情報を得たり，お互いに知識や経験を交換したりする機会をもった。彼らは，常に新たな観察を必要とし，自らのイメージを働かせ何か新しく有益なものを実感することに満足を見出していた。そのために観察結果を集め，より幅広く観察し続けたのであった。

2　劇遊び，小麦の流通

　劇遊びは，活動の新しい展開を導き，また学習の成果をまとめる手段として役だった。ある時，小麦の流通に関する劇が始まった。その劇の舞台としての農園と製粉場が大きな積み木で作られた。いく人かの子供が農夫になり，他の子供は粉屋になった。農夫は小麦を製粉場まで運ぶ。粉屋がそれを挽いて粉に

する。農夫は粉屋に小麦粉の一部を手数料として支払い，パンにするために残りを袋に入れ家に持って帰る。この袋は子供たちが準備していた。荷馬車が必要となり，1日か2日で作り始めると，馬の数より多くなった。日ごとに，アイディアがふくらみ，適宜，教師からの助言が与えられた。

　時代が変わると，農夫が小麦を運ぶ近くの小さな製粉場がなくなり，何マイルも離れた大きな製粉場に小麦を持っていかなければならなくなった。そこで多くの農場からの小麦を挽いて粉にした。農夫は小麦粉が欲しいときには，近くの町の食料品店から買った。農場から大きな製粉場へ，そして製粉場から小麦粉を運ぶための近代的な輸送手段について，子供が思いつくには少し時間がかかった。再び，劇遊びになり，子供たちは，農夫，列車乗務員，製粉工，そして異なる町の食料品屋になった。

　劇遊びが上手くいくためには，多くの準備が必要となった。小さな農夫は再び，工作室で小麦や小麦粉を測る模型を作るのに忙しくなった。教師の工夫によって，それらは，すべて底が同じ大きさで高さだけが異なる円形の容器にした。偶然ではあるが論理的に思考し，子供たちは上手く演じるために，穀物を測る道具の使い方を学ばなければならないと分かった。劇に必要な複雑な演技を論理的に組み立てることに関して，教師は子供たちを支援する必要があった。初めに計画する時に，それぞれの子供に大きな紙と鉛筆が与えられ，計画したアイディアを示す図を描いた。町や都市は円で，農場は四角で，鉄道は線で示し，劇の出来事は絵で描いた。

　とうもろこし，オート麦等の他の穀物が小麦と同じ方法で学習された。各事例の活動が進展するにつれて，工作室，裁縫室，織物室，美術室との密接な連携が必要となった。子供たちはグループや個人で，荷馬車，柵，杭，家の材木あるいは家具を作るのを援助してもらうために頻繁に工作室を訪れた。他の子供たちは，小麦の袋や機織りで敷物を作るために織物室に殺到した。あるいは，敷物や本のカバーのデザイン，記録のイラストを描くために美術室に行った。尽きることのない活動の中で，何を使うのか，そしてその使用方法を知る必要性がたくさんあった。それは，リアルな生活の質と可能性をもっていた。本物であり，望ましい目的に結びついていた。それは簡単過ぎず，また難し過ぎな

38

かったので，子供の達成したという満足感と次のより大きな仕事への魅力が交互に現れた。

Ⅳ 社会的な共同体としての学校

　デューイは実験学校の教職員とともに「社会的な共同体としての学校」を構想し，そのアイディアを実践において検証しようとした。彼は先述の「組織計画」の冒頭で「すべての教育の究極的な問題は心理的諸要因と社会諸要因を同等に調和させることである」[19]と述べている。それはデューイが生涯かけて取り組んだ重要な問題の一つであった。

　我々は，一方で個人の可能な限りの発達，つまり個人の自己実現を教育の目的と考える。他方で社会の改善も教育の目的である。教育における社会的な諸要因とは，個人の自己実現を「社会的な目的」に調和させるという意味を含んでいる。デューイにとって，そのような調和を達成する一つの方法は学校を小さな共同体にすることであった。

　学校という共同体で子供が生活し，参加し，貢献するのである。そこでは，子供に現れる個性は共同体を豊かにするために利用され，現実において試される。なぜなら，人間は社会的な経験の中で育てられる時にのみ，各個人の精神と自己を獲得する社会的な存在であると考えられたからだ。この事実は，当時，多くの訪問者が夢中になった実験学校の印象とは全く異なる。その後，急速に発展した進歩主義的な学校は，個人に完全な自由を与えるために存在し，そして社会的な関係や責任を無視するか，少なくとも軽視する方法で「子供中心」であり，そうでなければならないと理解されていたからだ。さらに，このようなデューイ実験学校の構想で特に重要なことは，学校の教育的作用が「単に何か他のもの，あるいは将来の生活への準備として」[20]ではなく，現在の子供にとって価値のあることに方向づけられるべきだということであった。

　デューイ実験学校の時代，主流であった教育は，現存する社会秩序が効果的に機能するために，次世代を準備することであり，子供の興味は，職業的な能力もしくは文化遺産の駆使能力のどちらかによってもたらされる将来の報酬の

2章 ■ デューイ実験学校のカリキュラムと教育実践 ｜ 39

下位に置かれていた。しかし、デューイは、子供の興味や関心、そして子供の経験から出発し、現実的世界の知的駆使能力へと導く教育過程に主要な関心があったのである。

先述のグループⅢの教育実践でも明らかなように、学校に入学した時、幼い子供たちの学習の中心は、家庭でよく知っている社会生活と連続性をもつ活動であった。子供たちが成熟するにつれて、その活動は、家庭生活と近隣、より大きな地域社会との関連へと広がっていった。これらの関連は、時代をさかのぼるだけでなく現在の外側の社会や世界へと導かれ、歴史だけでなく現存する社会的な活動のより複雑な形式へも導かれたのであった。

おわりに

これまで本章で明らかにして来たように、デューイ実験学校の教師たちは、当時の学校で子供たちの興味や関心、イマジネーションと創造力を無視して教えられていた伝統的な教科を変革し、子供たちが生き生きと学べるためのプロジェクトや活動を考案した。しかし、デューイとデューイ実験学校の教師たちは、カリキュラムとそれを構成する教科およびその元となる学問分野を決して軽視してはいなかった。

その事実にもかかわらず、デューイの弟子たちの多くはデューイ実験学校から誤った教訓を引き出した。教科を時代遅れの遺物と見なし、正規の教科を教えることから子供たちを解放すること自体に目的を見出したのである[21]。彼らは、主にプロジェクトから構成された新しいプログラムを教科に基づくカリキュラムに代えようとし、それがデューイに従っていることだと信じていた[22]。

その結果、周知の通り、アメリカで新教育（New Education）と呼ばれる時代の多くの学校で行われた生活カリキュラムの教育理論と教育実践は、残念ながら活動主義や体験主義と批判され、学問と文化遺産の軽視、子供の学力低下の責任を問われることになり、しだいに衰退していった。

しかし、デューイ実験学校の理論と実践を詳細に考察すれば、デューイに「子供中心」のレッテルを貼ること自体、表面的で誤解だということが明確であろう。そして、デューイが主張する「社会的な共同体」としての学校という教

育哲学，オキュペーションの理論と実践は，子供の自主性に対する教師の指導性，自由に対する管理という狭間で揺れ動く今日の生活科および総合的学習の理論と実践にとって示唆に富んでいる。さらに，教科等の横断的で総合的な学習活動を「総合的な学習の時間」の範囲内だけに留めるのではなく，学校のカリキュラム全体，全ての教科等における教育活動全体に応用することの意義，価値および可能性という意味でも学ぶべき教訓が数多く存在する。

　しかしながら，アメリカ・カリキュラム史研究の第一人者であるクリバード（H.M.Kliebard）は，アメリカ学校教育へのデューイの実際的な影響が実践に関してだけでなく，専門的なカリキュラム分野内の長年にわたる支配的な信念に関しても取るに足らないものであったと指摘している。にもかかわらず，クリバードは，デューイの教育哲学が真剣に研究されるべきであるとも述べている。そして，それはデューイが教育界において人を動かす能力に長けた人物であり先駆者であったということではなく，彼の教育思想の全体性（integrity）がデューイの時代および今日においても，教育が伝統的に概念化され実践される方法に対して驚くほどの挑戦しているからであるという[23]。そして，デューイの教育哲学の実践可能性に関する研究においては，まさにデューイ実験学校が非常に良い研究対象であると言えよう。したがって，デューイ実験学校における理論と実践の研究においても，我々は，まさにこのクリバードの指摘を真摯に受け止め，その現代的な意義と価値を考究する必要があると思われる。

（中野真志）

【注】

1) 市村尚久『デューイ教育理論の実践可能性と課題――例示的点描――』日本デューイ学会編『日本デューイ研究と21世紀の課題』世界思想社，2010年，96頁。
　ここでは，上野の抄訳は「学校と社会」の論旨に共感する立場には必ずしも立っておらず，批判的に参考して世に出されたとの指摘もあると述べられている。

2) Dykhuizen, George. *The Life and Mind of John Dewey*. Carbondale: Southern Illinois University Press, 1973, p.98.
　この本には以下の翻訳がある。
　三浦典郎，石田理（訳）『ジョン・デューイの生涯と思想』清水弘文堂，1977年。

3) *Ibid.,* p.88.

4) Mayhew, Katherine C. and Anna C. Edwards, *The Dewey School: The Laboratory School of the University of Chicago, 1896-1903*. New York: D. Appleton-Century, 1936, pp.7-8.

5) Dewey, John. "The Psychological Aspect of the School Curriculum,"(1897), in J. A. Boydston(Ed.), *The Early Works of John Dewey: 1882-1898, Vol.5: 1895-1898*. Carbondale: Southern Illinois University Press, 1972, p.165.

6) *Ibid.,* p.167.

7) *Ibid.,* pp.166–168.

8) *Ibid.,* p.168.

9) *Ibid.,* p.168.

10) Dewey, John and Runyon, Laura L.(Eds.), *The Elementary School Record*[a series of nine monographs]. Chicago: University of Chicago Press, 1900, p.82.

11) *Ibid.,* p.82.

12) Wirth, Arthur G. *John Dewey as Educator: His Design for Work in Education(1894-1904)*. New York, London, and Sydney: John Willy and Sons, Inc, 1966, p.134.

13) Jackson, Philip W. (Ed. and Introduction), John Dewey, *The School and Society and The Child and Curriculum*. Chicago: University of Chicago Press, 1990, p.19.

14) *Ibid.,* p.166.

15) Tyler, Ralph W. *Basic Principles of Curriculum and Instruction*. Chicago: University of Chicago Press, 1949.
タイラーは，この本でカリキュラムを計画する時に答えなければならない四つの質問を定式化した。それは一般に「タイラー原理」と呼ばれている。タイラーはカリキュラムを計画する時にたどるべき基本的な手順を示し，カリキュラム計画に必要な4つの局面，すなわち，①教育目標の設定（目的から目標へ），②学習経験の選択，③学習経験の組織化，④評価を明らかにした。

16) Dewey, John. "The Psychological Aspect of the School Curriculum," *op.cit.,* pp.164–165.

17) Dewey, John. *Democracy and Education*. New York: The Free Press, 1997, pp.164–170.

18) Mayhew, Katherine C. and Edwards, Anna C. *op.cit.,* pp.74–94.
ここでのグループⅢの実践は，本節の趣旨にそって要約したものである。以下，この本の翻訳がある。小柳正司監訳『デューイ・スクール』あいり出版，2017年。

19) Dewey, John(1895). "Plan of Organization of the University Primary School," in J.A. Boydston(ed.), *The Early Works of John Dewey. 1882–1898: Vol.5 1895–1898:Early Essays*. Carbondale: Southern Illinois University Press, 1972, p.224.

20) *Ibid.,* p.224.

21) Ravitch, Diane. *Left Back: A Century of Battles Over School Reform*. New York: A Touchstone Book, 2000, p.172.

22) Tanner, Laurel N. "The Meaning of Curriculum in Dewey's Laboratory School(1896–1904)," *Journal of Curriculum Studies,* Vol.23, No.2(March–April 1991), pp.102.

23) Kliebard, Herbert M. "Dewey's Reconstruction of the Curriculum: From Occupation to Disciplined Knowledge," in David T. Hansen(Ed.), *John Dewey and Our Educational Prospect: A Critical Engagement with Dewey's Democracy and Education*. New York: State University of New York Press, 2006, p.114.

3章 峰地光重の「はらっぱ教室」
──「環境を切りひらく能動的な力」と「求知的興味」──

はじめに

　平成28年8月26日に文部科学省がまとめた「次期学習指導要領等に向けたこれまでの審議のまとめについて（報告）」の中で，現代の子供の課題がいくつか挙げられた。それは，自分の人生や社会とのつながりを実感しながら，自らの能力を引き出し，学習したことを活用して，生活や社会の中で出会う課題の解決に主体的に生かしていくという面から見た学力に課題があることや，スマートフォンなどの普及に伴い，情報化が進展し身近に様々な情報が氾濫し，あらゆる分野の多様な情報に触れることがますます容易になる一方で，視覚的な情報と言葉との結びつきが希薄になり，知覚した情報の意味を吟味して読み解くことが少なくなっていることへの指摘であった。

　こうした状況を打破するためには，教育制度の改革だけでなく，日々の生活の中で，教師自身が課題解決に向けて取り組んでいく姿勢が必要である。本章では，その手がかりとして，峰地光重の『はらっぱ教室』に焦点を当てる。『はらっぱ教室』の実践には，今日の生活科や総合的学習の原点を求めることができる。峰地が述べた「環境を切りひらく能動的な力」や「求知的興味」を中心に峰地の実践を考察し，今後の生活科や総合的学習の在り方について論じることとしたい。

I 峰地光重の教育観

1　峰地光重の教育実践

　峰地光重は，大正から昭和時代にかけて活躍した教育者である。子供との関係づくりに長けており，教科書だけの学習の枠を超え，人間を育てる教育を実践した。具体的には，教科書を使った教室での授業という枠を超え，生の自然

や社会を相手に，楽しく果敢に探究していく協働学習を子供に呼び起こすことを得意とした。子供がそこで新たに知りえたことを綴方に書き，それをみんなで検討し合い，また新たな探究活動に立ち上がるという綴方教育を実践した。ここで，峰地の経歴について少し触れておく。峰地の実践と主な著書は，以下の４つの時期に分けることができる。

戦前	①鳥取県師範学校卒業後の鳥取勤務時代　　（『文化中心綴方新教授法』1922年） ②池袋児童の村小学校訓導期　　　　　　（『文化中心国語新教授法』1925年） ③鳥取県帰郷後，上灘小学校校長兼訓導期（『新郷土教育の理論と実際』1930年）
戦後	④岐阜県多治見市池田小学校つづ原分校助教諭期　（『はらっぱ教室』1955年）

　本章では，④岐阜県多治見市池田小学校つづ原分校助教諭期に焦点を当てる。峰地自身が「教育堪能期」と呼ぶこの時期の実践から，峰地の教育実践の優れた点を明らかにすることが可能であると考えたからだ。

　峰地は1952（昭和27）年４月から，1956（昭和31）年３月までの４年間，岐阜県多治見市内の池田小学校つづ原分校の教師として勤務した。多治見市は，人口約５万人，日本有数の陶磁器の産地であった。つづ原分校のあるつづ原部落は，山の中に位置し，つづ原部落に住む人々の生業は，一戸平均田畑5.3段歩の農業と出稼ぎであった。村では，若者の大半を出稼ぎに出す。陶磁器の荷造り，絵付け，陶土づくり，事務等，陶磁器関係の仕事を中心に，巡査，鉄道員，教職員，靴製造の下請けなどが彼らの仕事であった。つまり，消費都市に附帯する農村によくみられる賃労働による現金収入に頼るきわめて小さな農家経済であった。つづ原分校の児童数は，１年から４年まででおよそ40名程度，それを２学級に編成し，峰地と五島昌学の２名で教育に当たった。つづ原の人々の生活は貧しいものであったが，人々はみな，温かい心持であった。また，つづ原の地は自然が素晴らしく，山や動物，昆虫，野の植物が好きな峰地にとって，教育の場として理想郷であった。

　峰地は，つづ原分校の子供たちに，日常的に書き綴ることを行わせていた。そして，出来上がった作品を子供たち自身が編集し，文集「えんごろ」が作成された。「えんごろ」とは，陶器を窯で焼き上げるとき，熱のまわりをよくし，

窯変をしないようにするための素焼きの鉢である。峰地自身，えんごろという語呂を好んだ。胸の中の心をえんごろのように抱き込んで，お互いに大切にしようという意気込みがあり，子供たちと相談して，文集名を「えんごろ」に決めた。「えんごろ」は毎学期作成された。そして，1953（昭和28）年12月，教育研究大会で，当時，日本作文の会の会長であった今井誉次郎に，つづ原分校での実践について何か書いてみてはどうか，との提案を受けた。それをきっかけに，峰地は，文集「えんごろ」の中で，面白そうな作品を一人一篇の割合で編集し，一つ一つに丁寧に解説を付した。

　そうして出来上がったのが『はらっぱ教室』である。『はらっぱ教室』は，峰地のつづ原分校での実践の賜物であり，子供自身が書き綴った作品が載っている，極めて貴重な資料である。『はらっぱ教室』の題材の中心は自然と社会に関するものがあるが，自然に関するものの比重がずっと高かった。つづ原分校が自然に囲まれた環境であったこと，子供そのものが本能的に自然の昆虫や小鳥などが好きであったことがその理由と推察される。その一方で，社会問題や人間の因果関係に関する作品も見られた。

2　峰地光重の生活観

　峰地光重という人物を語るうえで必要不可欠なものとして，彼の生活観が挙げられる。峰地の生活観は「生活は生命が対象に交渉をもつその相である。生命が或る対象に交渉を開始して，そこに或る生の充実感を実感したとき，その生命は育つことを得たと云い得る。」[1]との彼の論述から垣間見ることができる。

　「その生命」とは，子供の生命，教師の生命，教材の生命，それらがそれぞれ対象をもって交渉する相を指す[2]。峰地は，『はらっぱ教室』の作品「ねばつつじ」を用いて，子供や教師，教材の生命が育つことについて説明している。

ねばつつじ　　　　　　　　　　　　　　　　　　　1年　松田　かなえ

みろくさんから，おりるとき，ねばつつじのはなを　とりました。
ひとつ　むねにつけて，くんしょうだ　といいました。
ぎょうさん，むねにつけました。

そして，はなうりむすめといいました。
ほおのはを　とって，かさに　かぶりました。

　ほおの葉は笠のようにひろがっていますから，それをかぶるとちょうどうまく笠になるのです。これは，一年生の入学して間もない五月のことでありまして，この時のこの作者のかなえさんは，まだ五十音が全部書けなかったのです。それで「ねばつつじの『ば』はどうかきますか。ぎょうさんの『ぎょう』というのはどうかきますか。」いちいちきいて仕上げたのがこの一篇の詩なのです。標高四百三十六メートルの平凡なみろく山がこの一作によってすばらしい楽園として成長したと言えます。教材が成長したばかりではありません。教師である私も，学級の子ども全体もいっしょに成長したといえると思います。[3]

　当時，入学して間もないかなえさんは，この作品を書き上げるのに30分ほどかかったという。表面的にこの作品を捉えると，かなえさんが五十音を新しく覚えたこと，作文を書く力が養われたという事実の把握にとどまる。しかし，峰地は「教材」，「教師」そして「学級の子ども」までも成長したという。かなえさんがみろく山について書き綴ったことで，それを読んだ教師，そして学級の子供もみろく山に視点を当てることになる。そして，みろく山について想像を膨らまし，興味が芽生えたならば，実際にみろく山に足を運び，その風景や自然を楽しむであろう。みろく山も改めて視点を当てられることで，自然の豊かさを感じることにつながる。このような一連の営みが，子供や教師，教材の生命が育つことだと言えよう。

　峰地は綴方を用いながら，子供の生活をより充実したものにしていく。ここで注意しておきたいことは，綴方は生活教育の中心ではないということである。峰地は，綴方は単なる文学ではなく，文章を書くための技能を教えるだけの「技能科」でもなく，「国語科」の一分科として考えるのはあまりにも狭い考え方だと考え，児童の成長に関わり，児童をのばすための「人生科」であると表現している[4]。

　生活が教育に支配され，奉仕することがあってはならない。児童が直面する生活は，教育の中に包まれるほど単純ではない。教科は，生活のための一つの道具，あるいは方法である，という考えを峰地はもつ。ただ綴ることを目的と

する綴方に峰地は否定的であった。なぜならば，戦前の綴方から受ける影響は，力のない形だけのものであり，文章技法伝授式な綴方教授であったと考えたからだ。教師に文才があって上手に文章が書けるなら，自然と児童もうまく綴方が書けるようになるという考えや，模範文（大人が書いた文）を与えて，それに従えば事足りるという考えがあったのだ。そこで，峰地は綴方を用い，生活を充実させるための生活指導を行った。峰地は，従来の綴方の成果が思わしくない原因について，生活指導をほとんど顧みなかったことだと指摘した[5]。生活指導には2つの側面がある。1つは，よりよき綴方を生むためのものであり，もう1つは，綴方の上に表れたる生活を指導して，さらによりよき生活を導き入れようとするものである。児童はそのままでは放漫な態度で日々を過ごしてしまうことが多く，峰地は一日一日を心に刻みつける生活指導によって児童が生活を見つめ直し，日々の生活を豊かに送れるようにしたのだった。

3　環境を切りひらく能動的な力

　峰地は，生活指導における教科，自然，社会に対する理解は，つねに「環境を切りひらく能動的な力」と結びついているとする[6]。「環境を切りひらく能動的な力」を基準に教育を考えていくと，いわゆる出来る子，出来ない子にも変化が生じる。峰地は「環境を切りひらく能動的な力」について，以下のように述べている。

　　物事に対する理解，思考，注意などは，画一的な教科学習の基準などでは律しうるものではありません。いわゆる出来ない子が，必ずしも環境を切りひらく能動的な力が貧困なのではありません。彼らは少なからず的外れと思える把握をすることがありますが，彼がその把握にもとずいて物事をりっぱに処理したとなれば，この的外れに見える理解も，悪くないと思います。また，失敗したならば，彼はこの理解を事実に照らして自ら是正するのでありましょう。いわゆる出来ない子と称せられるものが，後に瞠目に値するような仕事を，やってのけたりするのは，その判定をくだした教師に対する痛烈な批判であるとうけとってほしい。それは「出来ない」という名を，そのまま教

師に返上し，あなたは逆に「出来ない教師」という名を受け取るのです。しかしここで一言しておきたいことは，世間の処世術にうまく調子をあわせ得る才能や力量が，わたしのいう環境を切りひらく能動的な力と，一致するものではないということです。それどころか，それはこうした処世術や，在来の文化，伝統，習慣に対して，個性的に，社会的に，生産的に働きかけ，そこから愛を価値を公正を引き出すことに外ならぬのです。それは批判精神ともいうべきものでありましょう。[7]

　子供が彼らなりの考えをもって物事を理解したならば，それを否定しないという姿勢が峰地の特徴のひとつでもある。その理解の正誤を子供自身で確かめさせる。環境からつかみえたいろいろな認識が，再び環境に能動的に働きかけ，実践，認識，再実践，再認識の過程を繰り返す。こうしたサイクルによって「環境を切りひらく能動的な力」が養われていくのである。
　「環境を切りひらく能動的な力」を養うと，子供はどのような行動に出るのだろうか。以下の綴方作品を紹介したい。

理科教科書の　あやまりを　なおしてください　　　　　　４年　山田　浩平

　社の編集のみなさん。お元気ですか，ぼくたちも，元気で勉強しています。
　ぼくたちは，このまえ，先生といらむしのまゆをしらべました。そしてそののち，ぼくが理科のページを，めくっていると，（いらがのさなぎ）と，かいてあるところに，さなぎではなくて，まゆのえが　かいてあるので，ぼくが，
　「いらがのまゆに，いらがの　さなぎと，かいてあります。」
　と，いいました。先生も，
　「ほんとだね。」
　と，おっしゃいました。そして先生は，
　「あす，養正小学校に，こうえんに　いくから，このことをはなしてくる。」
　と，おっしゃいました。
　そのつぎの朝，先生は，そういってきた，と，おっしゃいました。
　そちらでも　気づかれて，本をなおして，いただいているでしょうか。
　それでは，これから，こういうことがないように　気をつけてください。
　ぼくから，そういうことをおねがいします。[8]

48

小学４年生の児童がこれほどの自信をもって，教科書の誤りを指摘することができるだろうか。なお，他の児童も，蜜腺のないさくらの葉の絵が出してあることや，えんどうの翼弁の絵が実物とちがっているところを発見していることを峰地は指摘している。この綴方作品は，子供が備えた「環境を切りひらく能動的な力」を体現している好例として捉えることができよう。

Ⅱ 求知的興味とは

　峰地はどのようにして，「環境を切りひらく能動的な力」を子供に身につけさせたのだろうか。そのキーワードとなるものが，「求知的興味」である。

1　好奇的興味と求知的興味

　峰地の考える興味には，「好奇的興味」と「求知的興味」の二種類の興味がある。峰地はそれぞれを次のように定義している。

　　　好奇的興味とは，単に，対象に対して，快感を起こすだけで，これに関係しようとする努力を欠くもの（漫画など）である。一方で，求知的興味とは，努力を要素とする興味（学問など）である。また，前者を受動的興味，後者を発動的興味とした。[9]

　そして「好奇的興味」と「求知的興味」の源流として，峰地が「好奇心」と「求知心」について，著書『聴方研究の新研究』の中で「子どもの興味が生じるきっかけは「好奇心」からのものが多いが，「好奇心」では物の価値判断をするまでに至らない。「求知心」が物の価値を判断する。」[10]と述べている。また，著書『私の歩んだ生活綴方の道』においても，「好奇心は新奇なるものにむかって，注意を向けることであり，子どもは本能的に備わっているかもしれない。しかし，この好奇心のみがはたらいていては，価値は考えずに，ただ珍しいものであれば満足してしまう。求知的興味にいたって初めて本物の興味ができる。」[11]と述べている。峰地が育みたかった興味は求知的興味であった。

3章　■　峰地光重の「はらっぱ教室」　49

峰地は「好奇的興味」を「受動的興味」,「求知的興味」を「発動的興味」と表現した。好奇的興味は,ある事物によって引き起こされる興味,「求知的興味」は自ら事物に対して引き起こす興味と区別できる。峰地が例として挙げている漫画と学問を用いて説明すると,漫画は子供にとって,未知の世界である。非現実的なものであり,自分たちの住む世界と違う漫画の世界にひきつけられていく。このとき,子供は漫画の世界をただ受容しているだけで,努力を要さない。ただ,漫画の世界に子供が引っ張りまわされるだけで終わってしまう。しかし,学問の場合になると,こうはいかない。例えば,自然の花に興味をもったとする。その花がどのような季節に咲き,どのようにして花を咲かせるのかは,一瞬で理解できるものではない。自ら,観察をすることや,植物の性質について調べる必要がある。このようなことは,努力を要し,能動的に学習しなければならない。よって,峰地は,好奇的興味が努力を欠く受動的興味,求知的興味が努力を要素とする発動的興味と定義したのである。

　しかし,峰地は好奇的興味を否定するわけではない。峰地がつづ原分校で行った教育実践は,子供の元々もっている好奇的興味を求知的興味に引き上げていくために,子供の好奇的興味を十分に満たし,丁寧な自然観察指導と綴方指導を行ったのだ。

2　求知的興味の解釈 ──好奇心・内発的動機づけとの相違──

　求知的興味が何たるかを明確にするために,ここでは興味に関する代表的な心理学用語である「好奇心」,「知的好奇心」,「内発的動機づけ」を手がかりに,求知的興味の解釈を試みたい。

　好奇心とは,「生活体の生存に直接には役立たない情報を求める傾向」[12]であり,知的好奇心とは,「新奇な刺激や未知の情報を求める傾向性。内発的に動機づけられた行動の典型的な特徴」[13],内発的動機づけは,「行動の目標が行動そのものであり,また,行動することが強化の働きをする動機づけ」[14]と定義される。

　これらの心理学用語と「求知的興味」の関係性を,『はらっぱ教室』の中から,2つの綴方作品を用いて説明する。

> **いしもちそう**　　　　　　　　　　　　　　　　　3年　山田　浩平
>
> 　きのう　おかあさんに　ついて，やせぼら（地名）にいった。
> 池の下で，いろいろな草を，とって，あそんでいると，白い花がさいていました。
> よく見ると虫をなんびきも，とっていました。
> ぼくが，ちょっけい六ミリくらいの石を，葉にもたせたら，すぐもって
> はなしませんでした。ぼくは，なんども　石をもたせて，あそびました。
> いつか，先生が，こもうせんごけを，見せてくださったとき，
> 「いしもちそうが　ありそうなものだ。」
> と，おっしゃったことを，思いだし，先生にもってかえって，見せてあげよう
> と思いました。
> 　そして三本ばかりぬいて，先生のところに，もっていきました。先生は，
> 「ああ，これがほんとうの　いしもちそうです。」
> と，おっしゃいました。
> 　そこで，今日は　ぼくと，敏夫君と，先生と三人で，やせぼらに，
> いしもちそうを，とりにいくことになりました。
> 　とちゅうの道ばたに，くりの花がさいていました。先生は，
> 「くりの花の　おばなと，めばなが，わかりますか。」
> と，おっしゃいました。ぼくたちは，わかりませんでした。先生は，
> 「それ，これが　めばな，これが　おばな。」
> と，いって，ゆびでついて，おしえてくださいました。見ると，めばなは，も
> う小さなくりのかたちになっていました。
> 　いしもちそうは，きのうと　おなじように，白い花をさかせていました。
> そのいしもちそうを，竹のきれで，ほって，紙につつんで，学校にもってかえ
> りました。
> そして，げんかんのうえきばちに，二本うえました。
> 先生は，しんぶん紙に，はさんで，おしばにされました。（六月四日）
> 　六月十六日，まさ代さんが，白い花のさく，もうせんごけを見つけました。
> ふじやま（地名）の田のくろ（あぜ）にあったそうです。
> 　それがもうせんごけでした。
> 　それで，もうせんごけ，こもうせんごけ，いしもちそうの三いろの，虫をと
> って食う草がそろいました。（六月十六日）[15]

　この綴方作品から，「好奇心」，「知的好奇心」，「内発的動機づけ」，「求知的
興味」のそれぞれに該当する部分を抜き出すと，以下のようにまとめられる。

3章 ■　峰地光重の「はらっぱ教室」　│　51

○**好奇心**：池の下で，いろいろな草を，とって，あそんでいると，白い花がさいていました。よく見ると虫をなんびきも，とっていました。

○**知的好奇心**：ぼくが，ちょっけい六ミリくらいの石を，葉にもたせたら，すぐもってはなしませんでした。

○**内発的動機づけ**：ぼくは，なんども　石をもたせて，あそびました。

○**求知的興味**：「ああ，これがほんとうの　いしもちそうです。」と，おっしゃいました。　そこで，今日は　ぼくと，敏夫君と，先生と三人で，やせぼらに，いしもちそうを，とりにいくことになりました。

　この作品の作者は，母親とやせぼら（地名）に行き，草の採集を楽しんでいたところ，白い花に目をとめた。「いつか，先生が，こもうせんごけを，見せてくださったとき，『いしもちそうが　ありそうなものだ。』と，おっしゃったことを，思いだし，先生にもってかえって，見せてあげようと思いました。」という部分から，白い花に目をとめたときは，浩平君は白い花がなにかははっきりとしていなかった。このとき，浩平君の中に，好奇心が生まれた。次に，新奇な刺激や未知の情報を求め，知的好奇心を発生させ，小石を葉に近づけた。作品中では，「ぼくが，ちょっけい六ミリくらいの石を，葉にもたせたら，すぐもってはなしませんでした。」と表現しているが，実際には，いしもちそうの葉の表面についている粘液滴が，小石を粘りつけて持ち上げる作用がある。しかし，浩平君にとっては，未知のものであり，いしもちそうの葉が小石を持って離さないように，認識したのだろう。そして，「ぼくは，なんども　石をもたせて，あそびました。」といういわば，「やりたいからやる」という内発的動機づけに支えられた行動に出たのだ。そして，峰地にいしもちそうを見せ，峰地と一緒にいしもちそうを採りに行くことになった。改めていしもちそうを採りに行くという行動からは，浩平君の中に生まれた求知的興味を読み取ることができる。浩平君は，いしもちそうを初めて見つけたときは，いしもちそうの見慣れない外見に魅かれ，そして小石をいしもちそうにくっつけるなど，いしもちそうの未知な魅力によって引き起こされた好奇的興味によって行動していた。しかし，峰地と共にいしもちそうを採りに行くという行動は，いしもちそうにつ

いてもっと知りたいという思いによって引き起こされたものである。まだ、この作品から、いしもちそうについて価値判断したり、内面を観察したりという段階まで求知的興味が育まれてはいないが、この作品の中で、いしもちそうへの興味は、好奇的興味から求知的興味に引き上げられつつあると考えられる。

3　求知的興味を育むために

　峰地が求知的興味を育むことに意義を見出した背景には、戦前の日本の教育が影響している。戦前の日本の教育は、文部省の国定教科書が唯一の教育の「場」であり、それより外に逸脱することは許されなかった。戦前の教科書絶対主義教育を峰地は否定した。子供の生活が存在しないところに、教育は存在しないのである。教科書絶対の教えでは、子供の身の回りの生活を限定してしまう恐れがある。このような環境が子供たちを取り巻くと、子供は日々の生活に目をあてることはなくなり、教科書の知識を鵜呑みにするだけで満足するようになってしまう。それはいわば、受動的興味である好奇的興味はあっても、発動的興味である求知的興味が欠如している状態である。そのような状態では、主体性を失い、ただ周りのものを受容するばかりで、生活をより高次なものに導くことは出来ない。

　そこで、峰地はつづ原分校にて、理科教育を中心に、子供と事物学習を行い、丁寧な観察指導をすることの必要性を説いた。事物を科学的に追求するだけでは、子供の場合はとくに興味が伴いにくいとされる。求知的興味を育むためには、子供の感情に響かなければならない。そのためには、直接事物を観察することが大切であった。事物教育を行い、子供に求知的興味を育む。そのような事物教育主義には、峰地の幼年期の生活が大きな影響を与えている。峰地は幼年期に自然と触れ合い、あそびの中で、事物から直接、様々な認識を得ていた。この経験を活かして、峰地はつづ原分校で、事物を直接学ぶために自然観察指導を行った。峰地の自然観察の経過を要約すると、①観察②記録③考察④実証⑤反省の順をたどる。

　子供自ら実践、認識を繰り返すことで、子供が生活の主体として、身の回りのものの認識を獲得していく。そして、それらを綴方作品にすることで、他者

の興味を生み出し，それがまた新たな発見となる。この学習の方法では知識の
教え込みという形にならず，子供の主体性を失うことなく，他者の視点も共有
することができるので，多様な価値観をもつこと，物事を様々な角度で考える
ことが可能になったと考えられる。子供たちの求知的興味が育まれたのは，こ
うした教育の成果と捉えることができよう。

Ⅲ 成長した子供の姿から考察する求知的興味

　峰地は，つづ原分校で，事物を用いた自然観察指導を行い，子供の好奇的興
味，求知的興味を育んできた。峰地の教育を受けた子供はどのような成長を見
せたのだろうか。『はらっぱ教室』に載っている同一の子供の作品を比較しなが
ら検討したい。

つぼ石　　　　　　　　　　　　　　　　　　　　　　　　**2年　山田　要**

　とき川で，勝年君が，石をひろいました。勝年君が，先生に
「なんという　石ですか。」と　ききましたら，先生は，「これは　つぼ石です。」
と，おっしゃいました。
　それから，二三日たってから，その石を，よく見ました。
石は，チョコレートのような色のじに，白や，きいろや　むらさきや，いろん
な小石が，よりあつまっていて，とても，うつくしい石です。つぼ石は，花た
てや，うえきばちにもなるそうです。
「天ねんきねんぶつになっている。」と，先生が，おっしゃいました。[16]

ひのきばやどりぎ　　　　　　　　　　　　　　　　　　　**4年　山田　要**

先生は，一本の木を，もってきて，
「これは，なんという木ですか。」
と，おっしゃいました。すると，敏夫君が
「それは，そよごの木です。」と，いいました。
「そうですね，よくしっていましたね。」と，先生は，おっしゃって，
「もっと，木をよく見てください。」と，いわれました。

54

みんなは，だまって，その木を，よく見ました。すると，節雄君が，だしぬけに
「おばけの木や。」と，いいました。
　見ると，えだのあちこちに，そよごの木の葉とは，ちがった葉の木が，くっつ
いています。
「たねが，とんできて，そよごの木に生えたのでしょう。」と，敏夫君が，いい
ました。
「そうです。」と，先生はいって，
「この木は，何の木に　にていますか。」と，ききなさいました。
　すると，清子さんが
「おしゃべの木に，にています。」と，いいました。
　おしゃべの木というのは，ひのきのことです。火にもやすと，ぱちぱちと，
やかましくおしゃべりを，やるからです。
「なるほど，このへんでは，ひのきのことを，おしゃべの木といいます。よろしい。
そのひのきの葉に，この木の葉が，よくにているから，ひのきばやどりぎ　と，
この木に名がついているのです。」と，先生が，おっしゃいました。
　このひのきばやどりぎに，ようぶんを，とられて，そよごの枝のさきの方は，
もうかれかかっています。
「そよごが　かれると，このひのきばやどりぎも　かれるのですか。」
と，ぼくが　きくと，先生は，
「そうです。ひとの木に，わるいことをしたから，じぶんもかれなければならぬ
のです。人間の世の中だって，そうですね。それをいんがといいます。」
と，先生が，おっしゃいました。
　それから，みんなは，ひのきばやどりぎの，しゃせいをしました。[17]

　上の2作品を比較すると，児童の成長がよく読み取れる。要君が2年生のと
きに書いた「つぼ石」では，見た目の色に関する表現が多く，「とてもうつくし
い色です。」という記述から読み取れるように，多彩な色をもつつぼ石に好奇の
目を寄せていることが読み取れる。つぼ石という名前の由来には，まったく興
味を示していないようである。ここでは，つぼ石によって，好奇的興味が引き
起こされている状態が描かれている。
　4年生のときに書かれた「ひのきばやどりぎ」では，「そよごが　かれると，こ
のひのきばやどりぎも　かれるのですか。」という部分に注目したい。これは単
なる好奇なものに抱く興味とは違い，このひのきばやどりぎという事物の性質に

3章 ■　峰地光重の「はらっぱ教室」 ｜　55

迫ろうとする問いかけだと読み取れる。つまり，要君の中に起きたひのきばやどりぎに対する求知的興味の現れである。ひのきばやどりぎという事物が，なぜそのような名前になったのかということを学び，表面的な理解を超え，事物そのものの性質を理解する段階に至っている。また，この作品には，ひのきばやどりぎの性質を，人間の生活に引き寄せて伝える峰地の姿も描かれている。こうした働きかけも，要君の求知的興味を育む重要な役割を果たしていると言える。

　求知的興味は，学校での学習にとどまらず，子供たちの生活にも影響を与えていることが，次の作品から読み取れる。

麦ができない　　　　　　　　　　　　　　　　　　　　　**4年　木塚　勝義**

今年の冬は，あまりあったかくて，麦ができない。
といって，みんなが，こまっていなさる。
　大垣へんの田んぼは，やはりあまりあったかくて，一月のうちに，麦のほのでたのがあるそうです。このへんの麦は，ほはださないが，ひょろ，ひょろのびてしまうのです。麦は，冬の間に，〇度から一〇度までの，ひくい温度の日を，二十日から，五十日，こさないと，花がさかんそうです。
「なぜ，麦は　寒い冬をこさな，いかんな。」と，先生に，きいたら，
「それは，そういう，麦の性質です。みじかい日と，寒い日が，麦はすきなのです。」と，先生は，おっしゃいました。そして，先生は，黒板に，「長日植物」と，書きなさいました。
それで，ぼくは，
「みじかい日が，麦はすきなのに，長日植物というのは，どういうわけですか。」と，聞いたら，先生は，
「花のさく時を，ひょうじゅんにして，いうのです。麦の花のさくのは，日が長くなってからでしょう。」と，おっしゃいました。
ぼくは，はじめ，寒い冬より，あったかい冬の方が，麦はすきかと思っていました。
　今年は，一月のおわりに，ちかずいても，ちっとも，雪がふらず，あったかいので，せっかくまいた麦が，とれないでは，大へんだと，いって，みんなが心配していなさる。[18]

　この作品は，4年生の勝義君が，麦ができないことに対して疑問を抱いたことをきっかけに綴ったものである。どうして冬があたたかいと麦の出来が悪い

のか，麦の性質を知ることで原因を解明している。これは峰地の日々の実践が児童の実生活にも活きていることを読み取ることができる。峰地が日々の実践の中で，子供に事物をよく観察させ，子供に物を見る眼を育んでいた。その積み重ねが，子供が自ら身の回りの麦の凶作に対して視点を当てたことにつながった。このように考えると，好奇的興味は新鮮なもの，好奇なものに働きかけるが，求知的興味は，身の回りの生活すべてのものに働きかけることができると考えられる。

　このように，峰地の教育は求知的興味を育み，子供の実生活にも活きている。これは，峰地自身が子供の生活を中心として，教育を行ってきた成果である。求知的興味は，自然観察指導，綴方，そして，人と人との繋がりの中で育まれてきた。求知的興味をもった子供たちは，学校現場でもいきいきと学習に取り組み，事物に対して疑問をもつようになる。そのように，疑問をもち，追究し，自ら認識を作り上げていくと，現実の生活にも疑問をもつようになる。このような習慣が，「環境を切りひらく能動的な力」を育てると言えよう。

おわりに

　生活科では，「深い学び」を実現するために，気付きの質を高めることの重要性が指摘されている。峰地が指摘した「求知的興味」には，生活科における深い学びを実現する多くの示唆を求めることができる。

　また，峰地は当時の教科書中心主義への危機感を募らせていた。その背景には，「環境を切りひらく能動的な力」を子供たちに身に付けさせる必要性を感じていたことがうかがわれるが，このような資質・能力は，情報化の急速な発展により多くの情報が子供の周りを取り巻いている現代において，より一層求められるだろう。峰地の綴方を取り入れた自然観察指導は，子供を生活の主体として，繰り返し学習していくことから，子供が自ら学び，自ら考え，主体的に判断し，よりよく問題を解決する資質や能力を育てる実践であり，子供の生き方，生活に焦点を当てた実践であった。まさに現代の総合的学習が求める学びがそこにはあった。

　豊田ひさき（2014）は，子供が環境からつかみえたいろいろな認識が，再び

環境に，能動的に働きかけ，実践，認識，再実践，再認識の過程を繰り返すサイクルを子供主体のものとすることで，子供の主体性，批判精神を養い，これらが「生きる力」の育成に繋がることを指摘している[19]。こうした指摘からも，峰地が指摘した「環境を切りひらく能動的な力」や「求知的興味」が，これからの時代を生きる子供たちにとって不可欠なものであることは間違いないであろうし，このような資質・能力を育てる生活科や総合的学習の在り方について，今後さらに研究を深めていくことが肝要であろう。

(山本惠士朗・加藤智)

【注】

1) 峰地光重『文化中心綴方新教授法』教育研究会，1925年，p.8。

2) 峰地光重「求めてきた『生活』の理念」広島大学教育学部光葉会『国語教育研究』11号，1966年，p.2。

3) 同上，p.4。

4) 前掲書1)，p.8

5) 前掲書1)，pp.67–68。

6) 峰地光重『はらっぱ教室』百合出版，1955年，p. 218。

7) 同上，p.218。

8) 同上，pp.198–199。

9) 峰地光重『私の歩んだ生活綴方の道』明治図書，1959年，p.227。

10) 峰地光重『聴方研究の新研究』日本教育學會，1927，pp.24–25。

11) 峰地光重『私の歩んだ生活綴方の道』明治図書，1959，pp.227–228

12) 三宅和夫・北尾倫彦・小嶋秀夫編『教育心理学小辞典』有斐閣，1991年，p.103。

13) 森敏昭・秋田喜代美編『教育心理学キーワード』有斐閣，2006年，p.34。

14) 前掲書10)，p.254。

15) 前掲書6)，pp.30–32。

16) 同上，pp.78–79。

17) 同上，pp.34–36。

18) 同上，pp.186–187。

19) 豊田ひさき『はらっぱ教室——峰地光重の生活綴方』中部大学，2014年，p.50。

4章 大正新教育運動と木下竹次

はじめに

　生活科が新設された1989（平成元）年に出された『小学校指導書生活編』の第1章には，「生活科の新設」について「生活科という新しい教科が設置され，それに伴って従前の低学年における社会科と理科は廃止されたのである。戦後40年にして，小学校では初めて教科の改廃がなされた。それだけに，この改訂は，かつてなかった小学校教育の大きな変革である」[1]と語られている。

　そもそも社会科は1947（昭和22）年刊行の小学校学習指導要領（試案）において，従来の修身（公民），日本歴史および地理を廃止して新たに設けられた教科であった。「社会生活を理解させ，その進展に力を致す態度や能力を養成すること」[2]を任務とされた社会科は，児童の自発活動による経験を通じて問題解決的に学ぶことを原則とした。この考え方は，1948年に発足したコア・カリキュラム連盟に参加した人々によって，カリキュラムの構造論を軸に盛んに論じられた[3]。

　しかし，1958（昭和33）年版の学習指導要領では経験主義的な問題解決学習に代わって，各教科の系統性を重視し，目標および内容の精選と基本的事項の学習へと転換する。その系統学習の発展に伴って，具体性に欠け，教師の説明を中心にした学習に流れやすい実態がみられるようになる。このような課題が指摘され，特に低学年児童の社会科と理科の学習指導については，自ら事物や現象に働きかけるなどの経験を尊重する改善が求められるようになったのである。

　つまり，生活科の新設は「変革」ではあるが，新設当初の社会科が担っていた自発活動による経験を通じた問題解決的な学びを部分的に引き継いでいるとも言える。さらに1998（平成10）年版の学習指導要領で創設された総合的な学習の時間では，自分で課題を見つけ，自ら学び，自ら考え，主体的に判断し，

行動し，よりよく問題を解決する資質の育成が目指されている。

　生活科，総合的な学習の時間そして新設当初の社会科に見られる自発活動や問題解決的な学びの重視という考え方は，我が国では大正時代に最初の隆盛が見られた。加藤寿朗は，生活科の源流を3つの近代教育思想に整理し，次のようにまとめた。第一は18・19世紀のコメニウス（J.A.Comenius），ルソー（J.J.Rousseau），ペスタロッチ（J.H.Pestalozzi），フレーベル（F.W.Fröbel）によって展開された自然主義，第二は19世紀から20世紀初頭にかけてデューイ（J.Dewey），パーカー（F.W.Parker），エレン・ケイ（E.Key），ケルシェンシュタイナー（G.Kerschensteiner），モンテッソーリ（M.Montessori）らによって進められた児童中心主義，そして第三は20世紀初頭にデューイ（J.Dewey），ジェームズ（W.James）らを中心に展開された経験主義である。加藤は上記のようにまとめた上で，欧米の近代教育思想が大正期の新教育運動に影響を与え，生活科誕生の基盤となっていったと述べた。[4]

　本章では，加藤が生活科誕生の基盤となったと指摘した大正新教育運動について概説する。続いて，大正期に奈良女子高等師範学校附属小学校主事であった木下竹次と彼が提唱した学習法（とりわけ相互学習）に関して，その概略と先行研究のレビューを試みる。木下と学習法を取り上げるのは，木下竹次の学習法が大正新教育運動を代表する理論であり，現在も奈良女子大学附属小学校において一貫して学習法に基づく実践研究が継続されているからである。

Ⅰ　大正新教育運動

1　大正新教育運動の定義

　中野光は，大正期において「臣民教育」が特徴とした明治以来の画一主義的な注入教授，訓練に対して，子供の自発性や個性を尊重しようとした「自由主義的教育」[5]が新教育であり，そうした立場から教育改造が運動として展開されたことから，「大正自由教育＝新教育運動」[6]であると定義した。

　橋本美保は，「1910年代から1930年代前半の日本において展開された教育改造運動の総称。「大正自由教育」とも呼ばれる」[7]と定義している。

中野光が呼称した「大正自由教育」について，大正期の民衆運動は自由主義的であり「自由」が求められていた事実は認められる。しかし，当時の教育界では個性や自発性，生活教育，労作等に言及している例[8]もある。「自由」のみに限定できない極めて多様な実践が展開された。このため，本章においては「大正新教育」という用語を使用し，橋本の定義に従う。

2　大正新教育運動の契機

1872（明治5）年の学制頒布以来，急速に普及した近代学校制度によって同質の国民，有用な労働力が生み出された。当時の学校は文明社会の象徴であり，学校教育の普及が近代化の手段であると為政者も多くの人々も考えていた。明治期になって子供の生活が学校中心になったため，生活と学校とが分離していくことになった。このため，「学校で教える教科間の知識をどう結びつけるのか，生活経験と教科学習で得られる知識とをどう結びつけるのか，という教育課題が生じた。そして，知の総合をどのように達成すればよいのかについて，さまざまな議論が展開され」[9]ることとなる。

すでに明治末期に，谷本富は欧米の教育思想（特にヘルバルト教育学）を積極的に摂取し，近代社会にふさわしい人材を育成するには，注入主義ではなく新しい教育方法を模索すべきと考えた。そして，「自学輔導」が新教育学における教授の唯一の原則であると主張した。木下繁弥は，「谷本の教育主張は，天皇制絶対主義教育に対するブルジョア的改良としてはかなり大胆な発言ではあったが，ブルジョアジーの立場を徹底的に貫き得ず，妥協的折衷的性格を内在するものであった」と批判しつつ，「彼の提起した「順天」，「自家発展」，「自学補導」の教育主張は，児童の「自己活動」，「自発性」，「自主性」の尊重という教育原理に立脚するものであって，大正期新教育運動への「画期的」な契機となった」[10]と評価している。

深谷圭助は，明治末期の我が国の学級編制において複式学級が多数を占めていた実態に着目し，自学自習の指導方法を模索せざるを得なかった事情を明らかにした。さらに，内務省が主導した地方改良運動により，自治心を涵養する教育を目指す動きとも関連付け，自学主義教育がすでに明治末に地方の公立小

4章　■　大正新教育運動と木下竹次　61

学校（深谷が明らかにしたのは福岡県内の公立小学校）において実践されていた事実を報告している。[11]

　明治初期の自由民権運動に次いで，民衆の政治的要求運動が高揚したのは，第1次世界大戦（1914–1919）の前後であった。第1次護憲運動（1912–1913）を経て原敬政党内閣の成立，そして第2次護憲運動（1924）による普通選挙制度の実現等の政党政治の発展もこの時代を象徴する出来事と言える。民衆運動，そして議会政治の発達という風潮を背景に，教育の在り方を改造しようとする機運も高まったのである。

3　大正新教育運動の概略

　1921年8月，東京高等師範学校講堂で「教育学術研究大会」（後に八大教育主張講演会と呼ばれるようになる）が開催された。当時の著名な教育者8人が，8月1日から8月8日まで8日間にわたって1人ずつ，各自の教育論を主張した。登壇した者は，分団式動的教育論の及川平治，創造教育論の稲毛金七，自学教育論の樋口長市，自由教育論の手塚岸衛，文芸教育論の片上伸，一切衝動皆満足論の千葉命吉，自動教育論の河野清丸，全人教育論の小原國芳である。

　一連の講演には連日2000人以上が集まったと言われ，大正新教育運動の熱気を窺い知ることができる。八大教育主張だけに限ってもそれらは一様ではなく，それぞれに独特な理論と実践を備えている。ここでは大正新教育運動の概略について実践されたフィールドごとにまとめることとする。

(1)　師範学校附属小学校を拠点として

　1912年に及川平治は『分団式動的教育法』を刊行し，兵庫県明石師範学校附属小学校の「分団式教育」の実践を世に問うた。同書は25版を重ね，附属小学校には年間1万人を超える参観者が訪れたと言われている。及川平治は同附属小学校の主事を務めていた。当時の主事は，師範学校附属小学校に常勤し，実際の業務を管理運営する役割を担っていた。校長は師範学校の教授が兼務し，附属小学校に常勤しないのが常であった。

　及川の「動的教育論」は，臨機応変に「分団」を柔軟に編成して児童の実態に合わせた指導を実現しようとする。そして，児童の生活に即した題材を開発

し，児童の生活から問題を発見し，解決を促す生活単元を実施した。

　1919 年に奈良女子高等師範学校附属小学校主事に着任した木下竹次は，特設学習時間や合科学習を特徴とする「学習法」を主導し，1923 年に『学習原論』を発表する。同附属小学校にも全国の教師から注目が集まり，多いときで年間 2 万人の参観者[12]が詰めかけた。

　1920 年に東京女子高等師範学校附属小学校主事となった北澤種一は，前任の主事であった藤井利誉の研究を引き継ぐ形で作業主義に基づく労作教育を実施した。北澤はキルパトリックの『プロジェクト・メソッド』等を翻訳するなどして受容し，1923 年に『新教育法の研究』を刊行してプロジェクト・メソッドに対する彼自身の解釈を打ち出した。[13]

　上記の他に，千葉師範学校附属小学校の手塚岸衛が実施した「自由教育」も多くの教育者に影響を与えた。千葉は児童の理性を信じ，あらゆる拘束から解放することによって自治と自由学習を促し，個別と共同の組み合わせによる学習指導を実施した。

（2）私立学校における新教育の展開

　1923 年，野口援太郎は下中弥三郎，為藤五郎，志垣寛とともに「教育の世紀社」を結成した。そして，翌 1924 年に児童の個性，自発活動を尊重し，自治活動によって自他の尊厳を尊重するという理念に支えられた新学校「児童の村」を開設した。1923 年 9 月 1 日の関東大震災のため予定していた資金が消滅し，新学校予定地も被災者受け入れのために急遽使用される逆境を乗り越えての出発であった。「児童の村」の校舎は野口の私宅が提供された。

　「児童の村」では，野村芳兵衛の協働自治，峯地光重の生活綴方など，集った教師の模索によって新しい教育が実験的に展開された。[14]

　1917 年に澤柳政太郎によって創設された成城小学校では，1923 年ごろからドルトン・プランが導入された。児童の自学法の開発をすでに進めていた同校では，自学法の具体化に資する「細目」「進度表」を「学習指導案」として取り入れた。「学習指導案」は児童にとって自学のよりどころとなったが，依存心を高め，学習の発展性も失われるという弊害を生んだ。そこで，学習に必要なことを授けるための「学習指導」が考え出され，ドルトン・プランに入る前の

指導がこれにより行われた。[15]

　この他にも，1912年に西山哲治が開校した帝国小学校では，どこまでも児童本位であることが目指された。子供の遊び場はあっても職員室は作らないとさえ述べた西山は，ニューヨーク大学で教育学・心理学を学び，1909年に日本人として初めて教育学博士の学位を取得した。W.ジェームズと親交があり，彼の著書『プラグマティズム』の翻訳権を譲り受けて日本に帰国し，『児童中心主義攻究的新教授法』を1911年に発表している。[16]

　また，中村春二の成蹊学園（1912），羽仁もと子の自由学園（1921），赤井米吉らの明星学園（1929），小原國芳の玉川学園（1929）など，いずれも新教育を標榜して創設された。

4　大正新教育運動に関する研究動向

　大正期の新教育運動に関するまとまった研究として，中野光『大正自由教育の研究』（1968）を基本文献としてあげることができる。中野は大正新教育運動が教育方法の改革に果たした役割を明らかにしようとした。中野以前には梅根悟[17]が，樋口勘次郎や谷本富の理論と実践が日本における新教育の出発点であったと評価し，戦後の新教育運動はその遺産の継承，発展を図るべきであると主張している。梅根や中野の大正新教育運動に対する歴史的な評価は，教育方法史的には一定の意義を認めながら，ブルジョワ的性格と思想の脆弱性によってファシズムの教育に結びついていったというものであった。

　橋本美保は「新教育はなぜ繰り返すのか」[18]という問いをあたため，新教育運動とそれを否定する学力低下論の台頭という形で，近大教育史上何度も見られた教育改革に着目した。橋本は大正新教育を国際新教育運動の一環としてとらえ，その教育学的意義を思想史的なとらえ直しによって明らかにしようとしている。1921年に開催された八大教育主張講演会で発表した実践家など大正期の教師を取り上げ，彼らの思想を歴史的社会的状況の中で読み解こうと試みている。橋本の研究方法は，実践主体の葛藤やその思想の構造化過程を解明するために受容史[19]の方法を用いる点に特徴がある。

　橋本の他にも，金子（遠座）知恵[20]，鈴木そよ子[21]，豊田ひさき[22]らが大正

から昭和にかけて公立小学校で実践された教育改造を取り上げ，特定の地域における新教育の実態の解明が進んでいる。今後，受容史の方法による教育実践史研究の進展が期待される。

Ⅱ 奈良女子高等師範学校附属小学校の相互学習

1 木下竹次の学習法

中野光によれば木下竹次は「学習法」「合科学習」の理論を構築し，「優れた訓導達を指導してこれを実践に移し，戦前におけるわが国教育改造運動の中心的人物として活躍」[23]した人物である。さらに，中野は次の2つの理由により木下は大正新教育運動をになった指導者のうちでは「もっとも重要な役割を果たし，その影響力もきわめて大きかった」[24]としている。第一の理由は，木下の活躍した期間が大正新教育運動のピークの時代から太平洋戦争の直前にまで及んでいること。そして第二の理由には，彼の理論が常に実践と結合しながら教育現象のほとんどすべてにわたってしかも体系的であったことを挙げている。

木下が主事となって学習法を主導したのが奈良女子高等師範学校附属小学校[25]（以下，「奈良女附小」と略記）である。学習法は大正から昭和の初めにかけて教育界において一世を風靡した。全国の学校から参観者が殺到し，奈良の地名を冠して「奈良の学習法」と称された。梅根悟は「奈良の学習法」について「教育の基本的な考え方についても，内容についても，指導技術についても細いところまで行きとどき，実践のうらづけがあって，大正期新教育中でもっともしっかりしたもの」[26]と述べている。

1919（大正8）年，奈良女附小に主事として着任した木下竹次は，当時の訓導と共に学習法を実施し，その成果を踏まえて1923年に『学習原論』を発表する[27]。そして，1940（昭和15）年までの22年間を通して学習法[28]を主導した。

奈良に着任するまでの木下の略歴を以下にまとめておく。1872年に福井県で生まれた木下は，1893年に福井尋常師範学校を卒業して大野郡内の尋常小学校準訓導となり，1894年には訓導となり，同年に東京高等師範学校文科に入学する。1898年に卒業すると，奈良師範学校教諭となる。1900年には富山

4章 ■ 大正新教育運動と木下竹次 | 65

師範学校に転任する。1904年には鹿児島師範学校の教頭に就任し，翌年には鹿児島女子師範学校の初代校長となる。そして，1917年に京都女子師範学校に転任する。

　木下は奈良女附小に着任するまでに，徐々に学習法の構想を温めてきた。富山師範学校では遊戯中心の保育を実践[29]したり，鹿児島師範学校附属小学校でも尋常科第3学年以上に毎日45分間の自習時間を設定[30]したりしている。

　木下の学習法は，端的に言って「学習者が生活から出発して生活によって生活の向上を図るもの」[31]である。木下は学習の目的を「経験的自己を向上させること」[32]「社会的自己の建設」[33]におき，「機会均等に自己の発展を遂げ自己を社会化していく」[34]姿を目指した。そして，「教授・訓練・養護に関する事柄を一括して，これを児童生徒の側面からみて学習と称し，研究を進めていこう」[35]と宣言し，他律的な教育法に対して（自律的）学習法を前面に押し立てた。

　木下は学習の性質を発動的，創作的，努力的，歓喜的の4要性に整理し，学習が4要性を具備するための基盤として環境に着眼した。学習は一種の環境改善であり，「教師は自分は環境の一部であると自覚せねばならぬ」[36]と述べるほど木下は環境を重視した。児童生徒の自由な活動や個性的な活動に学習の本質があるとみていたからである。

　木下は学習法を実践に移す困難に自覚的であった。「教師はなるべく直接の指導を避ける」としつつも，「教師は児童生徒の環境の統一的中枢」であり，「教育の方法がいかに変化しても学習の方法がいかに進歩しても優良なる教師を要する必要は少しも変化するものでない。むしろ一層優良なる教師を要することになる」[37]と木下が述べているからである。木下は学習法の理念を実践できる教師の育成が不可欠と考えていた。

　学習法は，木下が中心となって奈良女附小の訓導の実践を通して創出した理論であったため，合科学習，特設学習時間，独自学習および相互学習などの方法論を備えているという特徴がある。梅根悟は，大正後期から昭和始めにかけての「奈良の学習」の全国的な広がりを認めた上で，しかしながらそれは教科指導の枠内での教材の学習の在り方として「独自学習・相互学習・独自学習」という学習方式のみが受け入れられるような実態であった[38]と指摘している。こ

のような指摘となった理由は，単なる自学自習にとどまらず「生活即学習」という生活教育に徹する木下の思想を梅根は高く評価するからであろう。そのような梅根の立場からすると，相対的に「独自学習・相互学習・独自学習」という学習方式は，教科的，知的学習において行われる部分的な学習方式にすぎないという見方になってしまうのである。

　しかし，梅根は，奈良の学習方式を決して低く評価しているわけではない。「自由と協同の両原理を共に徹底的に生かし個別教育，個性教育の原理と，民主的共同思考の原理とを共に生かすように工夫された学習形態として，一つの完成品の域に達しているといっていいであろう」[39]とさえ述べているからである。

　「独自学習・相互学習・独自学習」が教科的，知的学習のみへの適用となっていたかどうかという問題は別として，「奈良の学習」に学ぼうとした教師たちにとって，この学習方式は受け入れ可能であったと考えてみる必要があるのではないか。教師の指導力量も千差万別であるからこそ，多くの教師に受け入れ可能な「わかりやすさ」に大きな意味があったのではないかと考える。

　上記のように木下の実施した学習法は，環境の整理によって経験的自己の向上と社会的自己の建設を図るものであり，児童生徒の自発活動や個性的活動を重視する。そして，自立的な探究が中心軸となり，それを促進するために協同的な学びが考えられている。

2　木下竹次の相互学習概念

　相互学習は協同的な学びを表す概念である。大正期に学習法を構成する諸概念の一つとして木下竹次によって始めて語られた。

　奈良女附小が大正期に児童向けに出していた雑誌『伸びて行く』では，相互学習を含む学習法について次のように児童向けに説明されている。「何にかぎらず　先づ　獨自で學習してみる　疑うて　解いて又疑うて　手の着くところから學習を進める。或は實驗實習に依り，或は圖書圖表により，或は指導者にみちびかれて。かくして　相互學習に進み行く。更に再び　もとの獨自學習にもどる。ここに著るしい　自己の發展がある」[40]。ここから，当時の独自学習と相互学習との関係性を知ることができる。この記述は「獨自学習」というタイ

トルが付され，独自学習を説明する過程で相互学習が登場している。つまり，独自学習が学習法の基底となるのであり，独自学習がなされてはじめて相互学習に至るのである。独自学習は自学主義教育思想[41]を底流として，環境を生かしつつ探究する個人学習を言う。独自学習が一定程度進めば，社会的・協同的学習を経由して社会的自我の形成に向かう。この過程を相互学習と言う。相互学習を経由することによって，さらなる独自学習における自問自答に深みと広がりが増す。したがって，相互学習は単なる話し合いではなく，集団か個人かという学習の形態でもない。独自学習が成立してこその相互学習なのである。

相互学習概念が「相互学習」という用語で木下によって確定されるのは，『学習原論』の記述においてである。

木下は「自序」を「大正十二年正月六日」と日付けて，著書『学習原論』の巻頭に置いた。大正 12 年は 1923 年であり，同書の発刊が 1923 年 3 月だから仕上げの段階で書かれたと見られる。つまり「自序」には要約としての意味がある。「いずれの学習者も独自学習から始めて相互学習に進み，さらにいっそう進んだ独自学習に帰入する組織方法」[42]というのが用語「相互学習」の直接使用箇所である。この箇所は学習の順序について典型例を示している。重要なのは，「学習は学習者が生活から出発して生活によって生活の向上を図るもの」であり，「自己の発展それ自身を目的」とし，同時に「自己を社会化していくのが学習」という生活発展主義による自律的学習の主張である。そして，相互学習概念は「自己を社会化」する在り方の提示となっている。

木下は，学習の目的を論じた箇所で「学習の目的は簡単にいうと自己の建設である。しかも其の自己は社会化したものでなくてはならぬ。社会的自己の建設は同時に社会文化の創造である」[43]と述べている。「自己の建設」を学習の目的としつつ，それを「社会化したものでなくてはならぬ」とする。「社会化した」自己や「社会的自己」の意味は，他の記述と併せてみていく必要がある。

学習の目的を論じた別の場所で，「自由と協同とが二大原則となって今後の新社会は建設されるであろう」と木下は論じている。岩花春美によれば「木下のいう自由は個人的自由をむしろ制限する自律」[44]であった。そして，「木下のいう協同は，集団主義的な要素というよりも，個性化や社会化のための協同とい

う傾向性が強い」[45]のである。木下は，「彼の独自学習と相互学習とはその主とするところを異にしているがともに自由と協同の精神を養成するものである」と，「自由と協同の精神」をもつ「自己の建設」のために独自学習と相互学習が存在すると述べた。

その上で，木下は次のように述べて独自学習と相互学習について命名する。「予習，新学習，補習および復習」等という学習順序を「学習者一人で踏む時はこれを独自学習といい，団体で踏む時にはこれを相互学習と名づける」[46]。「名づける」という記述から，相互学習という用語は木下独特の用語として本人によって認識されている可能性が高い。

木下は後に，学習の協同的な側面について「徒に模倣もせず徒らに他人の意見に賛成するでもなく徒らに受動的に働くのでも無い」「皆独立自主の精神を以て能動的に協同生活に参加する」と表現した。そして，「相互学習は協同的であるが同時に自律的」であるため「相互学習を協同学習と云はない」[47]と続けている。学習者の自律に徹する木下の思想は，相互学習という独自の命名に色濃く投影されている。つまり，独立した個人の探究的な学びが相互学習では想定されているのである。

3 相互学習概念の実践的継承

相互学習の概念と方法は，奈良女附小の教師によって学習法の実践として大正期から今日まで営々と受け継がれている。そのため，相互学習の概念と方法は実践的な検証を経てきたと考えられる。さらに，相互学習概念を含む奈良女附小の学習法は木下が単独で形成したのではなく，当時の訓導の実践との相関によって充実発展した経緯が，松本博史[48]，神谷キヨ子[49]らの研究によって明らかにされている。

木下竹次は1940年12月27日をもって奈良女附小主事の職を退く。戦後，重松鷹泰が主事として着任し，当時の教官との協議の末，「しごと」「けいこ」「なかよし」の教育構造をもつ「奈良プラン」が構想され，現在に至っている。

奈良女附小『わが校五十年の教育』によれば，奈良プランは，重松の「当校には長い伝統があり，尊い遺産がある。それを土台として，子どもたちを育て

4章 ■ 大正新教育運動と木下竹次 | 69

ていく上の，急所を明らかにすることができるはず」[50]という目論見により，日々児童の自律的学習を指導している教官の議論を経て生み出された。だから，奈良プランにおいても，木下が主導した学習法は様々な形で引き継がれている。

　奈良プランでは，学校の教育形態が「しごと」「けいこ」「なかよし」の３部面に整理された。これは，戦前の合科学習（大合科・中合科・小合科）の形態を，児童の生活部面を念頭に学習指導の実態を踏まえて読み替えたものと考えられる。合科学習や特設学習時間の名称がなくなり，「しごと」「けいこ」「なかよし」に改められた。「独自学習・相互学習・独自学習」の学習方式も，奈良プラン以後の「学習研究」誌で特集や論文タイトルとして取り上げられることはなかった。1978年の「学習研究」第256号掲載の論文タイトル（「相互学習時における私の脱皮を求めて」片桐清司）に「相互学習」の文言が再登場し，その後しばしば「独自学習」「相互学習」の文言が「学習研究」誌上で論文タイトルとして表れるようになる。このことから「独自学習・相互学習・独自学習」の学習方式は，1978年まで研究上の課題として検討されなかったにもかかわらず，効果的な学習方式として同校の教師たちの間で受け継がれてきたとみることができるだろう。

おわりに

　明治末に児童の自発性を重視する教育思想が我が国で芽生え，その流れをくんで大正新教育運動の多様な教育的実践に結実した。それらの遺産のいくつかは直接，間接に戦後の新教育運動に影響を及ぼした。生活科誕生の背景には，こうした児童の自発を尊重する明治以来の真摯な営みを指摘することができる。

　さらに，木下竹次の学習法について，大正新教育運動の典型として検討してきた。学習法を構成する諸概念のうち，相互学習概念に焦点を当てて先行研究を踏まえてその内実に迫ろうと試みた。その結果，児童の自発をどのように教育的に実現するかという教育実践上の課題が立ち現れることとなる。

　「独自学習・相互学習・独自学習」は自律的な探究を核とし，それを促進するために協同的な学びを位置付ける学習方式だった。個性を基盤にした個別学習を徹底的に尊重する独自学習から始まり，個人での学びの行き詰まりや停滞，

成果発表の欲求などに突き動かされるようにして相互学習が設定され，共同思考によって一層質の高い問題解決への糸口をつかんだ児童は，再び独自学習に取り組む。木下竹次が当初思い描いたこのような相互学習概念は，それを教室において実現できる教師を必要とした。

「独自学習・相互学習・独自学習」について，多くの教師に受け入れられたのは，単なる学習形態の順序として形式的に受け止められたからだとする指摘もある。こうした「わかりやすさ」と木下の生活教育の理念を背景として創案された「深さ」とが混在したまま，木下の学習法は受容され，実践されてきたのではないか。したがって，例えば相互学習概念の受容と実践に限定して考えた場合，次のような問題を指摘できよう。

第一に，木下竹次の相互学習概念は，どの時点で，どのように形成されたか解明すること。そのために，背景となる日本固有もしくは欧米の教育思想の木下による受容と展開に迫る資料の発掘が求められる。さらに，当時の訓導に関する記録から，木下の相互学習概念への影響を解釈できる可能性もある。

第二に，木下竹次在職当時の奈良女附小において，当時の訓導および奈良に学んだ地方の教師が木下の相互学習概念をどのように受容し実践に移したか，残された文献等の資料をもとに解明すること。

第三に，木下に直接指導を受けていない世代の教師が，残された文献や木下に指導を受けた訓導からの間接的な指導等によって，相互学習概念をどのように受容し実践に移したかという問題も残されている。

このように，相互学習概念の受容史を比較的資料を残した教師について丁寧に解明していくことにより，児童の自発活動を重視する理論と実践との関係を立体的に構成できる可能性がある。

（金津琢哉）

【注】

1) 文部省（1989）小学校指導書生活編．教育出版，p.1.

2) 文部省（1947）学習指導要領社会科編（Ⅰ）（試案）．学習指導要領データベース作成委員会（国立教育政策研究所内）が提供する学習指導要領データベースからの引用。

https://www.nier.go.jp/guideline/s22ejs1/chap1.htm（2018 年 5 月 30 日閲覧）

3) 田中耕治（2017）戦後日本教育方法論史（上），ミネルヴァ書房，p.8.

4) 加藤寿朗（2010）生活科教育の歴史．小原友行・朝倉淳共編著，改訂新版 生活科教育，学術図書，pp.14–15.

5) 中野光（1968）大正自由教育の研究．黎明書房，p.10.

6) 同上書，p.10．中野光は書名に表れているように「大正自由教育」と呼称している。確かに「自由」が求められていた事実は認められるが，他にも個性や他者との協同に言及している例もあり，「自由」のみに限定できない。したがって，本章においては「大正新教育」という呼称を用いることにした。

7) 橋本美保（2017）大正新教育（日本の新教育）．教育思想史学会編，教育思想事典増補改訂版，勁草書房，pp.523–524.

8) 例えば，谷本富（1866–1946）は「自学輔導」という表現で児童の自己活動による個人の発達を説いた。また，及川平治（1875–1939）や木下竹次（1872–1946）らは児童の生活を重視し，学校教育に取り入れようと試みた。さらに，北澤種一（1880–1931）は労作教育を取り入れて実践するなど，多様な教育実践が各地で行われた。

9) 田中智志・橋本美保（2012）プロジェクト活動――知と生を結ぶ学び――．東京大学出版会，p.47.

10) 木下繁弥（1965）明治末期における谷本富の「新教育」論について：近代日本教育思想史研究の「覚書」．人文学報 47，p.246.

11) 深谷圭助（2011）近代日本における自学主義教育の研究．三省堂，pp.91–157.

12) 奈良女子高等師範学校附属小学校学習研究会が 1922（大正 11）年から発行している『学習研究』誌の第 22 号（1924 年 2 月）の記事による。「本学年の我が校参観人は四月以来十二月に至るまで既に二萬人を超過し一個月乃至三個月の長期見学者も随分沢山になった。」記事のタイトルは「奈良女子高等師範学校附属小学校第四回冬期講習会概況」（130 頁）であり，執筆者は不明。なお，参照した『学習研究』誌は奈良女子大学学術情報センターが所蔵資料を電子画像化してインターネット上で公開している画像である。http://www.lib.nara-wu.ac.jp/nwugdb/z002/（2017 年 8 月 23 日閲覧）

13) 遠座知恵（2013）近代日本におけるプロジェクト・メソッドの受容．風間書房，pp.103–163.

14) 中野光・高野源治・川口幸宏（1998）児童の村小学校．教育名著選集 3，黎明書房.

15) 足立淳（2014）成城小学校におけるドルトン・プランの本格的実践．カリキュラム研究 23 (0)，pp.15–28.

16) 豊福明子（2013）西山哲治の著作と子供の権利について．教育基礎学研究 11，pp.51–60.

17）梅根悟（1951）改定増補版 新教育への道．誠文堂新光社．

18）橋本美保・田中智志編著（2015）大正新教育の思想――生命の躍動．東信堂，p.4．

19）橋本美保（2018）大正新教育の受容史．東信堂，pp.9-11．

20）金子（遠座）知恵（2004）田島小学校における体験教育の実践的展開――「遊戯化教育」の位置とその特徴．日本の教育史学 47，pp.67-87．

21）鈴木そよ子（1990）公立小学校における新教育と東京市の教育研究体制――1920年代を中心に．教育学研究 57（2），pp.149-158．

22）豊田ひさき（2005）「子どもから」のカリキュラム編成に関する歴史的考察――三國小学校における三好得恵の実践を手がかりに．教育学研究 72（4），pp.492-504．

23）中野光（1967）木下竹次研究――「学習法」の理論とその思想背景――．教育学研究 34（1），p.38．

24）同上．p.38．

25）現在の奈良女子大学附属小学校のこと．大学制度改革により高等師範学校が廃止され1952年から奈良女子大学文学部附属小学校となる．

26）梅根悟（1957）木下竹次と「奈良の学習」．カリキュラム 103，p.50．

27）木下竹次（1972）学習原論．初版，明治図書，（世界教育学選集 64）．

28）学習法という用語は今日では「学習の方法」という意味で一般的に使用される。一般的な意味と区別するために，現在の奈良女附小では自律的学習法と表現することが多い。しかし，ここでは木下竹次が奈良女附小主事として実施した教育を「学習法」という用語に統一して論述する。学習法という用語は木下竹次自身が命名したからである。

29）内藤由佳子（2000）木下竹次の合科学習に関する一考察――教師の指導性を中心に――．教育学論集 26，14-25．

30）松本博史（2006）「奈良の『学習法』」成立前夜――1921（大正10）年度「学級教育経営」「学級教育功程」の分析を通して――．教育諸学研究 20，11-23．

31）木下竹次（1972）学習原論．初版，明治図書．（世界教育学選集 64），p.13．

32）同上，p.28．

33）同上，p.21．

34）同上，p.13．

35）同上，p.18．

36）同上，p.163．

37）同上，p.186．

38）梅根悟（1951）"木下竹次と「奈良の学習」"．日本教育史．東京教育大学教育学研

究室編．金子書房，232-242.,（教育大学講座 3）．

39) 同上，p.240.

40) 著者不明（1924-7）獨自学習．伸びて行く 4（7），奈良女子高等師範学校附属小学校学習研究会，1. この記述には著者名の記載がないので木下の考えと断定することはできないが，独自学習・相互学習・独自学習の順序で学習が深化・発展するイメージが分かりやすく述べられており，学習法について説明する際に引用されることが多い。

41) 木下繁弥（1967）自学主義教育思想の日本的展開（其の一）．首都大学東京．人文学報 60，A19-A52.

42) 木下竹次（1972），p.13.

43) 同上，p.21.

44) 岩花春美（2011）木下竹次の「学習法」の構造：J. デューイの探究の理論との比較を通して．教育方法学研究 36，日本教育方法学会，p.111.

45) 同上，p.112.

46) 木下竹次（1972），p.207.

47) 木下竹次（1925）相互学習汎論．学習研究 43，p.10.

48) 松本博史（2004）奈良女子高等師範学校附属小学校における清水甚吾の算術教育：1911（明治 44）年度から 1940（昭和 15）年度まで．神戸大学，博士論文．

49) 神谷キヨ子（2016）大正期における「読み方教授の改革」：芦田恵之助・秋田喜三郎之「読み方教授」．佛教大学，博士論文．

50) 重松鷹泰（1962）"奈良での仕事"．わが校五十年の教育．奈良女子大学文学部附属小学校編．非売品，pp.394–395.

奈良女子大学附属小学校における「しごと」学習
──誕生期の社会科との関連を踏まえて──

はじめに

　奈良女子大学附属小学校（以下，本校）は1911（明治44）年に開校し，平成30年で108年目を迎える。戦後，本校に主事として着任した重松鷹泰は，本校の教諭らと協力して「しごと」・「けいこ」・「なかよし」という３つの柱からなる教育構造－いわゆる「奈良プラン」を設立した。これは，木下竹次（本校２代目主事）の提唱した「学習即生活，生活即学習」の理念を引き継ぎ，子供の生活を真摯に見つめ，その生活部面を「しごと」・「けいこ」・「なかよし」の３つととらえたものである。

　とりわけ，「しごと」学習は本校の特徴的な教科である。他校でいうところの生活科や総合的学習に近いものといえば，理解しやすいかもしれない。しかし，数ある教科のうちの一つとしてだけでなく，本校の教育活動全体の中枢といっても過言ではなく，一概に生活科や総合的学習と同じであるとも言い難く，説明することは大変困難である。本章では，本校の「しごと」学習について，誕生期の社会科からその本質を明らかにし，そこに生活科および総合的学習の源流を求めることにしたい。

I 「しごと」学習とは何か

1 「奈良プラン」

　戦後の「奈良プラン」樹立時の教師は，学問の成果を系統的に教え込む立場に立つ教育観の人から「奈良プラン」が低く評価されたことを振り返っている[1]。「奈良プラン」の理解において，一般的に理解されやすいものは「なかよし」，次いで「けいこ」，そして，最も難しいとされたのが「しごと」であったという。「『しごと』は社会科か」という問いに対し，「『社会科ではない。』と言い切るこ

とはできないが,『しごと』は今日の社会科のような,道徳を特設されたあとの
せまい,やせ細った社会科ではない。むしろ,『本来の社会科である』というべ
きである」[2]と述べている。

　では,ここで述べられている「本来の社会科」とはどのようなものだったの
だろうか。「しごと」学習とは何かを考えるにあたり,誕生期の社会科について
知る必要があるだろう。

2　誕生期の社会科

　社会科は1947(昭和22)年の学習指導要領において,従前の修身・公民・地
理・歴史に代わり新設された教科である。同年の「学習指導要領社会科編(試
案)」では,従前の修身・公民・地理・歴史について次のように指摘している。

> 　(前略)それらの科目は,青少年の社会的経験そのものを発展させることに重
> 点をおかないで,ともすれば倫理学・法律学・経済学・地理学・歴史学等の知
> 識を青少年にのみこませることにきゅうきゅうとしてしまったのである。した
> がって,これらの科目によって,生徒は社会生活に関する各種の知識を得たけ
> れども,それがひとつに統一されて,実際生活に働くことがなかったのである。[3]

　これらから,誕生期の社会科は,各学問の成果を児童に与えたり,社会に現
れている様々なことをただ理解させたりする学習ではなく,児童の社会経験を
発展させ,よりよい社会の一員へと導こうとする学習であったということが分
かる。それまでの知識伝達型の学習の在り方を見直し,「実際生活に働く」能力
や態度を養うことを目的として誕生したのである。

　また,学習の系統性については,次のように述べられている。

> 　(前略)全体に学問的な系統や,表面的な系統がないように見えるかもしれな
> いが,それよりも,もっと強固な,且つ一そう自然な系統があること,即ち,
> 青少年の生活経験を系統的に発展させるように考慮されている事実に注意して
> もらいたい。学問上の系統はもとより必要であるが,それが生徒のものとして

76

理解され，活用されるのは，論理的思考が十分進んだ段階においてである。その段階に至るまでは，むしろ青少年の生活の問題を中心として，知識・能力・態度等が系統づけられ，発展せしめられる方がよいのである。[4]

　以上のことから，誕生期の社会科は，児童の生活経験の発展を第一義とし，その学習は児童の生活を中心として展開される中で必要な知識・能力・態度を身に付けるよう意図されていたことが分かる。

3　初期社会科の学習活動の構成

　誕生して間もない新しい教科である社会科に対しては教育現場から疑問や困難の声があがったという[5]。そこで，実施開始から1年後の1948（昭和23）年，『小学校社会科学習指導要領補説』（以下，補説と記す）が作成された。ここでは，前年に作成された『学習指導要領社会科編』と比べてさらに具体的な問題点や事例をあげて，誕生期の社会科のあるべき姿が説明されている。

　（前略）はじめてのことですから当然のこととも言えますが，小さな題目の下にいくつかの学習活動がぽつぽつとならべられていて，学習活動が次から次へと展開していくようになっておらず，その小さな題目ごとに無理にまとめてしまおうとして，活動が表面的なものになり，児童に十分その問題を解決させる余裕を与えず，安易に社会道徳がおし売りされるようなきらいがみえます。[6]

　当時の社会科実践の多くは手探りの中で開発されてきたことが推察されるが，補説では，連続性や関係性のない学習活動の羅列を批判している。教師の教えたい事柄が正確に児童に伝わるよう，教師が内容を計画的に決定し指導していたのである。しかし，社会の問題を児童が表面的に触れるのみの学習の展開は，社会科の本来の意図，すなわち児童の生活経験の発展を目指す学習とは異なったのである。社会の問題を児童が解決しようと試みてこそ，児童の生活経験の発展が期待できると考えられていた。

4 小学校の教科課程と社会科との関係

　児童の生活経験を有効に発展させるため，誕生期の社会科にはもう一つの役割が与えられていた。

　（前略）社会科は右に述べたような公民的資質の発展を目標とするのですから，それが小学校教育の教科課程の中で占める位置はおのずから明らかであります。

　学校教育法第十八条（当時）によれば，初等普通教育を児童に与えるためには，左の各号に掲げる目標の達成に努めなければなりません。

　　一，学校の内外の社会生活の経験に基づき，人間相互の関係について，正しい理解と協同・自主および自律の精神を養うこと。

　　二，郷土および国家の現状と伝統について，正しい理解をもつように導き，進んで国際協調の精神を養うこと。

　　三，日常生活に必要な衣・食・住・産業について，基礎的な理解と技能を養うこと。

　　四，日常生活に必要な国語を正しく理解し，使用する能力を養うこと。

　　五，日常生活に必要な数量的な関係を正しく理解し，処理する能力を養うこと。

　　六，日常生活における自然現象を科学的に観察し，処理する能力を養うこと。

　　七，健康・安全で幸福な生活のために必要な習慣を養い，心身の調和的な発達を図ること。

　　八，生活を明るく豊かにする音楽・美術・文芸等について，基礎的な理解と技能を養うこと。

　（中略）これと前に述べた社会科の目標とを比較してみますと，社会科が小学校の教育目標の達成のために重要な位置を占め，そしてすべての教科の主目標とかたくむすびついていることはあきらかです。[7]

　つまり，公民的資質を養うという社会科の目標を達成するためには，児童がその所属する社会について理解し，社会に対して開かれた目と社会に対する関心をもつようにしなくてはならない。そしてそれらは，共同生活に不可欠な技能や習慣や態度——すなわち各教科等で身につけられる技能や習慣や態度——と結合されなくてはならない。したがって，社会科の目標は各教科で養われるべき技能や習慣や態度の育成なくして達成できず，また，各教科で養われた技能・習慣・態度が社会科で生かされるべきであると考えられていたのである。こ

のことから，社会科が今日の生活科や総合的学習と同様，各教科間の関連・統合を担う教科であったことがうかがえる。

　誕生期の社会科は，単発の活動を連ねて小さくまとめる学習展開ではない。各活動が連続性をもちながら展開され，各活動において児童が問題を解決する余裕と機会を与えられていた学習であったということが分かる。また，生活経験の総合的な発展をめざす新しい教育課程への移行を受け，他の教科と関連し合いながら，社会科を通して全ての教科を統合させる，合科的な役割をもっていたということが理解できる。

5　社会科と作業単元

　『学習研究』第二十号（昭和 23 年 12 月），重松鷹泰執筆の「生活の中核としての〝しごと〟」に興味深い記述が見られる。

　（前略）社会科の学習指導要領に於ては，子どもたちの現実生活の中にある問題をとらえ，その解決のための活動を考えていくという方式が説かれている。(中略) しかし非常に多くの人々にとっては，莫大な実態調査の資料もどう始末したらよいか判らない重荷となり，また問題というものも一向にとらえ所のない得体のしれないものになってしまったのである。ここではもつと端的に「しごと」の内容即ち単元を決める方式はないかという気持ちが強く動き，それに応えるようにさまざまの論議と共にいくつかの方式が提案され，いくつかの流行の中心というようなものを生み出しさえしたのである。(中略) けれども果たしてそのように「しごと」の内容即ち作業単元を決めることはややこしいことなのだろうか。[8]

　この論文が『学習研究』誌に掲載された前年より，新教科としての社会科の実践が行われ始めた。手探りの中での実践を通して，教師達は社会科に対して多くの疑問や困難を感じており，施行一年後，それに応える形で補説も編纂された。

　上記の重松執筆の論文は，社会科が教師によって困惑と共に迎えられたことに，本校の「しごと」を重ね合わせて触れている。そしてここから，重松が，誕生期の社会科における作業単元が「しごと」学習における内容に相当すると

とらえていることをうかがうことができる。

　補説によると、社会科学習指導の目的は、「児童が現実の生活で直面する問題の解決を中心として有効な生活経験を積ませること」であり、有効な生活経験とは、「断片的な生活経験の寄せ集めではなく、まとまりのある、組織された経験のこと」であるとされている。そして、このような経験のまとまりを作業単元と呼んでいる[9]。すなわち、作業単元とは、学習全体を貫くある一定の主題に沿って児童がする様々な学習活動あるいは経験のまとまりと定義できる。また、児童が生活で直面する問題の解決を中心とする社会科の性質上、教師が直面する児童の問題が作業単元の中核をなすとされ、作業単元を構成するのは、担当する児童の問題を具体的に把握している学級教師の仕事であるとされている。したがって、社会科の作業単元は、指導要領に例として挙げられている学習内容をそのまま各教師が流用するのではなく、児童の実態や関心の所在、当時の指導要領で設定された社会科の目標や主要経験領域を照らし合わせ、各学級担任の裁量によって選定されるものである。

　以下、その選定の手掛かりとして『学習指導要領社会科編（試案）』に挙げられている作業単元の一例を簡単にではあるが紹介する。

作業単元の一例「まゝごと遊び（第一学年）」

　この作業単元の学習活動に於いて得られる児童の生活経験の種類
　○家庭における仕事や遊び
　○料理・掃除・育児・交際・買い物（→やおや、米の配給所につながる）
　○やおや（→荷車、市場、農園につながる）
　○米の配給所（→トラック、営団、家庭につながる）
　○トラック、汽車、リアカー、荷車などの動くもの（→野菜市場、貨物駅、
　　配給所につながる）
　○木や竹やむしろで家や店を造る。
　○料理やお菓子を作るのに砂平水を使う。
　○木箱や木片でリアカーや荷車を作る。
　○おもちゃで遊んだりおもちゃを作ったりする。[10]

この作業単元を貫く主題は，家庭および家庭にまつわる様々な仕事ということができるだろう。児童が最初に属する社会的な環境である家庭にまつわる人々の様々な営みを個人的あるいは協同的に再現することを通して，社会生活の成り立ちについての知識を深める学習といえる。また，家庭での家族の役割を再現する活動からそれにまつわるやおやなどの仕事が派生して取り扱われ，児童が意識を向ける範囲が家庭から自然な形で広がっていった様子を推察することができる。さらに，再現活動を通して様々な道具を作る活動を通して，児童の手工的な発達を促そうとしていたことをうかがうこともできる。

6　誕生期の社会科の本質

　これまでに述べてきた誕生期の社会科の特徴や前項に挙げた作業単元の一例から，当時の社会科の本質について言及したい。

　誕生期の社会科の学習は，子供の生活そのものであった。教師の用意した活動を淡々とこなすのではなく，どうしてもそうせざるを得ないという真実の欲求から生じる活動が連続して行われた。そのため，子供の実態や関心の所在と教師が目指す子供の姿とをすり合わせて単元を構成するという作業が必要となった。

　また，当時の社会科における教師の目指す子供の姿とは，「何をどれだけ理解している子供か」ということではなく，「どのような経験を積んだ子供か」という観点で決定された。子供にどんな種類の生活経験を積ませ，どのように発展させていくかという観点が学習内容を決めたのである。したがって，初期社会科は，「何を学ばせるか」という内容ありきの学習ではなかった。「どのように学ばせるか」という経験ありきの学習である。教師には，子供たちの実態を観察し，その子供たちにどのような経験を積ませるべきかを検討することが求められたのである。

Ⅱ　「しごと」学習の実践

　ここまで，「しごと」学習とは何かという問いの答えを「誕生期の社会科」に

求めてきた。本節では，筆者自身が実践した「しごと」学習の実際から，「しごと」学習の本質を明らかにしたい。

　この実践は，2年星組で2014（平成26）年度11月から取り組んだ「しごと」学習の実践記録である。本校は1学年2学級で，2年生への進級時と4年生への進級時にクラス替えがある。この実践は2年生の後期から3年生の終わりまで続いた。

1　村人になろう！

(1) どんな村にしたいか考えよう

　本校の校舎は，偶然か，意図的か，上空から見ると日本列島のような形になっている。先輩教諭によると，職員室を奈良県とし，体育館は北海道，2年星組は鹿児島県にあたるそうである。

　これを子供たちに紹介し，2年星組は「奈良女子大学附属小学校」という国の中の一つの地域であることを話した。そして，担任教師を含む学級のメンバーを「村人」にたとえ，2年星組を「村」にしようということを提案してみた。子供たちからどのような反応が返ってくるか分からなかったが，子供たちは興味を示し，「しごと」のテーマが決まった。

　早速，どのような村を目指すかを話し合った。教師としては，目指す村の姿は目指す学級の姿であり，学級のめあてであるという意図をもっている。子供たちはそれまでの半年間を振り返り，様々なめあてを挙げた。それらを統合して，「なかよし」，「それぞれがめあてをもつ」，「すごしやすい」，「自分で考え，つくる」という4つのめあてが制定された。

　これらの4つのめあてに向けて，村づくりを進めていくことを確認した。

(2) どんな「しごと」をするか計画しよう

　4つの村のめあてに向け，村（教室）で過ごすのに必要な事柄は何かを考えた。当初，子供たちから挙がったのは公園，すべり台，動物園，電車やバス，道路，線路，駅やバス停，おわらい劇場，イオン，リサイクルショップ，スーパーマーケット，コンビニ，裁判所，山，川，などであった。

筆者は子供たちが挙げた事柄を聞いていて，どうやら子供たちは教室に模型などを設置して巨大な箱庭のようにすることをイメージしているのではないかと感じた。事実，子供たちに問いかけてみると，私の意図と子供のイメージがずれていたことが分かってきた。それでもよいとも考えたが，もう一度子供たちに村の模型を作りたいのか，本当の村のようにそこで「しごと」をしたり，買い物をしたりしたいのか，どちらかを確認した。すると子供たちは，買い物をしたり，「しごと」をしたりしたいと答えた。

　このようなやりとりを経て，村に必要な「しごと」を考えることになった。

(3)「しごと」の計画を聞きあい，アドバイスし合おう

　それぞれの「しごと」が計画を発表し合った。4つのめあての達成に必要かどうか，その「しごと」にどのような取り組みを望むか，村人の意見を求める場を設けた。全ての「しごと」がプレゼンテーションされ，村人からの意見やアドバイスが取り入れられた。

　「しごと」のプレゼンテーションの過程で，「村には村長が必要」という声が挙がり，村長選挙をすることになった。選挙管理委員を募り，立候補の受付，選挙の方法の設定，演説会や投票の準備や運営をした。一方で，同時期に衆議院選挙が行われており，選挙管理委員になったK男は保護者の投票に同行し，選挙の在り方を観察して村の選挙に取り入れた。定員と立候補者が同数で2人だったため，信任投票を行い，2人の村長が選出された。

2　「しごと」をはじめよう！
(1)「しごと」をすすめよう

　全体でのプレゼンテーションを経て，それぞれの「しごと」が動き始めた。紙幅の都合上，概要のみを紹介する。

・**びょういん**：健康な生活の啓発，病気やケガの予防法の紹介，病人や怪我人の看護
・**けいさつ**：落とし物の管理，パトロール，ケンカや言い合いの仲裁

- **スーパーマーケット**：教室の中で過ごすのに必要なものをつくって売る
- **魚釣りゲームや**：磁石でクリップのついた魚を釣り上げるゲーム
- **そうじけいかく社**：村内の美化，リサイクル活動
- **なんでもや**：教師の手助け，他のしごとの手伝い
- **村長**：選挙によって選ばれた男女1名ずつ。村の全体行事を開催したり，代表で挨拶をしたり，議会（話し合い活動）を開いたりする
- **新聞社**：村での村人の様子や，村で生じた問題，学習している内容などをまとめ紹介する新聞をつくっている。
- **ぎんこう**：預貯金の管理業務

(2) 村や「しごと」の問題を見つめ，解決しよう

　ここからは，子供たちが直面した様々な問題について報告したい。

○お金はどうするの？

　「しごと」をやり始めたばかりのころは，それぞれが自分の「しごと」をするのに一生懸命だった。看板をつくったり，店長を決めたり，商品をつくったり，「しごと」の内容を考えたりと，やることはたくさんあった。

　村づくりの「しごと」学習が始まって二か月。途中で行事や冬休みを挟んで「しごと」学習があまりできなかったので，それらが一段落したのは，2年生の1月ごろだった。自分以外の「しごと」や村人たちに目を向け始めたころ，村人たちは村史に残る最初の問題に直面した。それは，スーパーマーケットの「しごと」に就く子供たちの声から始まった。

　「先生，商品をつくったけど，お金がないから売ることができません」

　至極もっともな訴えだと思った。物を売りたいお店と買いたい村人があるなら，お金の問題が出てくるのは必然である。スーパーマーケットの子供には，お金がなくて物を売ることができず困っていることを村長に伝え，会議を開いてもらうよう助言した。

　村長はその訴えを聞き，その日の帰りの会でお金を採用するかどうか会議を開きたい旨を村人に伝えた。村人はこれを了承し，次の「しごと」学習はお金がいるかいらないかについての独自学習をすることになった。

　以下，その相互学習の話し合いの一部である。

H男	僕はお金がいると思います。お金がなかったらスーパーマーケットの意味がなくなるからです。
R女	私はいると思います。お金を使うお店があると思うからです。
O男	いると思います。もしなかったら物々交換しかできません。でも，村長や警察は物を売らないから，交換できるものがないからです。
N女	いると思います。本格的な村になると思うからです。
F女	いると思います。本物の日本と近くなるからです。 （本物の社会に近づくから，という意味だと思われる）
H女	私はお金がいると思います。私たちはコンサートをしてチケットを売ることにしました。何かを買いたいときチケットと交換するだけだったら儲けられなくなるからです。
Y男	僕はいると思います。せっかく働いたのに，お金がもらえないなら何も買えないしいやだと思うからです。
議長	お金はいらないという意見の人はいませんか。
M女	私がお金はいらないと思う理由は，お金ができると，お金をたくさんもっている人とお金をあまり持っていない人に分かれてしまうからです。 （Y男　そりゃそうじゃん，とつぶやく）
O男	M女さんの意見は確かにそうです。僕はいるという意見なんですけど本物の社会には生活保護センターみたいなところがあって，助けてあげているんだけど，いっぱいお金があるなら，分けてあげられるかもしれないので，そんなに困らないと思います。
I女	たくさんの人とない人に分かれてしまうという人に意見です。分かれてしまうんだったら，お金をたくさん持っている人を減らして，ない人を減らせばいいと言います。
K男	M女さんの意見についてで，たくさんある人とない人に分かれてしまったら，ない人たちは紙とかでお金をつくったらいいと思います。
O男	K男くんのことについておたずねなんだけど，お金を勝手につくったら，誰でもお金を発行して，みんなが作り始めて，それはダメなことなので，それはやめておいたほうがいいと思います。
M男	生活保護センターみたいなのを村につくってお金をあげるといっていましたが，お金をあげるんじゃなくて，食べ物とかを分けてあげたり，支援をする施設にしたらいいと思います。
M女	M男くんにおたずねなんだけど，この村では給食があるから，食べ物が食べられない人はいないと思います。

5章 ■ 奈良女子大学附属小学校における「しごと」学習 | 85

S男	僕はいると思います。M女さんがたくさんある人とない人に分かれてしまうと言っていたことの解決案なんだけど，村長がお金を全部もって，その後，給料を渡すときに，それぞれの「しごと」のリーダーに渡して，そのリーダーがそこで働いているすべての人に同じだけ給料を渡せば，ある人とない人にそんなに分かれないと思います。
O男	お金が多い人少ない人に分かれてしまうのなら，税金をつくって，お金の少ない人にそのお金を少しあげたらいいと思います。
M男	M女さんの言うことに意見で，募金箱みたいなものを作って，たくさんお金を持っている人がお金の少ない人を助けるためにお金をその中に入れたらいいと思います。
F女	やっぱりなかよしが大切だと思うので，たくさんある人がない人に渡して，もらった人はある時にまた返すというのがいいと思います。
H男	K男くんやO男くんの言ったことにつけたしなんだけど，お店のリーダーはお給料をあげなくちゃいけないから，リーダーはお金をつくれるようにた方がいいと思います。
Y男	僕は勝手にお金をつくるのはだめだと思います。もしお金が少ない人が勝手にお金をつくったら，お金の意味がなくなると思います。
U男	Y男くんにおたずねします。どうしてお金の意味がなくなるんですか。
Y男	お金はがんばって働いてもらうものだから，がんばってない人が勝手にお金をつくったら，がんばった人もがんばらなくなるかもしれないからです。
I女	Y男くんにつけたしで，がんばって働いたのにがんばらない人ともらうお金が同じなのはいやです。
M子	本当の社会でもお金が多い人と少ない人に分かれてしまうので，仕方ないと思います。

　子供たちの思いの根底には，本物の村に近づけたいという願いがあった。最初からお金を使うことを教師が決めてしまえば簡単なのかもしれないが，その必要性に子供たち自身が気付いてはじめて，子供の問題になるのだと考えた。子供たちは，それまで見聞きしてきたこと，社会の仕組みについてのその時点での認識を頼りに，一生懸命に考えた。そして，2年生なりに，「みんなが平等でなくてはならない」と考え，平等とはもっているお金の差がないことだと考えたようだ。お金の差ができることはよくないことだと考え，多い人が少ない

人に分け与えたり，村に支援する機関をつくったりすることで解決しようと考える子もいる。しかし，Ｙ男のように，労働の対価としての給料を押しなべて均等にするということは，労働意欲の低下を招きかねないということを考える子もいる。大多数の村人の願いも踏まえ村に通貨が導入されることが決定した。

　かくして，通貨の導入が決定したわけだが，これが新たな問題を生む。

(3) 村や「しごと」の問題点を見つめ，解決しよう

　通貨の導入が決まったが，まずは試しに使ってみようということで，仮の通貨を教師が印刷して子供たちに渡した。単位は仮に「ポコ」とした。お金が配られると当然のことながら，「スーパーマーケット」など，物やサービスを売るお店に買い物客が集まり，売買が始まった。お金が導入されたおかげで商品が売れてお店は喜び，お金を使うことが楽しくてたくさん買い物をする子もいた。お金の導入について特に問題がないように思われた。

　しかし，数日経つと，「けいさつ」へのお金の届け物が急増した。それまで村にお金という概念が存在しなかったため財布をもつ子供はおらず，机や筆箱やポケットの中で保管している子が多かったため，教室のあちこちにお金が落ちているようになった。そこに目を付けた「スーパーマーケット」は財布を販売するようになったが，時を同じくして「なんでもや」も財布を制作して販売した。これに対して「スーパーマーケット」は「真似をするな」と抗議したが，村に類似品の製造や販売を取り締まる法律などないため聞き入れられなかった。

　お釣りについても，あちらこちらで問題が生じた。100ポコの品物を購入する際，500ポコで支払うと店側に細かいお釣りがないと差額の400ポコがもらえず，同様の問題がいろいろなお店で生じていた。苦情を受けた店側は，とりあえずの処置として，後でお釣りと引き換えることのできる券を紙でつくってお客に渡していた。

　また，物を買うことが楽しくて毎日のように買い物を楽しんでいたある子は，導入から数日で配られたお金のほとんどを使い切ってしまい途方に暮れていた。

　お金の導入によって，村の中で売り買いが活発になった一方，「しごと」同士の客の取り合いやお金の管理，使い方など，少なからず問題も持ち上がってき

た。しばらくお金を使う期間を設けた後，お金の導入で困ったことはないか振り返らせてみた。子供たちからはやはり，上述の問題が挙げられ，話し合いをもつことになった。まず，お金の落し物については「けいさつ」が持ち物管理の呼びかけを強化することとなった。また，新たに「ぎんこう」をつくり，別の「しごと」をしていた一人の子に「ぎんこう」に転職してもらうことになった。そして，村民が銀行にお金を預けておける仕組みをつくることになった。また，お釣りが支払われない問題については「ぎんこう」が両替業を担って解決することになった。

　お金について，にこよし村が最初に直面した大きな問題は，「物を売らない『しごと』はどのように給料をもらうのか」ということだ。実は先述のお金を使い果たしてしまった子は，現実社会の公務員のような「しごと」（子供たちは「みんなのためのしごと」と呼んでいた）に就いていた。自分の「しごと」をする合間に物を買ってお金を使うが，労働の対価として給料が手に入らないため，お金が減る一方だったのである。「みんなのためのしごと」に就く多くの子供から同様の声があがり，話し合うことになった。

　その話し合いの時点では，「びょういん」，「けいさつ」，「村長」，「そうじけいかく社」などが「みんなのためのしごと」とされていた。

　以下，話し合いの一部を紹介する。

　T　「みんなのためのしごと」の人たちはお給料をもらうことができていませんね。どうすればいいか話し合いましょう。

　C1　村長がお給料用のお金をつくって配ればいいと思います。

　C2　村長がお金をつくれるのはよくないと思います。お金をつくるのは先生だけにした方がいいと思います。

　C3　銀行がつくって村長に渡したらいいと思います。

　C4　お金をつくるのが先生なのか，銀行なのかはわからないけど，お金をたくさんつくりすぎるのはよくないと思います。

　C5　じゃあ，もうかったお店が「みんなのためのしごと」にお金を渡したらいいと思います。

　C6　せっかくがんばってもうけたのに，もうかったお金をあげなきゃいけないのは嫌です。

C7	それに、「みんなのためのしごと」の人の中には、あまり「しごと」をしていない人がいます。「しごと」をしていないのに、お給料がもらえるのはずるいと思います。
C8	「みんなのためのしごと」も何か物を売ったらいいんじゃないですか。
C9	けいさつが落し物を拾ったらお金をもらうというのはどうですか。
C10	そのお金はだれがはらうのですか。
C11	けいさつが「なかよし」とか「安全」とか（を広めるため）の商品をつくったらどうですか。
C12	けいさつの品物は売れないと思います。
C13	けいさつの「しごと」はもうけることじゃなく、人を助けたり守ったりすることだから、物を売ることはちがうと思います。
C14	けいさつの本当（本来）の「しごと」ができなくなると思います。
C15	C4におたずねしますが、どうしてお金をたくさんつくっちゃいけないんですか。
C4	……お父さんから聞いたことがあるんだけど、忘れました。聞いておきます。
C16	みんなから週にいくらか集めてそれを「みんなのためのしごと」の人に分けたらいいと思います。
C11	消費税をつくったらいいと思います。
C9	消費税ってなんですか。
C11	例えば、100円ショップにいって100円のものをかったら108円渡します。その8円が消費税です。　　　（だれかが「8パーセント」とつぶやく）
C9	200円ならどうなるんですか。
C11	たぶん100円が2つ分だから8×2で16円になると思います。
C9	毎回計算しなければいけないのですか。面倒だなぁ。

　お金が足りないのならたくさんつくればいいというのはいかにも子供らしい発想だ。2年生の子供にとっては、お金をいるだけつくってしまえばいいのにと思って当然かもしれない。

　C16の発言は住民税のようなものだと思われる。公共の仕事は住民が税金を出し合い、そこから人件費を支払うという社会の仕組みを取り入れようというものだろう。C11は保護者の買い物に付き合った経験から消費税を提案したのだろう。やっと掛け算をならったばかりだったので割合の計算は難しいとは思ったが、C9とC11のやりとりから理解している子もいることが分かった。しか

し，Ｃ９が「面倒だ」と言ったように，各お店にその計算をさせることは現実的でないようにも思われた。

　また，Ｃ13やＣ14の言うようにそれぞれの「しごと」の本来の意義を意識していることに感心した。「みんなのためのしごと」の目的は金もうけをすることではなく，村がよりよくなるために行われるものであることを改めて確認することができた。Ｃ７の言ったような「しごと」に見合う給料が支払われるべきという概念や現実の社会の仕組みが村に持ち込まれたところで，この日の話し合いは終わった。

　この日，「スーパーマーケット」に勤めるある子のふりかえりには次のように書かれていた。

> Ｃ１の「村長がお金をつくってわたす」という意見がいいと思いました。Ｃ５の言った「ものを売るしごとがみんなのためのしごとにお金をわたす」というのは，ぼくたちのお金がへるいっぽう，みんなのしごとだけふえるのはいやです。

　それぞれの立場で，「お金をわたすのはいや」「しごとをしたのにお給料をもらえないのはいや」という思いをもつのは当然だ。多くの子供が，公共性の高いものについて皆で出し合うという概念を持ち合わせていない。現実社会で公務員の給料はどのように捻出されているか，大人たちがどのような税金を払っているかを２年生が調べることは難しいが，保護者が買い物の際に消費税を支払っている様子を見ることはできると考え，前回の話し合いから数日おいて改めて決定する時間を設けた。

　保護者に税金の仕組みを聞いてきた子，消費税の計算の難しさに難色を示す子，お金を大量に製造するとお金の価値が下がるということを聞いてきた子がいた。消費税の計算の難しさについては多くの子が共感することができた。みんなから少しずつお金を集めて全体に関わる仕事に使うということについてはやはりお店側の反発があった。しかし，「みんなのためのしごと」の人がお金もうけに一生懸命になって本来やるべき「しごと」が疎かになることを懸念する声があがり，「みんなのため」「村をよくするため」に行われるものだから，村

民であるそれぞれが少しずつお金を出し合おうということに決まった。そのかわり，「みんなのためのしごと」は一生懸命に「しごと」を全うすることを確認して，にこよし村にお金を導入することが正式に決定され，同時に住民税である「にこよし金」を導入することも決定された。さらに，これまで仮の通貨として配布していたものを正式なものをつくり，通貨の単位が「にこよし村」の名前からとって「ニッコ」と定められた。

次に「にこよし金」の金額が話し合われた。お店の人がお給料として週に平均80ニッコもらっていること，「みんなのためのしごと」に従事している子供が全村人の半数であることから，子供たちは，「みんなのためのしごと」に就く子を含む村人全員から40ニッコずつ徴収し，全村人の半数である「みんなのためのしごと」の子供に80ニッコずつ支払うということに決めた。これが後に新たな問題を生む原因になる。

「にこよし金」が導入され，「にこよし金」の徴収と支払いを「ぎんこう」が行うことになったので「ぎんこう」の業務は忙しくなった。「ぎんこう」で口座をつくった村人からは口座上で「にこよし金」を引き落とし，「みんなのためのしごと」の子の口座に振り込む作業を行うことになった。口座を開設していない子供については現金で徴収・支払いをした。この時「ぎんこう」は一人しかいなかったので，他の「しごと」をしている子が手伝うこともあった。

このころから，一人につき「しごと」を一つだけしていたのが，二つの「しごと」をかけもつ村人が現れ始めた。新しい「しごと」も生まれた。その一つが「ゆうびんきょく」である。「ゆうびんきょく」は，村（学級）のノートなどの配付物を配るので，「みんなのためのしごと」と認定された。すると，次第に「みんなのためのしごと」に従事する人数が増え始め，必然的に「にこよし金」が不足し始めた。40ニッコ集めて80ニッコを給料として支払うのだから，「みんなのためのしごと」が村人総数の半数を超えれば当然そのようになる。が，あえて黙っていることにした。この時，2年生も終わりに近づいていた。「ぎんこう」の子供が，「先生，集まるお金よりも払うお金の方が多いです」と言い出して村の問題として取り上げられるまで，かなりの時間を要することになった。実際に問題として取り上げられたのは，3年生の夏ごろだった。

3年生の6月ごろ，「ぎんこう」の子供による前述の問題が挙げられ話し合うことになった。この問題の解決策として，子供たちが提案したのは，①「しごと」を一人一つにしぼる，②「にこよし金」を上げることだ。①は，無理ではない限り一人一つにするということで確認された。②については当然反発があった。現状でも子供たちにしてみればかなり高額なのに，その上税金をたくさんとられるとなると払うのが厳しいということだった。この時初めて，「にこよし村」で流通しているニッコは「にこよし村」の中でしか使われず，村の中にあるお金の総数は変化していかないことに気付いた。そして，子供たちは，この問題の解消に向けて動き出した。

3　「しごと」を見直そう！

(1) 自分の「しごと」と村全体を見つめよう

　それぞれが「しごと」をはじめ，お金も税制も導入され，順調に村の仕組みが出来上がっていっているように思われた。しかし，いつのまにか転職したり，「みんなのためのしごと（公務員）」と「売るしごと」を兼業したりする村人が現れた。すると，次第に「みんなのためのしごと」が村人の半数を超え，税収と公務員の給料のバランスが崩れ，赤字問題に直面した。税金は上げたくない「売るしごと」の村人と，働いた分の給料は欲しい「みんなのためのしごと」の村人。必要なだけお金を印刷するわけにもいかず，かといって村の中に出回っているお金の量は変わらない。子供たちが導き出した結論は，外からお客さんを招き，買い物をしてもらうということだった。にこよし祭と名付けられ，さっそく計画しはじめた。

(2) 第1回にこよし祭

　まず，開催場所については，お客さんがたくさん来ることを見越して，体育館を候補としてあげた。体育館を使うということになり，他学級の体育の妨げにならないよう，体育学習をやる学級の少ない遠足週間中に開催することにした。また，体育館使用の許可を得ることも必要になった。招くのは，自分たちの保護者や他学級・他学年の子供，教師や職員と決まった。

ここまではスムーズに決まっていったが，問題は買い物をしてもらうための
お金をどうするかということだった。村で流通している「ニッコ」は村の中だ
けで通用するものであり，他学級や保護者は「ニッコ」や他の通貨をもってい
ない。村のお金を渡して買い物をしてもらっても意味がないということになり，
お金をお客一人につき2,000ニッコずつ印刷し，にこよし祭の時だけ使えるよ
うハンコを押して区別化することになった。そもそも印刷して渡すということ
自体が，「必要なだけお金を新しくつくる」ということと同義だと思ったが，3
年生ということも考慮してこの際目をつぶった。

　「売るしごと」はモノやサービスを売り，「みんなのためのしごと」は講座を
開設したり道案内をしたりすることになり，それぞれ祭の準備を進めた。同時
に，村長の号令のもと，企画部と広報部を立ち上げ，企画部は本校副校長に体
育館の使用や祭の開催の許可，ポスターの掲示の許可を取り付け，広報部はポ
スターを制作して掲示して告知した。

　このようにして第1回にこよし祭は開催された。多くの保護者や子供が買い
物に訪れ，大盛況のうちに終わったものと思われたが，その後のふりかえりで
様々な問題が浮き彫りになった。

　まず，おつりのための小銭が不足して，銀行に両替を求めて店の従業員が殺
到したことである。銀行の子供は次から次にやってくる両替待ちの客の対応に
終始追われた。それでも間に合わない店側は，おつりが返せない代わりに急遽
「おつり引換券」なるものを発行し，後でおつりを取りに来るようお客に求めた。
当然，引き換えに来ない客も多く。おつりの用意が第一の課題となった。

　次に，品切れ問題である。想定した以上のお客が来場したため，早々に在庫
がなくなり，商売ができない店が散見された。需要と供給のバランスも課題と
なった。他にも，お金を使い果たした客に勝手に商品をもっていかれるなど，
様々な課題の残る結果となった。

　これらの反省を踏まえ，進級と学級替えを目前に控えた3年生の3月に改め
て第2回にこよし祭りの開催について話し合った。また，おつりの問題や在庫
の問題については日々の村での生活でも起こりうることなので，その後の各々
の「しごと」に活かすことができるようふりかえりをした。

5章 ■　奈良女子大学附属小学校における「しごと」学習

（3）第2回にこよし祭

　そして，第2回にこよし祭がやってきた。学級替えを目前に控え，祭の意義も祭への意気込みも高まっていた。前回の2つの大きな課題，おつり問題と品薄問題への対応は十分してきた。「びょういん」は「売るしごと」ではないので，前回と同様に，「健康講座」を開設し，病気やけがの予防法などを講義形式で保護者や子供を相手に指導した。新聞社は普段の新聞だけでなく「歴史新聞」などの特別増刊も用意して当日に臨んだ。前回のような大きな問題はなく，それぞれ大盛況のうちに第2回にこよし祭は幕を閉じた。

4　「しごと」と村づくりをふりかえろう

　一年半の学習を終えるにあたり，子供たちはふりかえりを書いた。

S男：最初，村をするにあたり，各自が店の計画を練りました。その時，今では信じられないようなことを言っている人がいました。でも，他のみんながちゃんと正しいほうへ導いてあげていました。通貨もでき，税金，赤字問題などたくさんの問題が起こりました。その時も全員の意見を聞いて，みんなの考えがつまった解決策を打ち立てました。さらに，にこよし祭りを二回開いて他学級，保護者の人にも物を売りました。まったくの無の状態からここまで村が成長したのは，みんなのなかよしがあったからだと思います。

H女：私たち三星は，しごと学習の時だけなく，学校生活全体的に村の村人としていろいろなことを経験してきました。一年半を通してわかったことはたくさんありますが，いんしょうに残ったのは，お店を開くだけでなく，赤字問題をかいけつするためなどに，会議を開くことがとても多かったということです。村は商品だけでなく，自分たちでひつような事は自分たちでつくっていくということを強く感じました。残念ながらクラスがえがありますが，この二年間でつくった思い出，またははじめて知ったことを死ぬまで覚えておきたいと思いました。このようなやさしい心の村人三十五人と同じクラスになれてよかったなと思います。

　お金の導入，お客の奪い合い，財政難，「しごと」の意義，法律づくり，観光戦略など，まさしく日々の学級での生活が学習材であり学習する目的でもあっ

た。うまくいったことばかりではなかったが，2年生・3年生なりにみんなで考え，村をつくりあげていった。この経験をもとに，元村人一人一人がよいよい社会の一員として活躍し有意義な人生を送ってくれることを期待したい。

おわりに

　本章では，初期社会科および「しごと」学習の実践から，「しごと」学習の本質に迫ることを試みた。実践事例からも明らかなように，「しごと」学習と誕生期の社会科には多くの共通点を見出すことができる。

　「しごと」学習とは，子供が人々の様々な営みを再現する学習活動である。子供は幼いころから人々の営みに関心を抱いている。そしてその関心は，個人差はあるものの，現在の人々から過去の人々というように時間軸的な広がりを見せ，家族，地域，国，世界と空間軸的な広がりを見せる。担任する子供たちの関心がこの広がりのどの位置にあるのかを見極め，人々の営みを再現させることが，直接的，あるいは擬似的な経験を積ませ，より真実味を帯びた学びを生み出すのである。

　「しごと」学習が子供の生活そのものであると言うならば，「しごと」学習の中で時として生じる学習への怠惰も級友との衝突も，全てを価値ある学習問題へと転じる柔軟さが教師に求められるだろう。これらの問題を子供たちが解決へと導いたとき，真剣に物事に取り組む価値や友人と協調していく必要性を，身をもって経験するだろう。それは，教師から与えられる道徳的な訓話よりも子供にとっては説得力をもつだろう。なぜならそれは，現実の問題を解決に導くことによって得た，自分にとっての真実の答えであるからだ。

　そのように考えると，国語や算数といった他教科等で得た知識・技能・習慣も，「しごと」学習の中で活用されることが望ましい。誕生期の社会科がそうであったように，各教科等を関連付け，統合する役割を「しごと」学習が担うべきである。

　生活科や総合的学習は，子供が好奇心や問題意識を原動力に，調べ，観察し，試し，問題に出会い，解決するために友達と協力する活動を通して，様々な経験を積ませ，社会の中で人間として豊かな生活を送るための資質や能力の基礎

5章 ■ 奈良女子大学附属小学校における「しごと」学習

を養うものである。いわば，「人間を育てる学習」とも換言できる。「しごと」学習も，ある特定の学問の内容を系統的に指導するものではなく，子供の経験の発展を第一義とし，活動を通して問題を見つめ，解決しようとする資質や能力を育てる学習である。

　繰り返しになるが，「しごと」学習とは，人々の真実の営みを再現する活動を通して様々な経験を直接的・擬似的にすることで，子供の生活経験を発展させる学習であると結論付けたい。

（清水聖）

【注】

1)　『学習法指導体系　第1巻　奈良の学習法と「しごと」（合科・社会）』昭和51年，奈良女子大学文学部附属小学校学習研究会，p. 34

2)　同上書，p. 34

3)　文部省『学習指導要領社会科編』，昭和22年

4)　同上書

5)　文部省『小学校社会科学習指導要領補説』，昭和23年

6)　同上書

7)　同上書

8)　『学習研究　20号』，昭和23年，奈良女子大学文学部附属小学校学習研究会，p. 6

9)　文部省，前掲書5)

10)　文部省『学習指導要領社会科編（試案)』，昭和22年

〔付記〕

　本稿は，清水聖「しごと学習とは何か（連載5回)」『学習研究』456～460号，清水聖「にこよし村へいらっしゃい！（連載5回)」『学習研究』475号，477号，478号，482号，483号（いずれも奈良女子大学附属小学校学習研究会）に掲載された論文を，本書の趣旨に合わせて再構成したものである。

6章 生活科誕生期のカリキュラム開発および評価の実態
――水戸市立常磐小学校の研究を基に――

はじめに

　生活科は，1947年に社会科，家庭科が新設された後，初めて小学校に誕生した新しい教科である。1989年の学習指導要領改訂で登場し，1992年の全面実施をもって全国の小学校で導入された。

　全面実施から四半世紀が経ち，小学校ではすっかり定着してきた。既に，生活科の授業に慣れ親しんだ世代が，若手教員として教壇に立っている。しかし，生活科という教科のもつ特質は，他教科とは大きく異なる点があり，生活科の指導に苦手意識を感じている教師は少なくない。また，活動や体験を通して，児童をどのように評価すればよいのか，不安を感じる教師の声も聞かれる。

　本章では，生活科誕生期において，学校や教師がどのように新教科のカリキュラムを開発し，評価の在り方を検討していったのか，当時，研究推進校および開発校に指定された水戸市立常磐小学校（以下，常磐小学校とする）の研究紀要や年間指導計画等より明らかにしたい。

I　常磐小学校について

　ここで，研究推進校および開発校の位置付けについて論じておきたい。1987（昭和62）年の教育課程審議会の答申において，「小学校低学年については，生活や学習の基礎的な能力や態度などの育成を重視し，低学年の児童の心身の発達状況に即した学習指導ができるようにする観点から，新教科として生活科を設定することが適当である」[1]と示された。この答申を受けて，小学校低学年に生活科を新設することが決定し，文部省（当時）では学習指導要領に示す生活科の目標および内容について，本格的な検討が進められ，1988（昭和63）年9月に開かれた教育課程講習会でその概要が提示された。

文部省では，生活科について「指導計画の作成と授業の実践」を行い，その成果を広く地域に発表することによって円滑な実施に資することを目的に，研究推進校を全国に51校指定した。この51校は，学習指導要領によらない教育課程を編成・実施できる研究開発学校にも指定された。常磐小学校もその一校として，1988（昭和63）年より3年間，1991（平成3）年度も単年度の研究指定を受けた。

Ⅱ　常磐小学校の取り組みの実際

1　児童の生活実態調査

　常磐小学校では，児童に対する複数の実態調査を基に，生活科のカリキュラム開発を試みている。研究指定期間では，「児童の生活実態調査」「社会科・理科（CRT-Ⅲ）の実態調査」「道徳性診断テストによる実態調査」の3つが実施されている。ここでは，特に生活実態調査に着目したい。

　常磐小学校の生活実態調査およびその結果が示されたのは，1988（昭和63）年に公開された同校の研究紀要[2]においてである。調査は同校の生活科実施の前年にあたる1987年に，第1・2学年の全家庭を対象に実施された。当時の調査項目は表1の通りである。なお，表の視点番号は，後述する「内容構成の視点10項目」に対応している。

　ここで注目すべき点は，児童の実態を詳細に調査していることである。例えば，「耳そうじ」や「あいさつ」のような生活習慣を尋ねる項目や，手紙を書いたり電話をかけたりした経験，動植物の飼育や栽培に関する経験など，児童の生活経験について尋ねる項目が見られる。こうした調査項目の設定の背景については，同校の研究紀要にある「生活科が『より良い生活者として自立する基礎』を養う教科であることから，目の前の児童が『どのような生活をし，どんな点を指導しなければならないか』また，『どんな遊びをし，どのような生活圏を保持しているか』等，できるだけ細かく把握する必要がある」[3]との記述から読みとることができる。

表1　生活実態調査の調査項目

視点番号	調査番号	調査内容	具体項目
1	1	歯みがきの回数	1回, 2回
	2	耳そうじをする人	父母, きょうだい, 祖父母, 自分
		耳そうじの回数	月に1回, 2～3回, 4回以上
	3	テレビよりの距離	1m以内, 1m～2m, 2m～3m, 3m以上
	4	体の不調を知らせる相手	父, 母, きょうだい, その他
	5	朝食の状況	毎日きちんと食べる, ときどき食べない, ほとんど食べない
	6	夕食の状況	毎日きちんと食べる, ときどき食べない, ほとんど食べない
	7	就寝時刻	午後8時～8時59分, 9時～9時59分, 10時以後
	8	起床時刻	午前6時以前, 6時～6時59分, 7時～7時59分
	9	下校後, 休日の遊び場所	自分の家の中, 自分・友達の家の周辺, 友達の家の中, 公園・グランド・学校, その他
	10	室内の遊び	ファミコン, きんけし遊び, ブロック・積木・ままごと, その他
		戸外の遊び	自転車のり, 球技, ローラースケート・スケートボード, その他
	11	過去1年間における学区近辺の公園及び公共施設利用実態(1年間・1月間・1週間の利用回数)	偕楽園, 歴史館, スポーツセンター, 桜山・周辺, 千波湖・周辺, 少年の森, 保和苑, 堀原運動公園, 森林公園
	12	下校時の態度	きまりよく下校, ときどき遊びながら, ふざけたり遊んでいる
2	13	朝のあいさつ	毎朝きちんとする, ときどきする, ほとんどしない
	14	夜のあいさつ	毎夜きちんとする, ときどきする, ほとんとしない
	15	行き帰りのあいさつ	毎日きちんとする, ときどきする, ほとんどしない
	16	学校や友達のことについての会話	毎日話す, ときどきする, ほとんどしない
	17	近所の人へのあいさつ	いつもきちんとする, ときどきする, ほとんどしない
	18	近所の店での買い物	たびたびする, ときどきする, ほとんどしない
	19	来客へのあいさつ	自分から進んで, 言われるとする, ほとんどしない
	20	るす番	できる, できない
	21	来客の名前や用件の伝達	できる, できない

3	22	席をゆずったり荷物をもつ	ある, ない
	23	切符を自分で買う	ある, ない
4	24	買い物のおつかい	できる, できない
5	25	学校の連絡の伝達	きちんと伝える, わすれることがある
	26	学校の準備が一人で	できる, できない
	27	手紙を書いて投函した経験	ある, ない
	28	電話をかけた経験	ある, ない
	29	電話を受けて用件を伝える	できる, できない
6	30	動物を飼育した経験	飼っている, 飼ったことがある, 飼ったことがない
		動物名	犬, 猫, ウサギ
	31	植物を育てた経験	育てている, 育てたことがある, 育てたことがない
		植物名	ヒマワリ, アサガオ, オシロイバナ, チューリップ, グラジオラス
	32	虫や魚をとったり飼ったりした経験	とったり育てた, とったことはある, したことがない
		虫や魚の種類	カブトム虫・クワガタ虫, セミ, ザリガニ, おたまじゃくし・どじょう
	33	砂遊びの経験	ある, ない
7	34	七夕の経験	ある, ない
	35	ひなまつり, たんごの節句の経験	ある, ない
	36	各地の祭りへの経験	参加したことがある, 見に行ったことがある, 見たことも参加したこともない
8	37	手づくりおもちゃの経験	ある, ない
		手づくりおもちゃの種類	水鉄ぽう, 自動車・船, 竹とんぼ, 紙ひこうき, たこ, 人形(指人形)
9	38	赤ちゃんのときの身体の記録	ある, ない
	39	赤ちゃんのころの写真その他	ある, ない
		記録の種類	写真, 足型・手型, 衣類
10	40	身のまわりの整理・整とん	できる, できない
	41	遊んだものの後始末	できる, できない
	42	学校で必要な物の片づけ	できる, できない
	43	公共施設に行ったときのゴミの処理	持ち帰る, ゴミ箱に入れる, そのまま
	44	家の手伝い	上ぐつあらい, 食器洗い・食器の片づけ, せんたくたたみ, 風呂の水入れ, 食事の用意, そうじ, きょうだいの世話, その他

(水戸市立常磐小学校昭和63年度研究紀要 pp.14-37を基に筆者作成)

生活科実態調査の調査項目は非常に多岐に渡っていたが，1989（平成元）年度には，同調査は「授業づくりのための調査」として改められ，単元に入る前の児童の実態調査を実施している[4]。この調査は，学年ごとに設問が異なっており，各家庭においては，児童との話し合いにより保護者が記入をすることとなっている。紙幅の都合上，ここでは第1学年の調査項目のみを表2に示す。

表2　授業づくりのための調査（第1学年）

単元名	調査番号	調査内容
がっこうって　どんなとこ	1	学級の中に入学前から遊んでいた友達が何人いるか。
	2	学年の中に，入学する前から遊んでいた友達が何人いるか。
	3	上級生と遊ぶことはあるか。
	4	「ある」と答えた人は，どのような上級生か。
	5	入学前に常磐小の教室に入ったことがあるか。
	6	あると答えた人はどのようなときか。
	7	常磐小の運動場で入学前に遊んだことがあるか。
	8	あると答えた人は，どんな遊びをしたか。
	9	あると答えた人は，どのくらい遊んでいたか。
	10	入学前に家から学校まで友達と行ったことがあるか。
	11	友達の家へ一人で遊びに出かけたことがあるか。
	12	一人で草花のたねをまいて育てたことがあるか。
	13	あると答えた人が育てた植物の名
ほわえんへいこうⅠ	14	保和苑に行ったことがあるか。
	15	あると答えた人はどんなときか。
	16	あると答えた人はどのくらい行っているか。
	17	草花で遊んだことがあるか。
	18	虫を飼ったり虫と遊んだことがあるか。
	19	あると答えた人はどんな虫か。
うさぎとなかよし	20	うさぎを飼育したことがあるか。
	21	うさぎをだいて遊んだことがあるか。
はなのまわりで	22	おし花を作って遊んだことがあるか。
	23	手作りのプレゼントを作って贈ったことがあるか。
	24	あると答えた人は，どんな物を作って贈ったか。

II ほわえんへいこう	25	木の葉や木の実を使って遊んだことがあるか。
	26	あると答えた人は，何を使ってどんな遊びをしたか。
わたしのかぞくをしょうかいするよ	27	毎日きまってする，おてつだいがあるか。
	28	あると答えた人のおてつだいの内容
	29	ときどきするおてつだいがあるか。あったら，おてつだいの内容。
	30	お父さんやお母さんの勤務先に行って働いている様子を見せたことがあるか。
	31	お父さんやお母さんの毎日している仕事の内容を話してきかせたことがあるか。
	32	家に来客があったとき，あいさつができるか。
	33	よその家を訪問したときあいさつができるか。
むかしのあそび	34	お正月，家族でどんな遊びをするか。
もうすぐ二年生	35	自分より小さな人を遊んであげることがあるか。
	36	あると答えた人はどんな人か。

（水戸市立常磐小学校平成元年度研究紀要 pp.12–14を基に筆者作成）

　生活科のカリキュラムの定着に伴い，調査項目が整理されていると理解できよう。同様の調査はその後も継続して行われており，1991（平成３）年度には「生活科指導前の診断的評価」として，その結果が公表されている。同年の研究紀要には，以下のように調査結果の考察が示されている。

○　入学前に友だちと一緒に学校まで歩いたことがある児童は，３分の１の割合である。（中略）「がっこうたんけん」では，学校や家の周辺の道路の様子を調べたり，実際に歩いてみて安全な歩行のし方を身につけるよう配慮したい。

○　一人で草花の種をまいて育てたことがある児童は43.7％である。「はないっぱいになあれ」では，一人一人ができるだけたくさん植物にかかわっていけるように，グループやクラスで栽培する他に，一人一鉢で栽培することもしていきたい。また，春まきと秋まきの花を栽培することで一年中を通して体験できるようにしたい。

（水戸市立常磐小学校平成３年度研究紀要 p.39　第１学年の考察より一部抜粋）

　このように，入学前の児童の実態を踏まえ，学校探検や栽培活動等の単元計画を作成しており，同校が実態調査および診断的評価の結果をカリキュラムの開発や改善に生かそうとしていたことがうかがえる。

2　カリキュラム開発のプロセス

　カリキュラムの代表的な考え方として，スコープ（領域）とシークエンス（配列）がある。当時の文部省は図1のように内容構成の視点10項目を提示している。これはカリキュラムにおけるスコープに該当する[5]。しかし，この10項目はあくまで児童に求める生活態度や学習活動を分析的に整理したものであり，それぞれの内容が独立した単元を構成するわけではない。それゆえ，生活科のカリキュラム開発，そして単元計画の作成にあたっては，教師が学校や地域，児童の実態を踏まえながら，複数の内容選択の視点を組み込み，単元を構築していく必要があった。

①健康や安全に気をつけて遊びや生活ができるようにする。（健康で安全な生活）
②家族や友達，先生などと適切に接することができるようにする。（身近な人々との接し方）
③公園や乗り物などの公共物を大切に利用できるようにする。（公共物の利用）
④生活に使う物を大切にし計画的に買い物ができるようにする。（生活と消費）
⑤日常生活に必要なことを，手紙や電話などによって伝えることができるようにする。（情報の伝達）
⑥野外の自然を観察したり，動植物を飼ったり，育てたりするなどして自然との触れ合いを深めることができるようにする。（身近な自然との触れ合い）
⑦季節の移り変わりによって生活が変わることに気付くことができるようにする。（季節の変化と生活のかかわり）
⑧遊びや生活などに使うものを作り，楽しく遊ぶことができるようにする。（物の制作）
⑨自分でできるようになったことや生活での自分の役割が増えたことなどに気付き，自分の成長を支えてくれた人々に感謝の気持ちをもつことができるようにする。（自分の成長）
⑩日常生活に必要な習慣や技能を身に付けるようにする。（基本的な生活習慣や生活技能）

（文部省小学校課(1988)『生活科研究の視点』を基に筆者作成）

図1　生活科の内容構成の視点10項目（文部省）

常磐小学校が最初に開発した生活科のカリキュラムの全体像を示しているのが，1988（昭和63）年度の研究紀要に掲載された図2の年間指導計画である。「文部省により示された活動例を中核にした」[6]との記述があるが，同研究紀要に掲載されている「カリキュラム作成の経緯」（表3）[7]には，同校の教師がどのように生活科を理解し，学校や地域，児童の実態を捉え，単元および年間指導計画を作成していったのか，そのプロセスが克明に記録されている。

例えば，「おしょうがつのあそび」は，「お正月の伝統行事と季節の変化に触れさせ，三世代交流の全校的な活動を取り入れた単元」だが，このような単元は文部省の示した活動例には見られない。また，単元名については，「単元名を見て，活動が浮かんでくるような名称とした。」[8]とあるように，学校独自の考え方に基づいて決定している。したがって，同校は単に文部省の活動例に倣っていたのではなく，生活科の趣旨や児童の実態を踏まえ，単元を構想していたのである。

第1学年				
月	週	45分	45分	45分
4	1			
	2	がっこうって		
	3	どんなとこ		
	4	(21)		
5	1			
	2			
	3	はないっぱいになあれ		
	4			
6	1	こうえんへ		
	2	いこう(12)		
	3			
	4			
7	1	うさぎと		
	2	なかよし(6)		
9	1	はなのまわりで(9)		
	2			
	3			
10	1	あきをみつけたよ		
	2	(12)		
	3			
	4			
11	1	わたしのかぞくを		
	2	しょうかいするよ		
	3	(15)		
	4			
12	1			
	2			
1	1	おしょうがつの		
	2	あそび		
	3	(15)		
2	1			
	2	もうすぐ2年生		
3	1	(12)		
	2			
	3			
総時間		102 時間		

（水戸市立常磐小学校昭和63年度研究紀要 p.73 を基に筆者作成）

図2 年間指導計画（昭和63年度）

表3 カリキュラム作成の経緯（第1学年）

がっこうってどんなとこ 4・5月

　単元名が「どんなとこ」というのは，「日本語としておかしいのでは…」という意見があったが，入学してすぐの児童の言語実態を考えてあえて使用してみた。また小単元の配列を「学校の中を探検してから『ともだちがいっぱい』と実感するのが自然だろう」という意見もあったが，「まず『ともだちをいっぱいつくって』探検をしないと不安であろう。」という理由で友達つくりを前にした。

こうえんへいこう 6月　　**あきをみつけたよ** 10月

　「公園をどこにするか」という問題が生じた。偕楽園，歴史館，総合運動公園は子供が行って遊ぶには整いすぎて遊ぶ場所がない。上水戸児童公園は植物と遊び道具が少ない。そこで保和苑と決定した。ここは，年寄り，小さい子供が集まり，動物・植物，社会的施設も多く，二十三夜尊では伝統行事も行われる。「あじさいまつり」等の行事もあり，学校から徒歩で20分で行けるのも適当であろう。

はなのまわりで 9月

　これは，本校の特性を生かした単元の一つである。草花は1本1本でも美しいが，じゅうたんのように密生させるとより美しくなり，おし花にも容易にできるという考え方からコスモスを選んだ。また，夏休みの長期休業中お水かけの心配が比較的ないこともこれを選んだ理由の一つである。

わたしのかぞくをしょうかいするよ 11・12月

　この単元では，「おてつだいけん」についての問題が生じた。これは回数券の感覚で子供が「かたもみけん」「おつかいけん」等をつくらせ，家庭の状況に合わせて手伝いをさせる活動である。また，実態調査より特に指導しなくてはならない客の接待については，お客様ごっこをさせて，お手伝い券と関連させて扱うことにした。

おしょうがつの遊び 12・1・2月

　ここでは，「昔の遊びをしよう」という単元設定も考えたがお正月の伝統行事と季節の変化に触れさせ，三世代交流の全校的な活動を取り入れた単元にすることにした。

もうすぐ2年生 2・3月

　この単元は「わたしが入学してから」という単元名を考えたが，自分が上級生となる誇りを持たせ入学してからの過去を振り返る必要感を持たせるために，幼稚園生を招待することにした。招待する目的をもって準備をすることにより自己の成長を実感させようという考えで本単元名を決定した。

（水戸市立常磐小学校昭和63年度研究紀要 pp.49–50）

　こうして開発された常磐小学校の生活科のカリキュラムは，その後1年毎に見直しが図られている。例えば，単元「こうえんへいこう」（1年6月）「あきをみつけたよ」（1年10月）の変遷をまとめると以下のようになる。

【第2次試案樹立】（1989 年度）

| ほわえんへいこう I | 1 年 6 月 | ほわえんへいこう II | 1 年 10 月 |

　（前略）一つの場所で四季の自然や人々の服装，訪ねて来る人々の変化にかかわることができるので単元名を変更した。5 月初旬の学校行事「歩く会」で春の保和苑とかかわる単元を設定した。10 月には，「学校の運動場の木の葉がずいぶん色が変わってきたけれど保和苑はどうなっているだろうか。」という身近な様子をきっかけにして，保和苑の生活科の学習に入り，保和苑の四季と具体的にかかわらせていきたい。なお，（中略）「あきをみつけたよ」という名称は，具体的な体験・活動を通して対象にかかわり，そこで「これが秋なんだ」と実感することが自然だろうという結論に達したことも変更の理由の一つである。

【第3次試案樹立】（1990 年度）

第1学年シリーズ単元

ほわえんへいこう（パート1）	（12 時間）5・6 月
ほわえんへいこう（パート2）	（12 時間）9・10・11 月
ほわえんへいこう（パート3）	（3 時間）1 月

第2学年シリーズ単元

| ほわえんへいこう（パート4） | （3 時間）4 月 |

　第2次試案で，保和苑と春・秋にかかわる単元を設定した。（中略）その他に，雪の降る冬の保和苑，桜の咲く 4 月の保和苑ともかかわっていきたい。

【第4次試案樹立】（1991 年度）

第1学年シリーズ単元

なつたんけん	（12 時間）5・6 月
あきたんけん	（12 時間）9・10・11 月
ふゆたんけん	（3 時間）1 月

第2学年シリーズ単元

| はるたんけん | （3 時間）4 月 |

　2 学年にまたがるシリーズ単元「ほわえんへいこう」は，四季を通じてかかわってく単元である。しかし，保和苑へのかかわりは強くなるが，保和苑以外の場所への広がりがあまり見られない。大単元は，夏・秋・冬・春の探検とし，小単元の中で「ほわえんへいこう」という単元を入れていくようにしたい。

（水戸市立常磐小学校 (1992)『生活科年間指導計画　第 5 年次』より筆者抜粋）

　第 1 次試案では，文部省の示した活動例に倣い単元名を「公園へ行こう」としていたが，第 2 次試案では，特に学区にある保和苑を中心に四季にかかわる活動を行うことから，「ほわえんへいこう」と改めている。第 3 次試案では，四季を通して保和苑とかかわっていくことにし，2 学年にまたがる大単元として構想し直している。そして第 4 次試案では，保和苑から地域に児童の視点やかかわりを広げるために，夏・秋・冬・春の探検とし，単元を再構成している。

こうしたカリキュラムの見直しは，あらゆる単元において行われた。図3は1992（平成4）年の常磐小学校の生活科の年間指導計画である。1988（昭和63）年の年間指導計画と比較すると，単元名の変更だけでなく，中長期的な単元構成や，「45分」の制約に縛られない単元配置が見られる。

常磐小学校の生活科のカリキュラム開発の特徴を整理すると，スコープを，文部省案を参考にしながら，内容構成の視点10項目，そして地域の実態を踏まえ設定している。また，シークエンスについては，文部省案を参考にしつつも，活動の特質を踏まえ柔軟性のある単元構成としていることがわかる。

3　週時程の編成

生活科の年間標準時数は，当時より第1学年102単位時間，第2学年105単位時間と設定されている。これは，1週あたりおよそ3単位時間となるが，この時間を週時程の中にどのように設定するのか，同校では「生活科は，具体的な活動や体験を重視するという特性から，他教科のように1単位時間ごとに区切ってしまったのでは，興味・関心・意欲等を考え学習効率が上がらないことがある。そこで，2単位時間継続の時間を設けたり，また，3単位時間をまとめて取ったりというように週時程の中で弾力的に運用するようにした。」[9] と結論を出している。

第1学年				
月	週	45分	45分	45分
4	1			
	2	がっこう		
	3	たんけん		
	4	(12)		はないっぱいになあれ(13)
5	1			
	2			
	3	なつたんけん		
	4	(12)		
6	1			
	2			
	3			
	4	どうぶつとなかよし(12)		
7	1	はなの		
	2	まわりで		
9	1	(8)		
	2			
	3	あき		
10	1	たんけん		
	2	(12)		
	3			
	4			
11	1			
	2	かぞく		
	3	おしらせ		
	4	ごっこ		
12	1	(12)		
	2			
1	1	つくって		
	2	あそぼう(6)		
	3	ふゆたんけん(3)		
2	1	もうすぐ		
		「すぎの子」		
3	1	2年生(12)		
	2			
	3			
総時間		102 時間		

（水戸市立常磐小学校昭和63年度研究紀要 p.73 を基に筆者作）

図3　年間指導計画（平成4年度）

さらに，生活科を週時程に位置付ける際の配慮事項が次の通り設定されている。

○ 週のはじめは，準備などの関係で避けるようにした。
○ 週の終わりは，変更ができないこと，活動後の表現の指導ができないこと等を考え避けた。（雨天などによる変更もできるだけその週のうちに済ませるように配慮した。）
○ 準備・導入などを考え第1校時を避けた。
○ 1単位時間として設定した生活科の時間の後は，国語科の特設作文の時間にあて，両教科における表現活動をより豊かにする相乗効果をねらった。
○ 学年内で話し合い生活科の学習時間が重複しないようにした。（学習場所・用具の関係）ただし，学年一斉に実施する活動については，週時程の中で弾力的に運用するようにした。

（水戸市立常磐小学校平成2年度生活科研究紀要 p.6）

曜日 時間	月	火	水	木	金	土
1	音楽	体育	体育	算数	算数	国語
2	国語	算数	算数	生活	道徳	国語
3	図工	国語	国語	生活	生活	体育
4	図工	国語	音楽	国語 (作文)	国語 (作文)	
	給食					

（水戸市立常磐小学校平成3年度研究紀要 p.9 を基に筆者作成）

図4 第1学年の週時程の実例（一部抜粋）

これらの配慮事項を基に，常磐小学校で実際に運用された週時程の実例が図4である。配慮事項には，「準備」や「雨天」など，生活科に伴う体験や活動を強く意識している項目が目立つが，加えて注目すべきは，生活科の後の時間に必ず国語科を配置している点であろう。生活科の活動や体験を，国語科の表現活動に生かし，両教科の学習効果の向上が図られている。

4 地域の特色を生かしたカリキュラム開発

1987（昭和62）年の教育課程審議会の答申は，生活科の学習の場について，「児童の生活圏である学校・家庭及び近隣の地域とし，学習に取り上げる素材については，自分と社会や自然とのかかわりが具体的に把握できるもの」[10]と明示している。この考え方を受けて，常磐小学校は研究当初より「生活科指導地図」

を作成し，校内や学区内およびその近辺の社会的・自然的素材や学習の場を教師が自らの足で歩いて調査している。

1988（昭和63）年度研究紀要には，「保和苑生活指導地図」「学校周辺の通学路の状況地図」「学区及びその近辺の動植物地図」「校舎内・運動場の生活科指導地図」「学区及びその近辺の社会施設地図」「水戸市及び学区内の伝統行事と祭り」の6点が示されている[11]。1991（平成3）年度研究紀要には，「常磐小学校地域の人材マップ」「常磐小学校生活科暦」が加わり，8点が「地域をとらえる」ための資料として収められている[12]。

これらの資料の活用については，研究当初より「調査したことを全部児童に指導するために作成されたものではない。「いつでも，どこでも，どの教師も指導できる生活科」を目指した一方策であり，年間指導計画作成及びその指導の重要な基礎となるもの」[13]と論じられている。例えば，図5の「常磐小学校生活科暦」の作成の趣旨は，「年間を通して，いつ，どこで実施したら良いかがひと目で分かるように生活科暦を作成した。これには，学校行事，地域の自然及び社会的行事，「すぎの子ランド」の主な活動を組み入れた。」[14]と説明されており，生活科のカリキュラム開発に際して，時期に応じた適切な地域の素材の選択ができるように配慮して作成されたことが読み取れる。

したがって，同校では，教師の経験や地域に関する知識が十分になくても，生活科指導地図や生活科暦を活用することで，地域の特色を生かしたカリキュラム開発ができるよう意識されていたことがわかる。

（水戸市立常磐小学校平成3年度研究紀要 pp.147-148）

図5 常磐小学校の生活科暦

5 生活科の評価の考え方とその変遷

1989（平成元）年度の研究紀要には，同校では，生活科の評価を以下の「3つの側面」[15]で捉えることとしている。

---

(1) 子供の変容（情意的な意欲や満足感，技能，表現力，関心，態度，活動状況）
(2) 教師自身の評価（指導前の仕組み方－単元構成，教師の援助・助言，子供との対話等）
(3) 子供自身の日常生活への基本的な習慣・技能の転移（他教科・他領域での学習中・その他の学校生活及び家庭生活・地域での行事等への参加）

常磐小学校では，生活科誕生期から，「児童の側から捉える評価」に加え，「教師自身の評価」を評価の視点として組み入れていたのである。以下，「教師自身の評価」と「児童の側から捉える評価」のそれぞれの評価について，同校の研究の足跡を示す。

---

①直接体験できる構成か。
②自然とのかかわりがもてたか。
③社会とのかかわりがもてたか。
④自分自身について気づく場があるか。
⑤地域を考えた構成があったか。
⑥子供の必要感や追求の連続性があったか。
⑦子供の興味・関心を大切にした構成か。
⑧子供の生活に広がりがみられるか。

「教師自身の評価」の詳細な内容は，1990（平成2）年度の研究紀要に左のように示されている[16]。これらは，教師による単元構成の評価の視点であり，同校に教師のカリキュラム開発能力を評価する素地が存在していたことがうかがわれる。

さらに，同年の研究紀要では，「児童へのアンケート調査の分析」によるカリキュラム評価が試みられている[17]。これは，生活科を2年間学習してきた1988（昭和63）年度入学の児童139名を対象にしたアンケート調査である。設問「あなたは生活科の勉強をどう思いますか」では，「大好き」「好き」「あまり好きでない」の3択で回答させている。結果は大好きが82％，好きが17％で，あまり好きでないは1％にとどまっている。それぞれの回答ごとに理由をたずねているが，大好きと回答した児童の多くは，「野菜を育てたり生き物を育てるのが好きだから」（32％），「作ったり遊んだりできるから」（28％）と回答してい

る。また，設問「あなたは，生活科の勉強の中で，次のどれが好きですか」では，「すぎの子ゆうびんきょく」や「やさいをそだてよう」など，切手やはがきを売り買いしたり，野菜を栽培したりといった直接体験が多い単元が児童に好まれる傾向が見て取れる。一方で，「ときわマップつくり」は不人気であったが，その理由については，「４月最初の単元であり，約１年前のことなので，印象がうすれてしまい，２者選択としたとき，どうしても選ばれにくかったのであろう」[18]と分析されている。

　同様のアンケート調査の分析は，その後の研究紀要においては登場せず，低学年で生活科を学習した児童と未経験の児童との生活実態の比較や学力調査の比較などを中心とした分析となっている。これには，アンケート調査という手法が低学年児童の実態と合っておらず，カリキュラムの改善に十分につながらなかったことが推察される。一方で，保護者へのアンケート調査は継続して行われており，生活科のカリキュラムを継続して改善していこうとする取り組みと理解できる。

　「児童の側から捉える評価」については，1990（平成２）年度の研究紀要において，常磐小学校の生活科の評価の考え方を見ることができる。ここでは，「生活科の評価が他教科の評価と異なる点を考えてみると，生活科の場合は，具体的な活動や体験を通すことにより，子供一人一人が生活科のねらいに対して，自分は何に気付き，何ができるようになったかという個人内の評価に重点が置かれていることである。」[19]（下線は筆者による）と，生活科における評価の特徴として個人内評価に着目していることがわかる。個人内評価は，幼児教育において広く用いられているが，小学校教育，とりわけ教科教育で用いられることは一般的ではなかったため，教師にはこれまでの評価観を大きく変えることが求められたと想像できる。

　さらに，児童にフィードバックする評価についても研究の足跡が残されている。1989（平成元）年の研究紀要には，具体的な評価文例が示されている。「○○を友達と協力して練習することができた。」「見通しを立てて計画を提案した。」といった文例に混じり，「友達の力を借りて活動した。」「進んで，皆の仲間に入っていくことも大切ですね。」「友達にさそわれて活動することが多かっ

た。」「自分の考えどおりにならないと感情的になることがあった。」といった，児童のありのままの姿や教師の願いがストレートに表現される文例も見られる[20]。一方で，1992（平成4）年度の研究紀要には，「児童の良さや取り柄をとらえる。」[21]として，一人一人の児童の良さや取り柄をとらえた評価事例が示されている。紙幅の都合上，表4に一部を掲載する。児童を肯定的に捉えていること，そして，単なる査定としての評価から，児童の意欲を高めるための評価活動へと移行が図られたことがうかがわれる。

さらに，生活科における「自己評価」に関する研究も行われている。1990（平成2年）度の研究紀要には，「自己評価は，教師側から一方的に与えられる

表4　具体的な評価文例（平成4年，一部抜粋）

単元	児童の実態	一人一人の児童の良さや取り柄をとらえた評価事例	留意する事項
がっこうたんけん（一年・十二時間）	○学級内の友達・上級生・先生等と進んでかかわっていた児童	・自分の座席の近くの友達だけでなく，数多くの友達と握手をしたり，自己紹介をしたりして，友達をたくさんつくっている。 ・自分の名刺をたくさん作って，休み時間や生活科の時間に，ほかの教室を訪問したり，運動場に出たりして上級生や先生と仲良くなろうとしている。 ・握手大作戦をしたとき，たくさんの上級生や先生に自分の名前を教えたり，「どうぞよろしく。」のあいさつをしたりして握手をしている。	○人とのかかわりかたの積極的な児童をとらえ，その良さを認めてやるようにしたい。
	○入学当初は，なかなか友達や先生とかかわることのできなかった児童	・入学した当初は，今までに話したことのない友達や先生とは，話しかけられてもなかなか受け答えができなかったが，5月ごろから，握手をしたり「分からないこと」を質問することが少しずつできるようになってきている。 ・知らない友達や先生と握手をしたり，話をすることが苦手だったが，「さあ，勇気を出して」と声をかけてあげたり，「○○ちゃんと一緒に行ってごらん。」と助言をすると，元気にかかわっていけるようになってきている。今後は，一人でかかわっていけるように援助していきたい。	○入学当初に人とのかかわりが不得手で少しずつかかわれるようになってきた児童をとらえ，自信をもたせるような評価をしていきたい。

（水戸市立常磐小学校平成4年度研究紀要 p.28）

のでなく，この評価を繰り返す第2学年後半には，子供自身が自己の学習を判断，修正するという自己教育力の基礎となる力を身につけることをねらっていきたい。」[22] と記されているように，自立への基礎を養うことをねらいとしている生活科の趣旨を踏まえ，自己評価を活用していく方針が示されている。一方で，自己評価の課題として，「低学年の児童は自分を客観的に見ることができない。」ことや「表現技能に差がある。」といった指摘もされている[23]。これらの課題に対して，常磐小学校の教師は，「児童の自己評価に，教師が語りかけたり，聞き取ったりして，児童の背景を汲み取っていく」[24] ことで解決を試みている。

　1992（平成4）年度の研究紀要には，「表現技能による表面的な児童の見とりに終止せず次のような配慮が必要になってくる。」[25]（原文ママ）として，以下の事例が示されている。

【事例1】すぎの子まつりの準備〔第2学年〕

こんなことしたいなカードへの記述

カードの問い：すぎの子まつりのじゅんびをしているうちに，なにかいいかんがえがうかんできましたか。

児童の記述：だんボールをつかわないで，足と手にまるめたがようしをつけてかおだけだんボールにした方がロボットになって歩けると思った。

教師の質問：「段ボールを使わないで……というのは，どんな意味なの？」

児童の応答：「だって，足と手に段ボールをつけたら，なかなか歩けないの。だから，足と手は，画用紙を丸めてガムテープでつけたら，良く歩けると思うの。」

教師の汲み取り：この児童は，ロボットになって，1年1組のお祭り広場にお客さんを案内する児童であるが，なかなか歩けるロボットが出来なかった。歩き出すと段ボールが落ちてうまくいかなかった。児童自身でその困難をのりこえるべく，工夫したのである。

　この児童は，1時間苦心した末に，自由な動きのできるロボットを考案した。きっと自由に動けたら，楽しくなって音楽に合わせて，踊れるようになるだろうと発想を広げている。

(水戸市立常磐小学校平成3年度研究紀要 p.14)

6章　■　生活科誕生期のカリキュラム開発および評価の実態　113

【事例2】なつのほわえんたんけん〔第1学年〕
児童の記述：おかあさん，ぼくのあいさつの木が，みどりになったよ。
「ぼくのあしのほうをみてごらん。みどりいろだよ。」と，いってるみたいだった。
みどりのくつしたをはいているみたいだった。
児童と教師のやりとり：
T ○○くんのあいさつの木のどこが緑になったの？
C 木の下の根っこより上の所だよ。
T ああ，先生の所へ走って来て「先生ぼくの木が緑になっちゃった。」って言って先生も見に行ったら，梅の木の幹にコケがたくさん生えていたのね。

(水戸市立常磐小学校平成4年度研究紀要 p.17)

　事例1では，「だんボールをつかわないで…」という記述を基に，教師の語りかけや聞き取りによって，児童の困難を乗り越えるための工夫を教師が汲み取るまでに至っている。事例2では，教師が児童のつぶやきを捉え，実際に児童と一緒に木の様子を見ており，これらの一連の過程から，教師は児童の幹の変化への「気付き」を汲み取っている。

　これらの研究の足跡から，常磐小学校においては，児童の自己評価を丁寧に読みとり，「語りかけ」や「承認」，「共感」等を通して，児童を深く理解しようと試みていたことが読み取れる。

おわりに

　本章では，生活科誕生期において，生活科のカリキュラムがどのように開発され，教師はどのように評価をしていったのか，常磐小学校の研究資料から論じてきた。本章で明らかになった点を整理すると，おおよそ以下のようにまとめられる。

　第一に，まだ生活科の教科書はおろか学習指導要領もない生活科誕生期において，常磐小学校の教師は児童の実態調査，地域の実態調査を丁寧に行い，これらの結果と文部省の活動例を基にして，新しいカリキュラム開発に臨んでいたことである。単元の構想に際しては，単元名や内容について，学校独自の考え方に基づき，学校の特色を踏まえて設定していた。さらに，生活科の特質を

考慮し，他の教科には見られない中長期的な単元構成，1コマの制約に縛られない単元配置など，柔軟なカリキュラムを開発していたことが大きな特徴と言える。

第二に，常磐小学校が毎年生活科のカリキュラムを見直し，改善を図っていたことである。本章では特に変化の大きかった単元を例示したが，カリキュラムの見直しは小単元レベルの細かなものから，大単元そのもの，あるいは学年をまたぐ非常に大きな枠組みの変更まで，多岐に渡って大胆に行われている。教師自身による自己評価，児童や保護者らによる評価が，カリキュラムの改善に役立てられていた点も注目すべきであろう。

第三に，児童にフィードバックする評価について，常磐小学校が生活科の特質を踏まえ，他の教科とは異なる評価観を確立させようとしていたことである。同校では，早い時期から児童の意欲を高めるために従来の教科の評価観とは異なる「個人内評価」や「児童の良さや取り柄をとらえる」評価を積極的に取り入れている。さらに，児童の自己評価を教師がどのように捉え，生かしていくのか，具体的な事例を基に教師間で研究を深めていたことも明らかとなった。

生活科誕生期において，常磐小学校の教師は，限られた資料や児童，地域の実態を基に，まさに0（ゼロ）からカリキュラムを検討・開発し，評価の在り方を探っていったことがわかる。2017年3月に改訂された学習指導要領では，「カリキュラム・マネジメント」の充実が求められているが[26]，同校の生活科のカリキュラム開発の取り組みはカリキュラム・マネジメントに通じており，ややもするとマンネリ化しつつある生活科の在り方を問い直す上で大きな示唆を与えるものだと言えよう。今一度，一人一人の教師が生活科の意義や価値を問い直し，新たなカリキュラム，評価の在り方を再考することが求められているのではないだろうか。

（加藤智）

【注】

1) 教育課程審議会最終答申「教育課程の基準の改善について」（昭和62年12月29日）
2) 水戸市立常磐小学校（1988）『生活科指導計画の作成と授業展開の工夫（昭和63年度研究紀

要）』pp.14–37

3) 同上書，p.13

4) 水戸市立常磐小学校（1989）『一人一人の児童に体で学ぶ楽しさを味わわせる指導——自立への基礎づくりを求めて——（平成元年度研究紀要）』

5) 生活科におけるスコープとシークエンスの議論については，以下が詳しい。
吉冨芳正，田村学（2014）『新教科誕生の軌跡 生活科の形成過程に関する研究』東洋館出版社，pp.36–38

6) 水戸市立常磐小学校（1988），前掲書2），p.13

7) 同上書，pp.49–50

8) 同上書，p.71

9) 水戸市立常磐小学校（1990）『自ら考え自ら活動する子どもの育成——自立への基礎づくりを求めて——（平成2年度研究紀要）』p.6

10) 教育課程審議会最終答申「教育課程の基準の改善について」（昭和62年12月29日）

11) 水戸市立常磐小学校（1988），前掲書2），pp.25–36

12) 水戸市立常磐小学校（1991）『21世紀への出発——学ぶ喜び——（平成3年度研究紀要）』pp.123–148

13) 水戸市立常磐小学校（1988），前掲書2），p.38

14) 水戸市立常磐小学校（1991），前掲書12），p.123

15) 水戸市立常磐小学校（1989），前掲書4），p.5

16) 水戸市立常磐小学校（1990），前掲書9），p.8

17) 同上書，p.23

18) 同上書，p.24

19) 同上書，p.7

20) 水戸市立常磐小学校（1989），前掲書4），pp.5–6

21) 水戸市立常磐小学校（1992）『「心のときめき」が聞こえる授業展開の工夫——生活科・音楽・図工・家庭・体育——（平成4年度研究紀要）』，p.28

22) 水戸市立常磐小学校（1990），前掲書9），p.8

23) 同上書，pp.8–9

24) 水戸市立常磐小学校（1991），前掲書12）p.14

25) 水戸市立常磐小学校（1992），前掲書21）p.17

26) 文部科学省（2017）『小学校学習指導要領』p.18

〔付記〕本章は，下記の論文を加筆・修正したものである。
加藤智「生活科誕生期のカリキュラム開発および評価に関する一考察」愛知教育大学生活科教育講座『生活科・総合的学習研究』第15号，2018年，pp.1–10
本章の執筆に際して研究紀要等の資料を提供していただいた井戸紀子先生に，心から感謝の気持ちと御礼を申し上げます。

生活科における主体的・対話的で深い学び

はじめに

　2014年8月の大学教育の質的転換に関する中央教育審議会答申および同年11月の初等中等教育の教育課程基準に関する中央教育審議会諮問以降，アクティブ・ラーニングがある種のブームになって来たが，しばしば表面的，形式的に理解され実践されている傾向が見受けられる。アクティブ・ラーニングは，単に，発見学習，体験学習，調査学習など，あるいは，子供による発表，グループでの活動，グループや学級での討議や議論等，ある特定の学習形態や指導方法を採り入れれば良いのではない。

　2015年8月の「教育課程特別部会の論点整理」では，学習指導要領改訂の議論において，アクティブ・ラーニングによる授業の工夫や改善が，ともすれば本来の目的を見失い，特定の学習や指導の「型」に拘泥する事態を招きかねないのではないかとの指摘があったと述べられている[1]。それゆえ，今回，2017年の学習指導要領改訂では，アクティブ・ラーニングに代わって「主体的・対話的で深い学び」が示された。改訂の基本方針の一つが各教科等の学習過程をこの視点で質的に改善することである。

　以下，本章では「主体的・対話的で深い学び」による授業の質的改善，生活科における「主体的・対話的で深い学び」，生活科の「見方・考え方」と「深い学び」，「深い学びと気付きの質の高まり」，「気付きの質を確かなものにし関連付ける工夫」について考察する。

Ⅰ 「主体的・対話的で深い学び」による授業の質的改善

　学習指導要領等の改善を図るため，平成26年11月から約2年間にわたり，中央教育審議会で議論が行われ，平成28年12月に「幼稚園，小学校，中学校，高等学校及び特別支援学校の学習指導要領等の改善及び必要な方策等について（答申）」が取りまとめられた。その第7章で「主体的な学び」，「対話的な学び」および「深い学び」が次のように述べられている。

・「主体的な学び」とは，学ぶことに興味や関心を持ち，自己のキャリア形成の方向性と関連付けながら，見通しを持って粘り強く取り組み，自己の学習活動を振り返って次につなげる学びである。
・「対話的な学び」とは，子供同士の協働，教職員や地域の人との対話，先哲の考え方を手掛かりに考えること等を通じ，自己の考えを広げ深める学びである。
・「深い学び」とは，習得・活用・探究という学びの過程の中で，各教科等の特質に応じた「見方・考え方」を働かせながら，知識を相互に関連付けてより深く理解したり，情報を精査して考えを形成したり，問題を見いだして解決策を考えたり，思いや考えを基に創造したりすることに向かう学びである。[2]

　しかし，学習過程としてはこれら三つの視点が一体として実現され，それぞれ相互に影響し合うものでもある。学びの本質として重要な点を異なる側面から捉えたものであり，授業改善の視点としてはそれぞれ固有の視点であることに留意が必要である。単元や題材のまとまりの中で，子供たちの学びがこれら三つの視点を満たすものになっているか，それぞれの視点の内容と相互のバランスに配慮しながら学びの状況を把握し改善していくことが求められる[3]。
　それでは，生活科の「主体的・対話的で深い学び」とは何か。以下，2017年7月の『小学校学習指導要領（平成29年告示）解説　生活編』[4]を基に解説する。

Ⅱ 生活科における「主体的・対話的で深い学び」

1 主体的な学び

　生活科では，子供の生活圏である学校，家庭，地域が学習の対象や場となる。そして，これまで一貫して，子供が身近な人々，社会および自然と直接関わる活動，すなわち，見る，聞く，触れる，作る，探す，育てる，遊ぶなど，対象に直接働きかける活動を重視してきた。「ミニトマトを育てたい。」「町にはどんなお店があるのかな。」「ウィングカーをもっと速く走らせたい。」など，子供が思いや願いをもって主体的に活動する中で，いろいろなことに気付いたり，上手くいかずに困ったり，失敗したり，悩んだり，できないことができるようになったりする。

　このような主体的な活動は「学びに向う力」を育成するものとして期待できる。しかし，生活科に対して「活動あって学びなし」という批判が繰り返されてきたのも事実である。したがって，「主体的な学び」の視点から生活科の改善充実を図る上で，子供が自らの体験や活動を振り返り，目的意識や相手意識をもちながら，表現し伝え合う活動を充実させる必要がある。

2 対話的な学び

　多様な学習活動の中での驚き，発見，疑問などを交流し合い，学びを振り返ることにより，情緒的，無自覚，断片的な気付きが自覚的になり，一つ一つの気付きが関連付けられる。また，自分の成長や変容について考え，自分のイメージを確かにし，自分の良さや可能性に気付いていくのである。しかし，小学校低学年の児童は，その発達特性上，自らの学びを直接，振り返ることは難しい。振り返りカードを強制的に書かせることは逆効果となり得る。活動に夢中になったり，友達と一緒に活動したりする中で思いや願いが高まり，対象への気付きが広がり深まる。

　対象に直接働きかけるだけでなく，それらの対象が子供に働き返してくる双方向性のある活動が展開され，それを子供が実感する。さらに，思いや願いを実現するために仲間の活動を意識したり，一緒に活動したり，試行錯誤しなが

ら問題を発見したり解決したりする。伝え合い交流する中で，一人一人の発見が共有され，そのことを契機として新たな気付きが生まれたり，様々な関係が明らかになったりする。このような他者との協働や伝え合い交流する活動は，集団としての学習を質的に高めるだけではなく，一人一人の子供の学びを質的に高めることにもつながる。

3　深い学び

　深い学びとは，各教科の特質に応じた「見方・考え方」を働かせ，問題を発見して解決したり，自己の考えを形成し表現したり，思いや願いをもとに構想したり創造したりすることに向かう学びである。では，生活科の特質に応じた「見方・考え方」とは何か。子供たちの生活圏にある身近な人々，社会および自然を自分との関わりで一体としてとらえることが生活科の特質である。社会事象や自然事象を対象化して客観的に認識することが中心になるのではない。それらが自分自身にとってもつ意味に気付き，周囲の様々な事象を再度，見直し，自分なりの問題意識をもって調べたり，考えたり，表現したりなどすることである。子供たちが具体的な活動や体験を通して，諸感覚を豊かに働かせながら，比較したり，分類したり，関連付けたりなどして，学習対象を解釈し理解すること，自分の思いや願いを実現するために予測したり，試行したり，工夫したりするなどして新たな活動，行動，習慣をつくり出すこと，そのような学習活動の中で，それぞれの対象の良さや特徴，自分との関係や対象同士の関連に気付いていくことが生活科の学習に期待されている。

　2016年8月に「教育課程部会」の「次期学習指導要領等に向けたこれまでの審議のまとめ」において，生活科の学習過程のイメージが，図1[5]のように示された。

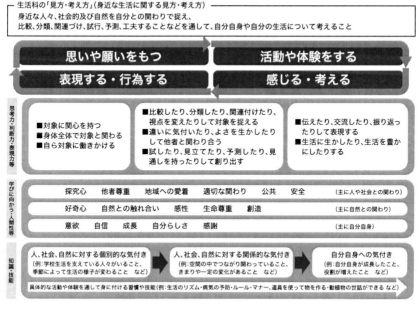

図1　生活科の学習過程のイメージ

　この学習過程は特に新しいものではない。また，これらを固定的な段階としてとらえることはできない。しかし，生活科における「主体的・対話的で深い学び」に関連させながら，この学習過程を生活科の単元構想，授業の展開において，さらに，実践を改善するための振り返りの観点として活用することができるであろう。

Ⅲ 生活科の「見方・考え方」と生活科の「深い学び」

　「主体的な学び」と「対話的な学び」に関しては，これまで理論的・実践的にも重視されてきた用語でありイメージしやすい。しかし，「深い学び」は聞き慣れない用語で，その内容を理解し把握することが難しいと思われる。したがって，「深い学び」の鍵として，各教科等の特質に応じた「見方・考え方」が提

示された。「見方・考え方」は，これまでも学習指導要領において，長年用いられてきた言葉であるが，その内容に関しては，必ずしも具体的に説明されて来なかったという経緯があったからだ。

「見方・考え方」に関して，2016年12月の中央教育審議会の答申で下記のよう述べられている。

　「見方・考え方」は，新しい知識・技能を既に持っている知識・技能と結び付けながら社会の中で生きて働くものとして習得したり，思考力・判断力・表現力を豊かなものとしたり，社会や世界にどのように関わるかの視座を形成したりするために重要なものである。既に身に付けた資質・能力の三つの柱によって支えられた「見方・考え方」が，習得・活用・探究という学びの過程の中で働くことを通じて，資質・能力がさらに伸ばされたり，新たな資質・能力が育まれたりし，それによって「見方・考え方」が更に豊かなものになる，という相互の関係にある[6]。

特に「深い学び」については，先述したように各教科等の特質に応じた「見方・考え方」を「働かせる」こと，生活科では低学年の発達特性を考慮し，「生かす」ことが重要となる。したがって，まず，生活科の特質とは何かについて考察する。残念ながら，生活科の新設後，四半世紀以上を過ぎた今でも，生活科を単なる理科と社会の合科ととらえたり，活動と体験のみが目的となったり，その教科としての特質，趣旨やねらい等を十分に理解していなかったりする傾向が少なからず見受けられるからだ。

生活科の学習対象とは，低学年の子供たちの生活圏にある身近な人々，社会および自然であり，それらを自分との関わりでとらえることが生活科の特質である。この年齢の子供たちは，具体的な活動を通して思考する。また，人や社会や自然を客観的に区別しながら認識するのではなく，一体としてとらえる傾向が強い。その発達特性を生かすために，頭と心と身体で学ぶ生活科が設置されたのであった。

では，生活科における「見方・考え方」とは何か。2017年の『小学校学習

指導要領(平成29年告示)解説　生活編』において,「身近な生活に関わる見方は,身近な生活を捉える視点であり,身近な生活における人々,社会及び自然などの対象と自分がどのように関わっているのかという視点である。また,身近な生活に関わる考え方は,自分の生活において思いや願いを実現していくという学習過程にあり,自分自身や自分の生活について考えていくことである。」[7]と述べられている。

　図2は生活科の教科目標の構成を示している[8]。この図に示されている通り,生活科の「見方・考え方」が生活科の教科目標の記述にも加えられた。そして,この目標は,一つには生活科の前提となる特質,すなわち「生活科固有の見方・考え方と究極の子供の姿」,もう一つは,生活科で育成を目指す資質・能力という二つの要素から構成されている。そして,資質・能力に関する目標は,(1)「知識及び技能の基礎」,(2)「思考力,判断力,表現力等の基礎」,(3)「学びに向かう力,人間性等」から構成されている[9]。

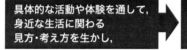

図2　生活科の教科目標の構成

　各教科の目標だけでなく内容に関しても,上述の三つの資質・能力に関し,一貫して構造的に記述されたことが今次改訂の大きな特徴である。生活科の教科目標も,その新設以降の理念,趣旨とねらいを継承しながらも大幅に変更さ

れた。特に，教科目標に関して，「自立への基礎を養う」から「自立し生活を豊かにしていく」と改定された。

　生活科の特質である「身近な生活に関わる見方・考え方を生かすこと」とは，具体的な活動を行う中で，身近な生活を自分との関わりで捉え，よりよい生活に向けて思いや願いを実現しようとするようになり，そこでは「思考」や「表現」が一体的に繰り返し行われ，自立し生活を豊かにしていくための資質・能力が育成されることである[10]。そして，子供が思いや願いを実現しようとする中で，「身近な生活に関わる見方・考え方」を生かした学習活動が行われ，「深い学び」を実現できるのである。

　生活科の実践で，子供たちが具体的な活動や体験を通して，諸感覚を豊かに働かせながら，比較したり，分類したり，関連付けたりなどして，学習対象を解釈し理解すること，自分の思いや願いを実現するために予測したり，試行したり，工夫したりするなどして新たな活動，行動，習慣をつくり出すこと，そのような学習活動の中で，それぞれの対象の良さや特徴，自分との関係や対象同士の関連に気付いていくこと，さらに，気付いたり，考えたり，楽しかったりしたことなどを言葉，絵，動作，劇化等の多様な方法で他者と伝え合ったり，相手意識や目的意識に基づいて振り返ったりすることが期待されている。

Ⅳ 「深い学び」につながる子供の姿

　子供たちが熱中し没頭した活動における気付きは，表現への意欲となり，活発な表現活動につながる。無理にカードに書かせたり，話し合わせたりする必要はない。誰かに伝えたくて仕方がないのである。特に，すぐれた生活科の実践ではそのような場面を数多く見ることができる。

　例えば，一年生の生活科「あきとなかよし」という単元の「自分だけのあきを見つけたいな」の授業において，A児は友達が捕まえてきた生き物を見ているが怖がってしまい，自分で生き物を捕まえることができなかった。しかし，校内でオニグルミを見つけるととても興味をもち，プリンカップに自分の名前を書いて，その実を大事そうに入れた。

124

「これ，何の実だろう。」と独り言を言うと，友達が「図鑑で探してみたら。」と声をかけ，「おたすけコーナー」にあった図鑑で一緒に調べてくれた。そして，「先生，この実，オニグルミじゃないかな。これとそっくり。Cさんが見つけてくれたの。」と，図鑑の頁を開いて嬉しそうに見せに来た。それから他の図鑑でも調べていた。

ふりかえりカードには「みどりのままたべ（ら）れるかなとおもってほんをみたら，くろくなっててねをわるとたねのなかがたべ（ら）れます。（中略）びっくりしました。」と書いていた。友達と関わることが苦手で，自分で調べることが難しいA児であったが，友達が一緒に探してくれたことに喜びを感じているようであった。その後，A児は三ヶ月間，オニグルミに関心をもち続けた。

他者に伝え表現することが，体験したことを対象化することにつながる。さらに，自分の思いや願いを実現するために，比較，分類，関連付けるなどして対象の共通点や相違点に気付いたり，その気付きを基に考え，試行，予測，工夫したりすることが「深い学び」を実現することになる。

二年生の生活科，「はっけん　くふう　おもちゃづくり」の単元，この単元は「ゴムロケットを作ってあそぼう」から「身の周りのものを使っておもちゃをつくろう」，そして，「おもちゃ屋台に１年生を招待しよう」という小単元から構成されている。そのゴムロケットの「改造会議」の授業において，子供たちから風がある場合とない場合で，ロケットを重くするか軽くするかが変わるという意見が出された。そこで，今回は風がない場合を想定し，子供たちが，ロケットの材料を自由に使って改造した。

A児は，トイレットペーパーの芯のロケットとビニルテープの芯のロケットを使って比べながら実験し，両方とも遠くへ飛んだと感じた。B児は，おもりがあるロケットとないロケット両方を使い，どちらが遠くに飛ぶか比べる様子が見られた。また，発射台に爪楊枝のストッパーをつけてひっぱる長さを決めて，自ら条件を設定する姿も見られた。

教師はこのような姿を見取り，工夫を見直す場を設け，「どう改造したら遠くへ飛ぶようになったかな。」と子供たちに問いかけ，実験の結果を報告するよう促した。「おもりをつけると安定して，遠くへ飛んだ。」，「軽いと紙くずと一緒

7章 ■　生活科における主体的・対話的で深い学び　| 125

で，ふわふわして飛ばない。」などの意見が出た。

　次の時間，風がある場合はどうなるのか，運動場へ出て実験をした。この実験で子供たちからおもりがある方が飛びやすいという意見が出て，重い方が飛ぶという結論に至った。Ｂ児はこの授業後，教師に実験の結果が予想と違って驚いたことを伝えに来た。友達の発射台のわりばしの本数が多いこと（軸が長いこと）に気付いたＢ児は，休み時間を使って意欲的に改造する姿が見られた。

　深い学びにつながる子供の具体的な姿は，子供が夢中になって活動している優れた実践の中で数多く見られる。生活科の学習過程において，子供たちの主体的で対話的な体験活動と表現活動が繰り返し行われ，それが「深い学び」につながるのである。

Ⅴ 気付きの質の高まりと「深い学び」

　2008 年の小学校学習指導要領の改訂において，学習活動が体験だけで終わっていることや，活動や体験を通して得られた気付きを質的に高める指導が十分に行われていないということが生活科の課題として指摘され，「気付きの質を高め，活動や体験を一層重視するための学習活動を重視する。」[11]ことが求められた。

　その後，気付きの質を高めるための実践研究が積極的に行われ，その研究成果を単元構想や授業計画，授業の展開，および実践の振り返りで等でも活用することが行われてきた。その中で，しばしば，「気付きの質を高めること」と「思考を深めること」の関連が問題となった。

　実際に，気付きと思考は一体であり連続しているので切り離してとらえることは難しい。しかし，これまでの研究成果から明らかなように，理論的には思考を「過程」，気付きを「側面もしくは局面」と理解することができる。つまり，子供の主体的な活動によって生まれた一人一人の認識であるという意味では，気付きは思考の「結果」であり，また，次の自発的な活動を誘発するという意味では，思考の「契機」となる。

　このように把握するならば，局面としての「気付き」の質の高まりは，「思考」の深まりよりもイメージしやすく，実践研究において具体的な子供の姿を

明確にすることができるようになった。それは，実践研究の進展において大きな成果だと言えよう。

　例えば，町探検では，町の良さや素晴らしさについて，「具体的な人，もの，ことや自然に対する気付き」から「町の人の工夫や大変さ等の人の行為に対する気付き」，そして「人の行為の背後にある思いや願いに対する気付き」へと質的に高まる。

　また，動くおもちゃづくりでは，「どの材料を使うかという対象への気付き」から「どの材料を組み合わせるとどう動くかという関連付けられた気付き」へ，さらに「一緒に遊んだ友達から学んだ良さ，頑張って上手く作れたという自分自身への気付き」へと質的に高まる。このような単元の展開がイメージできる。

　しかし，低学年の子供の気付きは，情緒的，無自覚，断片的という特徴をもっている。それゆえ，対象への個別的な気付きを自覚し獲得していくことができる学習活動を設定する必要がある。

　同じ興味や関心をもっている子供をグルーピングし一緒に活動するようにしたり，楽しかったこと，嬉しかったこと，悲しかったこと，見付けたこと，困っていること，上手くいったこと，失敗したことなどをカードに書いたり，グループや学級で発表し交流して振り返ったりする。

　また，教師が対話や朱書きを通して，認めたり褒めたり共感したりして子供の気付きを価値付け意味づけること，思考を可視化し構造化した板書を工夫すること，付箋を活用して学びの履歴を掲示することなども気付きの質を高めることに有効である。

　そして，この気付きの質を高めていく体験活動と表現活動を繰り返す螺旋的な学習過程において，比較，分類，関連付け，試行，予測，工夫することなどの思考力が豊かに働き，「深い学び」が実現される。

　2017年の『小学校学習指導要領（平成29年告示）解説　生活編』において，「身近な人々，社会及び自然に関する活動の楽しさを味わうとともに，それらを通して気付いたことや楽しかったことなどについて，言葉，絵，動作，劇化などの多様な方法により表現し，考えることができるように すること。また，このように表現し，考えることを通して，気付きを確かなものとしたり，気付

いたことを関連づけたりすることができるよう工夫すること。」[12]と述べられている。

　今回の生活科の改善・充実では「気付きを確かなものにしたり，気付いたことを関連づけたりすることができる」ことが求められている。そのために，まず，「活動の楽しさを味わうこと」，「それらを多様な方法で表現し考えること」が大切である。以下，その工夫について検討する。

Ⅵ 気付きを確かなものにし関連付ける工夫

1　活動の楽しさと喜びを味わう

　子供たちが熱中し没頭した活動における気付きは表現への意欲となり，活発な表現活動につながる。そのためには，子供の心をつかむ対象との出会いが大切である。例えば，学校探検では，興味をもたせたいものを音や写真などを使いクイズ形式にしたり，子供に気付いて欲しいものや場所に「そっと，さわってみてね。」「なかにはいっていいよ。」など，簡単な言葉を書いた絵入りカードを貼っておいたり，教師がいくつかの場所に立ち，「どんなにおいがするかな。」「のぞいてごらん。」など，子供たちの興味や関心を広げる声かけをしたりする支援を工夫できる。休み時間でも学校探検を行い，学校の人や自然や社会に繰り返しかかわることができるようにする。その後，例えば，理科室で簡単な実験をしたり，音楽室で楽器を鳴らしたりすると，子供は学校探検を楽しみ達成感を得るであろう。

　また，活動中の子供の反応から，これからの指導や支援を考える必要がある。動くおもちゃを作っている時，A君の「やったことあるよ。」，Bさんの「つくりたい。」と言うつぶやきを聞いて，「A君は前にやったことがあるから，もう少し工夫したものをつくりたいだろう。」「BさんはA君がつくっているのを見てつくりたくなったけど，あの素材で浮くかな。本人に少し考えさせるために，声かけしておこう。」などが考えられる。

2 多様な方法で表現し考える

　子供は，生活科の活動を通して多種多様な気付きを得る。しかし，先述したように，低学年の子供の気付きには，情緒的，無自覚，断片的という特徴があり，それゆえ，対象への個々の気付きを自覚し獲得していくことができる学習活動の設定が必要である。同じ興味や関心をもつ子供が一緒に活動する場を設定する。楽しかったこと，悲しかったこと，見付けたこと，困っていること，上手くいったこと，失敗したことなどをカードに絵や文字で書く。グループや学級で言葉だけでなく動作化したり実演したりする。このように多様な方法で表現し交流して振り返ることが大切である。例えば，シャボン玉遊びで，「教えてあげよう！シャボン玉」の発表会を行う場合，どんな発表会にするのかを事前に計画する必要がある。「シャボン玉の液の秘密を教えてあげたい。」「二重のシャボン玉を見せたい。」「いろんな道具でシャボン玉を作りたい。」など，様々な思いや願いを実現するために，発表会について話し合う中で，これまでの活動を振り返り，意見を交流しながら，子供は気付きを確かなものにしたり関連付けたりすることができるようになる。

3 子供が見て考える板書

　低学年の子供が意見を交流したり活動を振り返ったりする中で，自然に気付きが確かなものになったり関連付けられたりすることは難しい。例えば，数日前の活動について話し合う時，子供は，たとえ手元に振り返りカードがあってもなかなか思いだせない。具体物や写真等，その時の活動の様子がイメージできる手立てが必要である。また，活動のすぐ後で話し合うことも有効である。

　さらに，ネームカードを貼りながら，子供たちの意見を板書で構造化することも効果的である。同じような意見に分類してまとめたり，対立する意見を反対の矢印で示して異なる意見であることが明確になるようにしたりして，板書を工夫することである。また，事実，意見，気持ち等をチョークの色を変えて板書することもできる。しかし，これが教師の自己満足だけで終わっては子供にとって何の意味もない。ただ，自分の名前が貼られていて満足するだけであろう。大切なのは，その構造化された板書を見て，子供たちがアイディアを思

7章　■　生活科における主体的・対話的で深い学び　129

いついたり，何かを感じたり，判断したり，新たに疑問を感じたり，次の活動のへの意欲が高まったりすることである。

4　付箋を用いて気付きを関連付ける

　生活科の授業でも，気付きの質を高めたり思考を深めたりするために付箋を用いることがしばしば見受けられるようになった。例えば，紙飛行機を作る時に，成功したことは青，失敗したことはピンクの付箋に書いて振り返りながら，おもりの付け方，折り方，飛ばし方などについての気付きを関連付け，よく飛ぶ紙飛行機を作ることなどである。また，発見したことを青，不思議に思ったことをピンクの付箋に書いてグループや学級で発表して意見を交流することもある。これは，今までの活動を振り返り，次の活動への意欲を高める上で有効である。例えば学校探検，町探検では，人を青，自然をピンク，社会（教室，場所，もの，お店など）を黄色に書いて発表し合うこともできる。子供から「今度，その先生に会ってみたいな。」，「その公園にはタンポポがいっぱい咲いてるよ。」，「２年３組でモルモットを飼っていたよ。」，「今度はそのパン屋さんに行ってみたいな。」などの発言を価値付けたい。大切なのは，付箋に書いてあることを発表して終わるのではなく，子供が付箋を見ながら，自分の言葉で自分の気持ちや考え，思いや願いなどを語り交流し合うことである。付箋の使い方を学ぶ授業には価値や意味があると思われるが，生活科では，低学年の子供の発達特性に合わない付箋の使い方に終始する授業は避けるべきである。

おわりに

　以上，生活科における「主体的・対話的で深い学び」について考察してきたが，今回の改訂では，「深い学び」および「気付きを確かなものにしたり，気付きを関連付けたりすること」等，認知的な側面が強調されていると思われる。今後，生活科における「知識及び技能の基礎」，「思考力，判断力，表現力等の基礎」に関する研究が期待され，それが「深い学び」の鍵であると思われる。しかし，生活科の特質を軽視しないよう十分に留意する必要がある。

　生活科が低学年の教科の一つであること，つまり低学年の発達特性に適切で

あることを考慮しなければならない。さらに，生活科は親学問をもたない総合的な教科である。このような生活科の教科の特質は，その理念や目的が他教科とは大きく異なっているからである。

　生活科は，当初，活動や体験を通して，社会認識，自然認識，自己認識の芽を育てようとする社会科と理科の合科として構想された。しかし，その後，新たに「自立への基礎を養う」つまり，「よき生活者として求められる資質や能力を育てる」教科として誕生したという経緯がある[13]。

　また，近年，特に幼児教育において非認知的な能力・性質[14]，すなわち，粘り強さ，好奇心，自制心，誠実さ，社会情動的な性質等への関心が高まっている。非認知的な能力・性質に関する研究が世界中で進み，特に欧米において積極的に取り組まれ，非認知的な能力・性質が認知能力に影響し，また社会的な成功にも貢献すること，認知的能力も非認知的な能力・性質も幼少期に発達することが実証されてきたことがその要因である。

　生活科新設の趣旨とねらいの一つは，低学年児童の心身の発達が幼稚園の年長児から小学校中・高学年の児童への過渡期的な段階にあり，具体的な活動を通して思考するという発達上の特徴が見られるため，直接体験を重視した学習を展開し，意欲的に学習や生活ができるようにすることであった[15]。

　その後，これまで，三回の小学校学習指導要領の改訂を経ているが，現在においても幼児期の教育と小学校との円滑な接続の重要性は一層，高まっている。今回の改訂における「育成を目指す資質・能力」の三つの柱の一つである「学びに向かう力・人間性等」は非認知的な能力・性質に当てはまるが，以上のような生活科を取り巻く教育動向の現状および経緯を考慮すると，非認知的な能力・性質と生活科教育との関連についても，今後，研究することが特に重要であると思われる。

（中野真志）

【注】
1) 「教育課程特別部会　論点整理」2015 年 8 月，17 頁。
2) 中央教育審議会答申「幼稚園，小学校，中学校，高等学校及び特別支援学校の学習

指導要領等の改善及び必要な方策等について」『別冊初等教育資料』2月号臨時増刊（平成29年，65頁）からの要約。

3）同上書，65頁。

4）文部科学省『小学校学習指導要領（平成29年告示）解説　生活編』東洋館出版社，平成29年。

5）中央教育審議会初等中等教育分科会教育課程部会「次期学習指導要領等に向けたこれまでの審議のまとめ」，2016年8月，192頁。

6）中央教育審議会答申，上掲書，67頁。

7）文部科学省『小学校学習指導要領（平成29年告示）解説　生活編』，上掲書，11頁。

8）同上書，9頁。

9）同上書，8頁。

10）同上書，11頁。

11）文部科学省『小学校学習指導要領解説　生活編』日本文研出版，平成20年，3頁。

12）文部科学省『小学校学習指導要領（平成29年告示）解説　生活編』，上掲書，68頁。

13）高浦勝義『総合学習の理論・実践・評価』黎明書房，1998年，91頁。

14）ジェームズ・J・ヘックマン（著），大竹文雄（解説），古草秀子（訳）『幼児教育の経済学』東洋経済新報社，2015年。

15）文部省『小学校指導書　生活編』教育出版株式会社，平成元年，5頁。

【参考文献】
中野真志「生活科における深い学び」『初等教育資料』12月号，平成28年，60〜63頁。
岡崎市小中学校現職研修委員会「岡崎市教育研究レポート」平成28年9月
田村学編著『新学習指導要領の展開』明治図書，平成29年

生活科学習において気付きの質を高める手だて
——思考ツールとリフレクションを使いこなす——

はじめに

2017（平成29）年の学習指導要領の改訂では、「主体的・対話的で深い学び」が注目されている。「活動あって学びなし」との批判を繰り返し受けてきた生活科学習にとっては、「深い学び」について検討していくことが喫緊の課題として挙げられよう。この「深い学び」は、「気付きの質を高めていく体験活動と表現活動を繰り返す螺旋的な学習過程において、比較、分類、関連付け、試行、予測、工夫することなどの思考力が豊かに働き、『深い学び』が実現される。」[1]という指摘にあるように、気付きの質の高まりと一体であるといえる。

本章では、生活科学習において気付きの質を高める手だてとして、今後さらに議論の蓄積が必要であると考えられる「思考ツール」と「リフレクション」を取り上げ、両者を「使いこなす」ための方向性を示す。

I 生活科学習における気付きの質の高まり

生活科学習における思考ツールとリフレクションの活用について論じる前に、生活科学習における気付きの特質と気付きの質の高まりの構造について整理しておきたい。

1 生活科学習における気付きの特質

朝倉（2008）は生活科学習における気付きの特質として、①主体的なかかわりの結果であること、②個別的・個性的であること、③具体的・現実的・感覚的・感情的であること、④直感的・直観的であり非連続的であること、⑤認識へと進展する可能性を有することの5点に整理している[2]。この朝倉の整理は端的かつ適切であるといえるが、中野が気付きについて「次の自発的な活動を

誘発するという意味では，思考の『契機』となる。」[3]と指摘していることをふまえ，気付きの特質の6点目として，「⑥次の自発的な活動を誘発する契機を有していること」を付け加えておきたい。

2　生活科学習における気付きの質の高まりの構造

　生活科を指導する教師はそのような特質をもつ気付きの質をどのように高めていけば良いのだろうか。菱田・野田（2011）は生活科学習における気付きの質の高まりとその手だてについて論じている。その成果は気付きの質の高まりの構造として図1のように提示されている[4]。菱田・野田によれば，生活科学習における気付きの質は次のように高まっていくという。まず，活動や体験の中で生まれた「無自覚な気付き」が「自覚された気付き」へと高まる。しかし，この段階では「自覚された気付き」はまだ「個別的な気付き」の状態であり，それぞれの「個別的な気付き」を比べたり，関連付けたりする活動を通して，「つながりをもった気付き」へと高まっていく。以上挙げてきたさまざまな「気付き」は「対象への気付き」に分類されるものであるが，対象とのかかわりが深まる中に自分を発見することで「自分自身への気付き」へと高まることとなる。

　図1に示されているように，菱田・野田は生活科学習における気付きの質の高まりの各段階で有効な手立てについても整理している。このうち，本章で取り上げる二つの手だてに引きつけていえば，「伝え合い・話し合い活動」を充実させる具体的な手だてが「思考ツール」であり，「活動を振り返って表現する学習活動」を充実させる具体的な手だてが「リフレクション」であると言えるだろう。

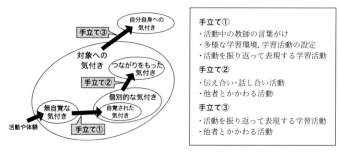

図1　気付きの質の高まりの構造（菱田・野田, 2011, p.93より抜粋）

以下，本節で確認した生活科学習における気付きの特質と気付きの質の高まりの構造をふまえ，生活科学習における思考ツールとリフレクションの活用について論じていく。

II 生活科学習における思考ツールの活用

1　思考ツールを活用した生活科学習の実践事例

　黒上（2013）によれば，思考ツールとは「頭の中にある知識や新しく得た情報を，一定の視点や枠組みに従って書き出すツール」[5]である。思考ツールは，近年，総合的学習をはじめ，様々な教科において積極的に活用されている。しかし，低学年の生活科で思考ツールを活用することは難しいのではないかという批判もしばしば聞かれる。ここでは低学年の発達段階および生活科の特質を踏まえた思考ツールの活用の意義と配慮事項について検討したい。

　まず，生活科における町探検を例に思考ツールを活用した実践の具体を示す。生活科で校区を探検し，そこで得た気付きをグループの中で交流する時間を設ける。ここで思考ツールの一つである「Xチャート」を用いるとする。これを図示したものが図2である。

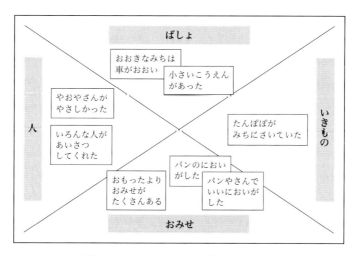

図2　Xチャートを用いた気付きの分類の例

Xチャートは，もっている情報を4つの視点に分けることを目的としたツールである。この単元では，子供が「たんけんカード」に書いた気付きからグループのメンバーに伝えたいものを選んでキーワードや短文にして付箋紙に書くこととした。付箋紙に書いたものについて伝え合い，4つの視点を立てて付箋紙を分類して貼っていく。たとえば，「たんぽぽがみちにさいていた」という付箋紙は「いきもの」のところに貼るといった具合である。このとき，「パンのにおいがした」と「パンやさんでいいにおいがした」など同じ意見同士や類似する意見同士は近くに貼ったり，重ねて貼ったりする場合もある。このようにして，町探検でグループの各メンバーが得た気付きが付箋紙にキーワードや短文として表されることで，各メンバーの気付きが整理されるのである。

2　生活科学習における思考ツール活用の意義

田村（2015）は，思考ツールの特性として「情報の可視化」と「情報の操作化」を挙げている。「情報の可視化」とは，「処理する情報（つぶ）と情報処理の方向（組立方），その結果としての成果物（まとまり）」（括弧原著者）を目に見える形にすることであり，「情報の操作化」とは，目の前の情報を「自由自在に動かしたり，書き直したりして操作できる状況になること」を意味する[6]。筆者なりに考察を加えるならば，この「情報の可視化」と「情報の操作化」は，基本的に「情報の文字化」，特に「情報のキーワード化」「情報の短文化」によって可能になっていると考えられる。情報が「可視化」される過程で，子供が諸感覚を通して得た多くの情報は付箋紙への記入や表への箇条書きなどを通して「キーワード」や「短文」にされることで，圧縮され，「操作」しやすいものとなる。

根本（2013）は「低学年の子どもにとって，『分ける』ことは日常生活にあっても，『ある視点のもとに分類すること』にはとまどったり，抵抗感があったりする。また，人に伝わるように文章を書くことが苦手な子どもも少なくない。『Xチャート』は，単語や短文で書ける，すぐ読める，全体が俯瞰できるなどのメリットがある。」[7]と述べている。思考ツールを低学年で活用する上での重要な指摘であろう。

「情報の可視化・操作化」により，「分類する」活動や文章を書く活動に困難さを感じる子供でも，「伝え合い・話し合い活動」に無理なく参加できる素地を整えることにつながる。さらに，根本は「『Xチャート』を使い，それぞれの情報やアイディアを可視化したことで，どの子も友達の話している内容を理解することができた。また，視点を設けたことで全体を俯瞰しながら考える姿も見られた。」[8]と述べているが，子供が「個別的な気付き」を「つながりをもった気付き」へと高めやすくなるという点にも思考ツールの意義を見出すことができるだろう。

3　生活科学習において思考ツールを活用する際の配慮事項

さて，これまで検討を加えてきた思考ツールであるが，その活用にはいくつか配慮すべき点がある。田村は，表1にあるように，「思考ツールを活用する際の配慮事項」として以下の4点を挙げている。

表1　思考ツールを活用する際の配慮事項

○必然性：活動の連続性はあるのか？　そのツールを使う必然性はあるのか？
○整合性：どんな思考をさせたいのか？　最適な思考ツールか？
○簡便性：分かりやすいのか？　複雑なものではないか？
○充足性：使ったことがあるのか？　ある程度の経験を有しているか？ [9]

田村が提起した配慮事項はおおむね妥当だといえるが，ここでは，生活科学習の特質をふまえつつ，2つの洞察を付け加えたい。

第一に，「必然性」の意味を生活科学習の観点から再解釈することである。必然性に含まれる「活動の連続性」の意味を取り出し，項目として追加する必要がある。活動の連続性とは，「これまでの活動」と「次の活動」という2つの局面との連続性が含まれているものと考えたい。

これまでの活動との連続性については，思考ツールが活用される「伝え合い・話し合い活動」の前に，対象に働きかける活動・体験が充実している必要がある。この点については，「『対象に直接働きかける学習活動』をおろそかにして

8章 ■　生活科学習において気付きの質を高める手だて　137

いては，いきいきとした表現活動は生まれず，表現のための表現になってしまう。〔中略〕かかわり合いの深さは，対象に直接働きかける学習活動が充実していたかどうかの目安となる。」[10]という野田の指摘が注目されるべきである。Ⅰ節で取り上げた生活科学習における気付きの特質をふまえるならば，思考ツールにより「情報のキーワード化」「情報の短文化」が図られることで，子供が対象に働きかける活動・体験の中で諸感覚を通して得た「②個別的・個性的」「③具体的・現実的・感覚的・感情的」な気付きが，「一般的」「抽象的」な「キーワード」・「短文」となり，その特質が失われやすくなる危うさをもっている。むろん，このように「活動・体験」と「言葉」が遊離する危うさは子供が活動・体験を通して得た「無自覚な気付き」を「自覚された気付き」として言語化する際に必然的に伴うものであり，先に検討したような思考ツール活用の意義は否定されるべきではない。とするならば，「伝え合い・話し合い活動」に至るまでの活動・体験が充実していることは必須であり，そこで得た気付きが「②個別的・個性的」な特質および「③具体的・現実的・感覚的・感情的」な特質をできるだけ保持した状態で想起されやすくなる学習環境を整備することが求められる。たとえば，これまでの授業で作成した絵日記やワークシートを参考にするよう促すこと，これまでの話し合いの過程をまとめた模造紙や活動場面の写真を掲示しておくなどの手だてが考えられる。

　したがって，以上検討してきたように，「これまでの活動・体験は充実していたのか？」を問うことが重要であろう。

　次に，「次の活動」との連続性については，Ⅰ節で取り上げた生活科学習における気付きの特質の一つである「⑥次の自発的な活動を誘発する契機を有していること」をふまえるならば，子供が「伝え合い・話し合い活動」を通して「個別的な気付き」を「つながりをもった気付き」に高める中で，次の「活動・体験」への意欲をもつ契機となるような学習の展開が求められる。それゆえ，「次の活動・体験への意欲が高まるのか？」が，思考ツールを使う必然性を判断する上で問われる。

　以上，田村が挙げた1項目の「必然性」の意味を，生活科学習の観点から「これまでの活動」と「次の活動」との連続性に拡張することで具体化してきた。

このような議論をふまえると，「必然性」の中にあった「連続性」を切り離して項目化することで，生活科学習の特質に合った思考ツールの活用を判断する材料になると考えられる。なお，先に紹介した町探検の例であれば，子供が自分の気付きを伝えたい，他の子供がどんなことに気付いたのかを知りたいという強い意欲を有しているのであれば，思考ツールを使う必然性が生まれる。この意欲は，連続性の「これまでの活動・体験は充実していたのか？」に起因する点は否定できないが，必然性では，「活動・体験の充実」の他にも，町探検であれば，子供が伝えたいと思えるような「人・もの・こと」があるか，といったことが問われる。したがって，必然性の中に連続性を含める，あるいは連続性の中に必然性を含めることはせず，それぞれを別の項目として考えることとする。

　第二に，田村が提案した4項目に加え，「学習者の発達上の特性をふまえているのか？」という「準備性」を追加することである。準備性とは，一般的には「レディネス（readiness）」と呼ばれるものであり，「学習が効果をもつためには，学習者の心身が一定の発達を遂げていることが必要であるが，このような学習成立のための準備性のこと」[11]を指す。レディネスは，生活科学習において特に配慮が求められる。なぜなら，「具体的な活動を通して思考するという発達上の特徴」[12]が低学年児童に見られるからである。

　この点を考慮したとき，「文章や絵でノートに書くことを好む子ども」もおり，「低学年の段階では，『Xチャート』などの思考ツールを全員が習得し，活用できるようにすることが目的ではなく，『使ってみる』ことが大切である。」[13]という根本の指摘は重要である。思考ツールは，活動・体験を通して得た「情報」を「文字化」することでその「可視化」「操作化」を行う特質をもつが，言葉中心の「伝え合い・話し合い活動」に十分に取り組むことができるまで，子供の発達が追いついていないということも考えられる。したがって，子供の準備性を考慮し，「伝え合い・話し合い活動」の手だてを思考ツールのみに絞るのではなく，物語にする，絵にする，動作化する，劇化するなど多様な表現方法を保障することが重要であろう。

　以上，田村が提起した配慮事項に対し，2点の検討を試みた。これらの議論は表2のようにまとめられる。

表2 生活科学習において思考ツールを活用する際の配慮事項

○必然性：そのツールを使う必然性はあるのか？　学習者の意欲が高まっているか？

○連続性：これまでの活動・体験は充実していたのか？　次の活動・体験への意欲が高まるのか？

○整合性：どんな思考をさせたいのか？　最適な思考ツールか？

○簡便性：分かりやすいのか？　複雑なものではないか？

○充足性：使ったことがあるのか？　ある程度の経験を有しているか？

○準備性：学習者の発達上の特性をふまえているのか？

「アクティブ・ラーニングのバブル」[14]ともいうべき世論の盛り上がりの中で，思考ツールありき，方法論優先の授業づくりが進められてしまう危険性が指摘されている[15]。本節では，そのような危険性に陥ることを回避するため，生活科学習における思考ツール活用の意義とともに，その配慮事項についても論及した。思考ツールはあくまで「手段」であること[16]を改めて肝に銘じておく必要があるだろう。

Ⅲ 生活科学習におけるリフレクションの活用

1 リフレクションとは何か

リフレクションは，我が国においては，一般的に「振り返り」や「反省」，「内省」などと訳される。しかし，「反省では，過去への指向と批判性が強く出てしまいかねないこと，ふり返りでは，過去をかえりみることが強調され，過去への指向性が残ること，内省では，自分の内面を見つめることのみが重視されかねない。」[17]との指摘に見られるように，リフレクションは単なる過去を顧みる活動ではない。

リフレクション研究の源流は，デューイ（John Dewey）の反省的思考（reflective thinking）に求めることができる。その後も様々な研究者によってリフレクションの理論が固められた。近年では，メジロー（Mezirow, 1991）が，リフレクションについて「経験の意味付けを解釈し，意味付けを行う努力

の内容とプロセスを，また努力の想定を批判的に評価するプロセスである。」[18]
と論じている。また，ロジャーズ（Rogers, 2001）は，デューイら米国の著名
な研究者が論じるリフレクションを，「個人の積極的な取り組みを要求し，普
段とは違う，あるいは複雑な状況や経験によって引き起こされる。その状況や
体験における個人の反応や信念，前提を含み，結果として，新しい理解を個人
の経験に統合している。」[19]と整理している。

　米国では，サービス・ラーニング（Service-Learning）において，リフレク
ションの理論的な研究が進められてきた。サービス・ラーニングとは，米国に
おいて広く行われてきたコミュニティ・サービス（いわゆるボランティア活動）
と教室でのアカデミックな学習とを関連させる教育方法であり，1980年代か
ら普及し始め，現在では大学から幼稚園に至るまで，幅広い学校種で導入され
ている。セリオとダーラック（Celio & Durlak, 2009）は「サービスのプロ
ジェクトの前後に行われるリフレクションは，単純なサービスの実施とサービ
ス・ラーニングへの従事との違いを分ける鍵であり，このリフレクションこそ
が，有益な結果の情報の提供を可能にする。」[20]と指摘する。また，ブリングル
とハッチャー（Bringle & Hatcher, 1999）は，「リフレクションを通して，子
供たちは，教室で学習する抽象的な内容と，具体的な体験とのつながりを形成
する。」[21]と論じている。したがって，サービス・ラーニングにおいて，リフレ
クションは体験活動と教科教育を結びつける重要な役割を担っていると言える。
　サービス・ラーニングにおけるリフレクションの特徴を整理すると，表3の
ようにまとめられる。

表3　サービス・ラーニングのリフレクションの特徴

(a) 継続的に行われる。
(b) アカデミックな内容と関連付けられる。
(c) 質の高い思考スキルを使用する。
(d) 多様な表現方法を含む。
(e) 社会的・市民的問題と関連付けている。
(f) 複雑な状況や文脈における経験によって引き起こされる。
(g) 経験を踏まえ，自分の在り方を問い直す。[22]

2 生活科におけるリフレクション

生活科において，リフレクションという言葉は学習指導要領等には登場しないものの，振り返りの重要性や課題については以前より指摘されている。例えば，2008（平成20）年1月の中央教育審議会の答申では，「表現によって活動や体験を振り返り考えるといった，思考と表現の一体化という低学年の特質を生かした指導が行われていない」との指摘がなされている。答申を受け，同年の学習指導要領の改訂では，「身の回りの人とのかかわりや自分自身のことについて考えるために，活動や体験したことを振り返り，自分なりに整理したり，そこでの気付き等を他の人たちと伝え合ったりする学習活動を充実する。」[23]と，振り返りを一層充実させることが求められた。

『小学校学習指導要領解説　生活科編』（以下「解説」とする）には，「生活科においては，児童が対象に直接働きかける具体的な活動や体験を通して，対象から様々な情報を取り出し，表現したいという意欲が生まれるようにすることが大切である。したがって，具体的な活動や体験の充実を促すとともに，言葉などによる振り返りや伝え合いの場を適切に設定することも大切である。」[24]（下線は筆者による）との指摘がある。

田村は，リフレクションを，「異なる他者との対話を通して，豊かに知を創造したり，異なる視点から検討したりしたことを，文字言語として確かな定着につなげていくもの」[25]と定義している。また，リフレクションを「文字言語を中心とした個人的探究」，インタラクションを「音声言語を中心として行う協同的探究」，として整理し，インタラクションの「失われやすい傾向」を補い確かな定着を担うものとして，その役割の重要性を強調している[26]。この整理に基づくと，「言葉などによる振り返り」がリフレクションであり，「（言葉などによる）伝え合い」がインタラクションとなる。

このように，生活科におけるリフレクションは，言葉などによる振り返り活動として，その重要性が指摘されているものの，振り返りという言葉のもつ「過去への指向性」が強調されるあまり，振り返りに含有される多様なリフレクションの特質が捉えられていないのが現状である。ここでは，サービス・ラーニングのリフレクションが有する特質から，生活科におけるリフレクションの

在り方を検討したい。

(a) 継続的に行われる。

解説には「1単位時間内の振り返りの時間を充実させたり，振り返りの時間を終末に固定することなく行ったりするなどの工夫が必要である」[27]とあるように，生活科の振り返りが，単に終末に行われる反省的行為に限定されるべきではないことが明示されている。

児童らの多種多様な気付きは，様々な行動や「つぶやき」等として表出される。例えば，ドングリこまをうまく回せられない児童が，同じグループの児童に相談したとする。「もっと細いドングリを探すといいよ」「爪楊枝は，真ん中に指すんだよ」「爪楊枝は，少し切った方がいいよ」などのアドバイスを得た児童は，ドングリの種類を変えたり，爪楊枝の長さや差し方を調整したりして，再度回してみる。試行錯誤の結果，この児童は長く回るドングリこまを作ることができた。この経験を通して得られた様々な気付きに対して，児童はしばしば無自覚であったり，あるいは一過性の気付きとしてとどめることができなかったりする。そのため，これらの気付きを児童に保持させることが大切となる。例えば，児童がつぶやいたドングリこまがよく回るコツを教師が即時に取り上げたり，どうして成功したのかを問い直したりすることが考えられる。こうした，絶えず自分の取り組みや活動を問い返す継続的かつ即時性のあるリフレクションが，気付きの質を高めるのである。

(b) アカデミックな内容と関連付けられる。

解説には，他教科等との関連について，「生活科と他教科等との合科的・関連的な指導を行ったり，低学年の児童の生活とつながる学習活動を取り入れたりして，教科等横断的な視点で教育課程の編成，実施上の工夫を行うことが重要である。」[28]との指摘がある。

他教科等との関連を図った指導の在り方として，具体的には，①生活科の学習成果を他教科等の学習に生かすこと，②他教科等の学習成果を生活科の学習に生かすこと，そして③教科の目標や内容の一部について，これを合科的に扱うことによって指導の効果を高めること，の3点が挙げられている[29]。

こうした指導の工夫によって，児童が生活科で得た気付きを他教科の学習に

8章 ■ 生活科学習において気付きの質を高める手だて 143

生かしたり，他教科で身に付けた資質・能力が生活科において発揮したりすることができるようになる。例えば，生活科で2頭のヤギを飼育している児童たちが，ヤギのエサ代を捻出するために自分達ができることを考えたとする。そして，クラスでアルミ缶を回収し，売却益でエサを購入することとなった。児童らは，1週間で約1,000円の収益を得ることができた。一方で，ヤギの主食は牧草で，1袋30kgで3,000円程度で販売されている。これは，2頭のヤギにとって，ちょうど1ヶ月分のエサとなる。この事実をもとに，クラスでは，今後のヤギの飼育について話し合うことになった。ある児童は「アルミ缶が1,000円にもなるなんてすごい」と語るが，別の児童は，「でも，1,000円じゃあエサは買えないよ」と不満そうに述べる。「1週間で1,000円集まったから，1ヶ月集めればエサは買えるんじゃない」と，図を描いて説明する児童がいれば，「アルミ缶の量が多いときと少ないときがあるから，足りないかもしれない」と不安そうに語る児童もいる。1週間で1,000円の収益があれば，1ヶ月3,000円のエサ代を工面することは可能なことを導き出したのは，算数科の学習成果と言える。しかし，自分たちの苦労に見合った金額であるか，持続的にヤギを飼育できるのか，といった個々の児童の思いによって，この金額に対する感覚は大きく異なってくる。

　このように，教科の学習と結びついたリフレクションが適切に実施されることで，例えば算数科で扱われる「脱文脈化」された数値を，児童は自身の生活経験と関連させて捉えられる。また，国語科で身に付けた，順序を整理して簡単な構成を考えるスキルを生かして，児童は生活科での自身の経験を整理し，新たな気付きを得ることができる。こうした経験の積み重ねが，児童らの気付きを相互に関連づけ，つながりをもった気付きしての高まりを保障するのである。

(c) 質の高い思考スキルを使用する。

　解説には，「児童が気付いたことを基に考え，そこから更に気付きの質を高めるためには，<u>見付ける，比べる，たとえる，試す，見通す，工夫する</u>などの多様な学習活動の工夫が求められる」[30]（下線は筆者による）と示されている。これらの学習活動は，小学校低学年の発達段階を考慮すれば，質の高い思考スキルを駆使するものと捉えられる。例えば，アサガオの栽培に取り組んだ児童は，「毛が生えている」「ちくちくする」とその特徴を見付ける。自分の葉の形を

じっくりと見る児童は、「前は小さかったのに、今は僕の手と同じくらいの大きさだよ」と、その大きさの変化に気付く（比べる）。別の児童は、「犬の顔みたいでかわいい」「まるで恐竜の足跡みたいだ」などと、その特徴的な形を「〜みたい」とたとえて表現する。つるが伸びてくると、「このままだと大きくなれないな。何か支えがいるんじゃないかな」と見通しをもつ児童もいる。葉が虫に食べられたり変色していたりすると、「虫除けの薬の作り方を教えてもらおう」「病気が治るかどうか試してみよう」などと、様々な方法を試す児童も出てくる。

このような一人一人の児童の学習活動は、それぞれ質の高い思考スキルの表出と捉えることができる。ただし、ここで生まれている気付きはあくまで「個別的な気付き」であり、本章で論じた思考ツールを効果的に用いることによって、気付きの質がさらに高まることが期待される。

(d) 多様な表現方法を含む。

解説には、「内容の取扱いについての配慮事項」として、「身近な人々、社会及び自然に関する活動の楽しさを味わうとともに、それらを通して気付いたことや楽しかったことなどについて、言葉、絵、動作、劇化などの多様な方法により表現し、考えることができるようにすること。また、このように表現し、考えることを通して、気付きを確かなものとしたり、気付いたことを関連付けたりすることができるよう工夫すること。」[31]（下線は筆者による）との指摘がある。

例えば、アサガオの生長の様子を児童が身体で表現するとしよう。アサガオに関心を寄せ、その変化をつぶさに見守ってきた児童は、生長の過程の細かな変化を精一杯表現しようと、その動作一つ一つにこだわりを見せる。とりわけ、小学校低学年の児童には、「思考と表現の一体化」という特質がある。児童が感覚的に気付いた様々な事柄が、こうした動作の一つ一つに表れている。これらの気付きを授業で取り上げ、価値付けたり意味付けたりすることで、感覚的な気付きがより確かな気付きへと高まるだろう。

(e) 社会的・市民的問題と関連付けている。

解説には、この特質のリフレクションに関する指摘は見られないが、町探検の授業を例に、この特質のリフレクションについて考えてみたい。商店街での数回の町探検を終えたところで、店の人の取り組みの工夫や困っていることを

インタビューした児童の発言を教師が取り上げる。既に洋菓子店に何度も足を運び，店主との交流を通してこの店に親しみをもっていたＡ児は，洋菓子店の店主が頑張っていることや困っていることをインタビューした。すると，「季節に合わせて作るお菓子を変えている」「商品のレイアウトや展示方法を工夫している」といった工夫をしていることを知る一方で，「少しずつお客さんが減っている」という店が抱える課題も知ることとなる。「もっと多くの客に来てほしい」との思いをもったＡ児は，その店の歴史やおすすめの商品を，商店街を訪れる客に紹介した。客からは，「すてきなお店を教えてくれてうれしかったよ」と温かい言葉をかけられ，店主からも，「お店のことを詳しく紹介してくれてありがとう」と感謝の言葉がかけられる。こうした経験を通して，Ａ児は「お店の人が大好き」との思いを高めていった。

地域には様々な問題が存在している。こうした問題を児童が解決することは困難であるが，この事例では，問題を通して自分の思いを確かにしたり，その思いを高めたりしている。地域の問題を自分の問題として捉え，自分にできることを考える児童の姿からは，自分がどうしたいのか，常に自分自身に問い続ける様子がうかがわれる。

(f) 複雑な状況や文脈における経験によって引き起こされる。

解説には，この特質のリフレクションに関する記述は見られないものの，このようなリフレクションの具体的な姿を，齋藤（2017）の実践「ぐんぐんそだて」（第１学年）[32] の実践に見て取ることができる。

　アサガオが成長してくると，子供が「先生！アサガオがぎゅうぎゅうだよ！」と言ってきた。そして，みんなが「どうしよう。苦しそう」と悩んでしまったのである。（中略）次の日の朝，間引きについて調べてきた子供が「アサガオが大きくなるためには，間引きをしなきゃいけない」と教えてくれた。（中略）先ほどのことを子供が発表すると，「間引きする派」と「間引きしたくない派」に分かれた。そして，一年生とは思えない白熱した議論が繰り広げられた。

　しかし，自分のおばあちゃんから話を聞いてきた子供が間引きの必要性について話をすると，間引きしたくない派の子供たちの意見が変わってきた。長い議論の末，「かわいそうだけど間引きは必要だ」という結論に達し，間引きをするこ

とになった。そこで，お別れしてしまうアサガオに向けて手紙を書くことにした。

　いざ，手紙を書くとなると，アサガオへの思いが強い子供たちが泣き出してしまった。特に二人の児童は，時間があればアサガオとの対話を繰り返し，自分のアサガオへの思いを日に日に高めていた。その積み重ねてきた思いが，「間引き」という現実が目の前に立ちはだかったことで，涙という形で溢れたのである。　　（pp. 28–29）

　この実践における議論では，「アサガオが大きくなるためには間引きをしなきゃいけない」「みんな苦しがっているよ！僕だって狭いところは嫌だ！」という間引きする派の意見と，「一つのところでみんなを最後まで育てたい」「はなればなれはかわいそう」という間引きしたくない派の意見が真っ向からぶつかっている。栽培後に行われた振り返りの授業場面では，アサガオと過ごした時間を懐かしむかのように自分の中に蓄えてきた気付きを立て続けに発表する児童の姿が見られている。また，間引きして持ち帰ったアサガオを家でも大切に育てた児童は，植物への興味・関心を一層高めている。間引きをするかどうかという葛藤場面が，アサガオへの思いを問い直し，アサガオを自分事として捉えさせることになっている。

(g) 経験を踏まえ，自分の在り方を問い直す。

　自分の在り方を問い直すリフレクションは，「自分自身への気付き」と深くかかわっている。このようなリフレクションが促された事例として，林 (2010)の授業実践「自分は簡単に育ってきたの？」（第 2 学年）[33]を紹介したい。

　「保育園のころ」のエピソード発表会では，「毎日保育園で鉄棒の練習をして逆上がりができるようになった」（F児）というような，「できるようになった」エピソードが増え，「努力するこころがあったからできるようになった」（B児）と，自分も努力してきた事実を確認できた。一方，「保育園に行くのを嫌がって母親を困らせた」というような，まだ，自立できていないエピソードも多く出された。その中で，「友達に遊ぼうと声をかけられなかった」と発表した子に，A児は，「ぼくは，今なら言えるよ」と，発言した。このA児の発言は，「今の自分」と比較して考えるきっかけになる。A児をおおいに称賛し，保育園のころ描いた絵と今の絵を比較する活動につなげた。A児は，その日の振り返りカードに「保育

園のときは，一人で行けなかったけど，今は一人で学校に行けるようになりました。」
と，書いた。昔と今の自分を比較したことで，「絶対できるようになった自分」
に気付いたことが見取れた。　（pp.28-29）

　この実践に登場するA児は，自分が生まれたときの体重やエピソードを調べ
たとき，母親が語った「うれしかった」という気持ちに対して，「どうしてうれ
しかったのかな」と疑問を書いていた。教師の「何がうれしかったんだと思
う？」との問い返しに対しても「分かんない」という返事であった。そんなA
児が，「保育園のころ」のエピソード発表会で，他の児童の成長の中に自分の
成長を発見し「自分自身への気付き」を得ていることが読み取れる。A児は，
6年生との交流の場や，保護者を招いての「お礼の会」などを通して，さらに
周りの人への感謝の気持ちを抱くようになり，A児が書いた感謝の手紙には，
「6年生は大変です。これからは言うことを聞くようにします」「ぼくはお母さ
んに育てられているから大きくなりました。ありがとうございました」と書か
れていた。こうした記述から，A児が自分の在り方を問い直した姿を読み取る
ことができる。

3　深い学びを実現する生活科のリフレクション

　生活科におけるリフレクションの特質について，ここではサービス・ラーニ
ングのリフレクションの特質をもとに分析した。その結果，生活科の実践にお
いては，サービス・ラーニングのリフレクションの特質を踏まえたリフレク
ションが見られたが，解説では，特質 (e) や特質 (f) のリフレクションについて
は触れられていない。特質 (e) は，対象が有する課題や困難を通して，児童が
より対象との距離を縮め，対象から自分自身についての気付きを得る上で大き
な役割を果しており，また，特質 (f) は，対象への葛藤場面が，対象への思い，
自分自身と対象とのかかわりを問い直す役割を担っている。

　これらのリフレクションの特質は，いずれも児童の発達段階に配慮する必要
はあるものの，児童の気付きの質を高め，生活科の深い学びを実現する上で重
要な特質であり，今後一層の充実を求めたい。

おわりに

　生活科においては，気付きの質の高まりが深い学びと捉えることができる（7章参照）。本章では，生活科における気付きの質を高める手だてとして，「思考ツール」と「リフレクション」を取り上げたが，いずれも，教科の特質，児童の実態を踏まえて効果的に用いることで，深い学びを実現する強力なツールとなり得ることは，本章において論じてきたとおりである。

　生活科における深い学びが実現するよう，本章で論じた思考ツールやリフレクションが，今後各学校で実証的に分析され，より効果的な指導の在り方が検討されることを期待したい。

（中村仁志・加藤智）

【注】

1）　中野真志（2016）「生活科における深い学び」『初等教育資料』2016年12月号，No. 947，東洋館出版社，p.63。

2）　朝倉淳（2008）『子どもの気付きを拡大・深化させる生活科の授業原理』，風間書房，pp.66–68。

3）　中野真志（2016），前掲書，p.62。

4）　菱田尚子・野田敦敬（2011）「気付きの質を高める指導に関する研究」日本生活科・総合的学習教育学会『せいかつか＆そうごう』第18号，pp.94–95。

5）　黒上晴夫（2013）「考えることを教えたい」田村学・黒上晴夫『考えるってこういうことか！「思考ツール」の授業』，小学館，p.27。

6）　田村学（2015a）『授業を磨く』，東洋館出版社，pp.142–143。

7）　根本裕美（2013）「生活　2年生　虫むし大すき大作戦！」田村学・黒上晴夫『考えるってこういうことか！「思考ツール」の授業』，小学館，p.87。

8）　同上書，p.87。

9）　田村学（2015a），前掲書，p.140。

10）　野田敦敬（2003）「直接体験から生まれる子どもの気付き」嶋野道弘・寺尾慎一編著『生活科の授業方法——新しい評価を生かす構想と展開——』，ぎょうせい，pp.18。

11）　竹内謙彰（1999）「レディネス」中島義明ら編『心理学辞典』，有斐閣，p.898。

12）　嶋野道弘（2003）「生活科における学習の成立」嶋野道弘・寺尾慎一編著『生活科の授業方法——新しい評価を生かす構想と展開——』，ぎょうせい，p.2。

13）　根本裕美（2013），前掲書，p.87。

14）　山本宏樹（2016）「アクティブ・ラーニングのバブルを超えて」教育科学研究会編『教育』，

2016 年 11 月号，No.850，かもがわ出版，pp.43-50。

15）東畑優（2016）「現場から見た AL『騒ぎ』」教育科学研究会編『教育』，2016 年 11 月号，No.850，かもがわ出版，p.16。

16）田村学（2015a），前掲書，p. 140。

17）ジャック・メジロー，金澤睦・三輪健二（訳）（2012）『おとなの学びと変容　変容的学習とは何か』，鳳書房，p.49（訳者注）

18）同上書，p.145

19）Rogers, R,R. (2001). Reflection in Higher Education: A Concept Analysis. *Innovative Higher Education,*(26)1, p.41

20）Celio, C., & Durlak, J. (2009). Service-learning: Learning by doing for others. In T. Bullotta & M. Bloom (Eds), *A blueprint for promoting academic and social competence in after-school programs,* Springer, pp.101–118

21）Bringle, R., & Hatcher, J. (1999). Reflection in service learning: Making meaning of experience. In *Introduction to service-learning toolkit,* 2nd edition, Campus Compact, pp.83–89

22）加藤智（2016）「総合的な学習の時間を充実させる『リフレクション』に関する研究——米国サービス・ラーニングにおけるリフレクション研究をもとに——」日本生活科・総合的学習教育学会『せいかつか＆そうごう』第 23 号，p.45

23）文部科学省（2008）『小学校学習指導要領解説　生活編』，p.6

24）文部科学省（2017）『小学校学習指導要領解説　生活編』，p.10

25）田村学（2015b）「生活科・総合的な学習の時間と学力」日本生活科・総合的学習教育学会『せいかつか＆そうごう』第 22 号，p.11

26）田村学（2015c）「生活科と総合的な学習の時間によるより高次なアクティブ・ラーニングの実現」田村学・みらいの会『生活・総合アクティブ・ラーニング　子どもたちの「能力」の育成と「知」の創造を実現する授業づくり』東洋館出版社，p.15

27）文部科学省（2017），前掲書，p.74

28）同上書，p.56

29）同上書，pp.56–58

30）同上書，p.93

31）同上書，p.66

32）齋藤浩平（2017）「子供が自分事として主体的に取り組む栽培活動の一考察」日本生活科・総合的学習教育学会『生活科・総合の実践ブックレット』第 11 号，pp.22-35

33）林尚子（2010）「気付きの質を高める生活科の授業——第二学年「自分は簡単に育ってきたの？」の実践から——」日本生活科・総合的学習教育学会『生活科・総合の実践ブックレット』第 4 号，pp.22-35

9章 幼児教育から小学校教育への学びの接続
── リンクカリキュラムの開発 ──

はじめに

　2017年の『小学校学習指導要領解説　生活編』での，生活科における成果と課題の更なる充実を図ることが期待される点として，幼児教育との連携・接続にかかわる内容が，4点中2点挙げられている（下線および丸数字は筆者による）。

> ・幼児教育において育成された資質・能力を存分に発揮し，各教科等で期待される資質・能力を育成する低学年教育としてなめらかに連続・発展させること。幼児期に育成する資質・能力と小学校低学年で育成する資質・能力とのつながりを明確にし，そこでの生活科の役割①を考える必要がある。
> ・幼児教育との連携や接続を意識したスタートカリキュラムについて，生活科固有の課題としてではなく，教育課程全体を視野に入れた取り組みをすること。スタートカリキュラムの具体的な姿を明らかにする②とともに，国語，音楽，図画工作などの他教科等との関連についてもカリキュラム・マネジメントの視点から検討し，学校全体で取り組むスタートカリキュラムとする必要がある。[1]

　幼児期に育成する資質・能力と小学校低学年で育成する資質・能力とのつながりを意識したカリキュラムレベルでの接続のあり方が問われ，そこでの生活科の果たすべき役割に期待がかかっている。

　しかし，内容の取扱いでの「幼稚園教育要領等に示す幼児期の終わりまでに育ってほしい姿との関連を考慮すること」[2]では，幼児期の終わりまでに育ってほしい10の姿を小学校でのカリキュラムでどう受け継ぎ，育てるかは明確にされていない。生活科がそれにどこまでかかわってよいのか，スタートカリキュラムとの関係性からも明らかにされていない。

また，「幼児期における遊びを通した総合的な学びから<u>他教科等における学習</u><u>に円滑に移行し，主体的に自己を発揮しながら，より自覚的な学びに向かう</u>③ことが可能になるようにすること」[2]（下線および丸数字は筆者による）では，幼児期の総合的な学びから他教科等における学習にどう円滑に移行し，自覚的な学びに向かうことができるのか，その方策や自覚的な学びそのものの定義に一考の余地があると考える。

そこで，本章では上記の下線①から③に対応する課題として，以下について考究し，新たな接続期カリキュラムの提案をしたい。

① 幼児教育と小学校教育との資質・能力のつながりを意識したカリキュラムレベルでの接続のあり方やそこでの生活科の役割とは何か。

② 接続期カリキュラムにおけるスタートカリキュラムと生活科の関係性やスタートカリキュラムの具体的な姿とは何か。

③ 幼児期の総合的な学びから他教科等における学習に円滑に移行する手だてとは何か，自覚的な学びとはどういうものであるか。

Ⅰ これまでの経緯

1998年に新保真紀子らによって「小1プロブレム」[3]という言葉が提唱されるようになって以来，中央教育審議会答申において「幼稚園・保育所の教育・保育と小学校教育との連携を工夫しよう」の節で「幼稚園・保育所から小学校への接続が円滑に行われるようにするため，情報提供の充実や教育内容のいっそうの連携が求められる」[4]と明記された。

以降，「幼児教育振興プログラム」において「幼稚園と小学校が連携し，幼児期にふさわしい主体的な遊びを中心とした総合的な指導から，児童期にふさわしい学習等への指導を円滑にし，一貫した流れを形成することが重要」とされ，「幼稚園教育と小学校教育との間で円滑な移行や接続を図る観点に立って，幼稚園と小学校の連携を推進する」[5]とされ，全国で指定校研究が行われてきた。1999年から2001年にかけては東京都中央区立有馬幼稚園・小学校にて秋田喜代美監修の下，幼小連携のカリキュラムづくりが行われた。[6]また，横浜市にお

いては，1995年からすでに幼保小連携に取り組んでいる。[7]

秋田喜代美は，2006年に「5歳後半の時期を接続期前期として，保育の質の更なる深まりを検討すること，小1初めの時期や低学年を接続後期として，両者の接続期を，活動内容，活動集団の組織の仕方，環境設定，教師のかかわりなどを幼小両者の教師が意識してみることが大事」[10]と述べている。このあ

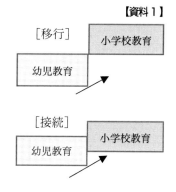
【資料1】

たりから「接続期」という言葉が使われるようになっている。

連携や接続，移行という用語について，木村吉彦は「連携とは同じ目的を持つ者が互いに連絡を取り，協力して物事を行うこと」[8]と述べている。また，「接続」は「つなぐこと・つなげること」であり，「移行」は「（制度などが）うつりゆくこと」としている。横井紘子は，「接続」について「『移行』と言った場合には幼稚園と小学校の間にカリキュラムのつながりはなく，両者間には大きな段差があることを示す。対して，幼児教育と小学校教育との『接続』と言った場合には文字通り幼児教育と小学校教育がつながるまたは続くといったイメージになる。『接続』と言った場合には，幼児教育と小学校教育のカリキュラムの一部がつながり，『移行』の場合よりも段差が多少なりとも低く抑えられることになる。資料1のようにカリキュラムの接続面，つまりつながる部分が大きくなればなるほど，従来あった大きな段差はより低いものになっていくのであり，なめらかな『接続』が実現することになる。しかし，『接続』の理念的在り方は以上のように提示されるもののどのように段差を低くすればよいのか，実際にカリキュラムをどうつなげればよいのか等，実践における具体的方策は見えにくい」[9]と課題を指摘している。

以上のように，幼児教育側からの「連携」やカリキュラムレベルでの「接続」の必要性は指摘されているものの，実際には幼小間での意識のずれは大きく，具体的な取り組みにまで至っていないことが問題となっていたのである。

Ⅱ　スタートカリキュラムの登場

　2008年の『小学校学習指導要領』の内容および内容の取扱いの改善で「幼児教育との接続の観点から……入学当初のカリキュラムをスタートカリキュラムとして改善することとした」[11)]とあり，幼児教育との接続を意識したスタートカリキュラムの開発が求められることとなった。

　スタートカリキュラムの定義は，文部科学省発行のスタートカリキュラムスタートブックによると，「小学校に入学した子どもが，幼稚園，保育所，認定こども園などの遊びや生活を通した学びと育ちを基礎として，主体的に自己を発揮し，新しい学校生活を創り出していくためのカリキュラム」[12)]とある。

　この学習指導要領の内容の取扱いでの前半部分は，「生活科を中核として，国語科，音楽科，図画工作科などの内容を合科的に扱い大きな単元を構成することが考えられる。……大単元から徐々に各教科に分化していくスタートカリキュラムの編成」[13)]と，主に学習面での合科的・関連的な指導について謳っている。そして後半では，「総合的に学ぶ幼児教育の成果を小学校教育に生かすことが，小１プロブレムなどの問題を解消し，学校生活への適応を進める」や「『明日も学校に来たい』という意欲をかき立てる」[14)]と，幼児教育との接続の意義を訴えている。

　一方で，無藤隆は「幼児教育の成果を受け，生活科は，それを小学校で学ぶ力へと変換する中核的教科である。しかし，ほとんどのスタートカリキュラムが適応指導に留まっており，その質に問題がある」[15)]と述べ，現状のスタートカリキュラムが適応指導に偏っていることを指摘している。この点について，実際にスタートカリキュラムとして取り組まれた実践から分析考察していきたい。

1　東京都北区立梅木小学校　「わくわくドキドキカリキュラム」

　資料２は2011年の東京都北区立梅木小学校の入学式後２週目のスタートカリキュラムである。１週間ほとんどの時間の内容が15分モジュールで細かく計画され，生活指導，仲間づくり，学習指導で自在に組み合わされている。１時間の学習は３教科，２教科，単一教科と様々であるが，単一教科であっても学

習内容は1時間に3つ設定されている。

　和田信行は，このカリキュラムの有効性を「生活する力」「かかわる力」「学ぶ力」[16]の3つの観点で2学級の児童への観察記録法によって検証し，どの値も5週間後には全て上昇したことを明らかにしている[17]。なお，カリキュラムの効果は学級によって差が見られ，特に1組で顕著な効果が見られた。入学直後の様子は1組が落ち着かず，2組は穏やかで温かい雰囲気であったという。

2週目　4月12日～4月16日　　　　　　　　　　　　　　　　【資料2】

		12日(月)	13日(火)	14日(水)	15日(木)	16日(金)
朝		対面式に参加	紙芝居〜読み聞かせ〜	手遊びで和む ♪お店屋さん	紙芝居〜読み聞かせ〜	児童集合に参加
1時間目		生活 学校探検工程②	生活 学校探検ランチルーム	生活 学校探検屋上	生活	算数 もうじゅうがりゲーム
		生活 春,見つけ 桜の花で遊ぼう	行事 歯科検診	生活 楽しい学校 空に○を描こう	音楽 楽しく歌おう「さんぽ」「校歌」	算数 仲間作りゲーム
		図工 花を貼ろう,描こう		図工 チョークで○を書こう		算数 出てきた数字
2時間目		国語 鉛筆の持ち方	行事 心臓検診	算数 教科書を見てみよう	学活 おかしもの約束	国語 ひらがな「く」
		国語 名前を鉛筆で書く。		算数 なかまをつくろう	学活 防災頭巾のかぶり方	国語 「うれしいひ」③
		国語 名前の名刺を作ろう	音楽 楽しく歌おう「さんぽ」	算数 仲間作りゲーム	行事 ひなんくんれん	音楽 楽しく歌おう「さんぽ」
3時間目		図工 名刺に絵を書こう	国語 ひらがなの練習帳	国語 ひらがな「つ」	国語 ひらがな「へ」	生活 2年生「はじめまして」
		図工 紙に色をぬろう	国語 ひらがなを書く「し」	国語 教科書を見てみよう	国語 「うれしいひ」②	生活 交流ゲーム
		生活 楽しい学校 名刺の交換をしよう	算数 仲間作りゲーム	国語 「うれしいひ」①	国語 くまの絵本読み聞かせ	生活 グループで自己紹介
4時間目		学活 給食について(栄養士)	学活 当番の仕事 白衣の着方	学活 持ち方 白衣のたたみ方	図工 春の塗り絵をしよう	生活 あのねカードの書き方
		学活 給食の食べ方	学活 配膳の仕方	学活 食器の置き方	学活 当番の仕方	生活 カードに書こう
		学活 身支度 約束 片付け方	学活 片付けの順序	学活 牛乳パックのたたみ方	学活 食器の置き方 片付け	学活 食事のマナー
5時間目			生活 学校保健 図書室			行事 交通安全教室 通学路の歩き方
			国語 読み聞かせ			
			国語 絵本を読もう			

9章　■　幼児教育から小学校教育への学びの接続　155

この結果から，1組のようないわゆる小1プロブレムの状況が見られる学級には，このカリキュラムはかかわる力を高めるのに有効であったといえよう。落ち着きのなさは，子供同士が不安で周囲の子供とどうかかわってよいか分からずに起きていた現象ともいえる。

　この結果は，カリキュラムの効果が学級の実態によって左右されることを示している。児童の実態に加え，教師のカリキュラムに対する考え方や取り組み方によってもその効果は異なってくるだろう。つまり，計画では同じことに取り組むことになっていても，カリキュラムの内容が複雑になればなるほど，教師の資質・能力に強く影響を受ける。したがって，スタートカリキュラムをクラス毎に実施すれば，学年全体で実施するときに比べ，その効果には顕著な差が出ると考えられる。

2　山口県　「スタートカリキュラム」

　2014年に，山口県教育庁義務教育課が提案したスタートカリキュラムの事例がある。幼児教育長期研修派遣教員（幼稚園で1年間研修を行った小学校の教員）が幼児期の教育と小学校教育の接続を意識して取り組んだ実践事例である。

　同県のスタートカリキュラムの特色を整理すると，まず，資料3のように生活科と他教科との関連を図っている。[18]

【資料3】

他教科との関連は，資料4のスタートカリキュラムの実際からも読み取ることができる。生活科の学校探検の学習を国語や算数や図工等の教科学習に関連させることが意識されている。また，入学から3週間，毎日1時間目に体育館に集合して行われる学年合同「なかよしタイム」も特徴的である。45分間を3つないし2つに分けた15分から20分モジュールで国語，音楽，学活，体育などとの合科的な指導を入れた，いわゆる仲間づくりの時間である。[19]

　指導体制にも特徴が見られる。学年合同で各担任や養護教諭，支援学級担任，管理職等の複数の教員で指導することで，学校全体でスタートカリキュラムについての共通理解を図ることができ，きめ細かい支援や多くの教師に見守られているという安心感を与えることもできる。

【資料4】 スタートカリキュラム　第2週　「はじめまして　ともだち」

	15日(月)	16日(火)	17日(水)	18日(木)	19日(金)
朝の活動 8:15～8:40	・登校してきた子どもから自分の持ち物の整理整とんを行う。できた子どもから自由あそびをする。 ・席について朝の健康観察を行い，並んで体育館に移動する。				
① 8:40～9:25	な　　か　　よ　　し　　タ　　イ　　ム				
	(音)歌	(音)歌	(音)歌	(音)歌・リズム遊び	(音)歌,リズム遊び
	(体)ゲーム	(体)体操	(体)体操		
	(国)読み聞かせ	(国)名刺交換,読み聞かせ	(国)名刺交換読み聞かせ	(国)読み聞かせ	(国)読み聞かせ
② 9:30～10:15	(生)学校探検先生と一緒に1階探検	(生)学校探検先生と一緒に2階・3階探検	(生)学校探検先生と一緒に図書室の探検	(生)学校探検先生と一緒に特別教室探検	(生)学校探検みつけたよ発表会
③ 10:35～11:20	(国)みつけたよみんなにつたえよんじをかこう	(体)ゆうぐあそびならびっこかけっこ	(算)かずとすうじ	(算)かずとすうじ	(国)みつけたよじをかこうみんなにつたえよん
④ 11:25～12:10	(生)めいしをつくろう	(算)かずとすうじ	(音)校歌うたでさんぽ	(道)いつでもどこでも	(算)かずとすうじ
	(学)給食準備	(学)給食準備	(学)給食準備	(学)給食準備	(学)給食準備
⑤ 14:05～14:50	(生)めいしをつくろう	(図)すきなものいっぱい・えをかこう	(国)自己紹介名刺交換(お家の人と)	(国)じをかくしせいじのれんしゅう	(図)すきなものいっぱい・えをかこう
	(学)下校準備				(学)下校準備

以上２つのスタートカリキュラムの例を挙げた。「学校生活への適応」ということを考え，15分モジュールで合科的な指導や幼稚園でもやってきた内容を取り入れ，安心感をもたせるといった工夫や取り組み方は非常に意義あるものと考えられる。しかし，そのことにあまり囚われすぎると生活科を核とした合科的・関連的な指導による学習への円滑な接続や他教科への円滑な移行というねらいが希薄になる印象は否めない。そもそも適応指導は生活科のねらいの中にも存在はするが，生活科の学習本来のねらいではない。「なかよしタイム」は生活科以外の教科で成立するのである。

　次節では，スタートカリキュラムに求められる円滑な接続・移行について検討する。

III 接続期カリキュラム

　2017年の学習指導要領改訂では，スタートカリキュラムの趣旨はそのままに，幼児教育から小学校教育への子供の資質・能力をどうつなぎ，育てていくかを課題にしている。そのきっかけは，スタートカリキュラムも含めた「接続期カリキュラム」の提案であろう。2012年，横浜市教育委員会が幼児教育の最終段階におけるカリキュラムを「アプローチカリキュラム」[20]とし，スタートカリキュラムと合わせたほぼ７ヶ月のカリキュラムを文部科学省は「接続期カリキュラム」[21]と名付けた。

　木村吉彦は「幼児期から児童期への発達の継続を大切にし，その『連続性に基づくカリキュラム作成』，つまり登校意欲を高めることで学習意欲の高まりまでつなげるカリキュラムづくりによって，新入児童の『適応』を促すのが『接続期カリキュラム』である」[22]と述べている。木村は，長野県茅野市の接続期カリキュラムを，「生活する力」「かかわる力」「学びの力」という３つの観点で整理し，幼児期の小学校へつながる保育・教育内容をアプローチカリキュラム，入学期の幼稚園・保育園とつながる教育内容をスタートカリキュラムとして作成している[23]。それは，子供の育ちや学びを具体的な行動内容で表しており，幼児期にはここまで，小学校ではそれを踏まえてどこから指導をしていけばよ

いかを分かりやすく示したものである。

1　学びの接続　—学びの芽生えから自覚的な学びへ—

　無藤隆は，「学びの芽生えは，小学校低学年で育つ『自覚的な学び』の土台になります。自覚的な学びとは，先生が与える課題に興味をもち，自分の課題として受け止め，『解いてみたい』という意欲をもって学ぶことです。……小学校での学びは，中学校や高校，大学，そしてその後の人生へとつながっていきます。その出発点になるのが幼児教育である……」[24]　と，幼児教育をスタートとする，人生を構築するための学びの接続を意識することの重要性を強調している。

　和田信行はスタートカリキュラムの作成に当たり「学びの連続性を確保していく必要がある」[25]と述べている。また，高知県教育センターでは，2011・2012年度研究報告書の中で，資料5のように接続期を5歳児の9月から小学校入学後5月末ごろとしている。その中で幼児期をアプローチカリキュラムで，小学校入学からスタートカリキュラムで子供の学びを「学びの芽生え」から「自覚的な学び」へとつなぎ，学びのつながりを重視している。[26]

【資料5】[27]

保幼小接続期カリキュラム	
保育所・幼稚園　5歳児の9月頃〜3月まで **アプローチカリキュラム**	**小学校**　4月入学〜5月末頃まで **スタートカリキュラム**
○幼児期における遊びの中の学びが、小学校の学習や生活に生きて働くことができるように工夫された保育所・幼稚園の年長児後半のカリキュラム	○保育所や幼稚園から小学校へ入学した子どもたちが、小学校の生活や教科の学習にスムーズに適応していくことを目指して編成されたカリキュラム
【学びの芽生え】 　学ぶというのを意識しているわけでなく、楽しいことや好きなことに集中することを通して様々なことを学んでいく。	**【自覚的な学び】** 　学ぶということについて意識があり、集中する時間と休息等の区別がつき、与えられた課題を自分のこととして受け止め計画的に学習を進めることができる。
保幼小連携から保幼小接続期カリキュラムへ	

　ここで，「学びの芽生え」と「自覚的な学び」についての考え方を資料6に

まとめた。

　幼児期の学びの芽生えについては，ほぼ共通の解釈がされており，遊びの中での様々な体験を通した学びのことである。

　自覚的な学びについては，「学ぶということについての意識があり，……課題を自分の課題として受け止め，計画的に学習を進めること（学んでいくこと）」という点で文部科学省，福岡市教育センター，兵庫県教育委員会3者がほぼ一致している。福岡市教育センターは，「計画的に学習を進めること」を「計画的に学んでいくこと」とし，その姿を「自ら課題をとらえ，主体的に活動し，……必要な知識・技能や思考力・判断力・表現力を身に付けていくこと」と具体的に説明している。

　2017年の『小学校学習指導要領解説　生活編』によれば，小学校入学当初に大切にしたいこととして「幼児期における遊びを通した総合的な学びから他教科等における学習に円滑に移行し，主体的に自己を発揮④しながら，より自覚的な学びに向かう⑤ことが可能となるようにすること」[28]があげられた。

【資料6】

	学びの芽生え	自覚的な学び
「幼児期の教育と小学校教育の円滑な接続の在り方について（報告）」文部科学省H22年11月	学ぶことを意識しているわけではないが，楽しいことや好きなことに集中することを通じて，様々なことを学んでいくことであり，幼児期における遊びの中での学びがこれに当たる。	学ぶということについての意識があり，集中する時間とそうでない時間（休憩の時間等）の区別がつき与えられた課題を自分の課題として受け止め，計画的に学習を進めることであり，小学校における各教科等の授業を通した学習がこれに当たる。
「学びの芽生えと自覚的な学びをつなぐ幼稚園教育，生活科学習指導の在り方」福岡市教育センターH27年度	幼児が学んでいることを意識してはいないが，遊びや生活の中で，楽しそうなことや興味や関心があることに主体的にかかわり，幼児自身が遊びを発展させていく姿のことである。具体的には，幼児が主体的にかかわる遊びの中で，試したり，工夫したり，思考を巡らせたり，想像力を働かせたりしながら，目的や計画を持って遊ぶことである。	小学校入学後，児童が時間割に沿った1日の流れの中で学んでいるということを意識するとともに，自分なりの課題を見つけ，計画的に学んでいくことである。具体的には，児童が教師の適切な支援を受けながら，自ら課題をとらえ，主体的に活動し，課題解決のために必要な知識・技能や思考力・判断力・表現力を身に付けていくことである。
「幼児期と児童期の『学び』の接続の推進に向けて」兵庫県教育委員会H26	学ぶことを意識していないが，楽しいこと好きなことに集中することを通じて，様々なことを学んでいくこと（無自覚な学び）	学ぶことについての意識があり，与えられた課題を自分の課題として受け止め，計画的に学習を進めていくこと

主体的に自己を発揮するとは，「新たな環境の中で，進んで自分らしさを表出し，自分の持っている力を働かせること」であり，より自覚的な学びに向かうとは，「学ぶということについての意識があり，集中する時間とそうでない時間の区別が付き，自分の課題の解決に向けて，計画的に学んでいくこと」[29]とされている。

　学びの芽生えとは子供の内面のことであり，自覚的な学びとは，めざした結果の姿である。今まで無自覚に学んでいたこと，それは子供の中に芽生えた自然や社会，ものごとに対する気付きや疑問，あるいは知識・技能であったのだろう。それを小学校教育では引き出し，関連づけ，深めさせ，発展させていく。そのつなぎ役として大きな役割を果たすのが生活科である。

　つまり，幼児期に芽生えてきた学びを表出化させ，言語化し，可視化して初めて自覚できるわけであるから，自覚的な学びというよりは「学びの自覚化」と表現した方がよいかもしれない。自覚的な学びとは，ここでは，理想的な子供の学びに向かう姿勢を表現しているだけであり，学びの芽生えからの本質的な学びのつながりをさすものではない。

　したがって，生活科で育てる自覚的な学びとは，あらゆる人・物・こととの対話を通して，自ら気付き理解することのできる，主体的で深い学びととらえることができる。

2　資質・能力のつながりを明確にしたカリキュラム作り

（1）　リンクカリキュラムの開発

　幼稚園教育要領改訂で提案された「幼児教育の終わりまでに育ってほしい10の姿」[30]を小学校低学年で育成する資質・能力とのつながりを明確にした上でカリキュラム作りをし，そこでの生活科の役割や単元構想を提案したいと考えた。名付けて「リンクカリキュラム」である。リンクカリキュラムの「リンク」とは「つながり」を意味するものである。筆者は木村吉彦の茅野市の例を参考にし，「生活する力」「かかわる力」「学ぶ力」[31]の3観点でリンクカリキュラムを作成した。リンクカリキュラムの構造は資料7のようになる。

　資料8は，リンクカリキュラムの教育内容である。幼児教育の終わりまでに

【資料7】

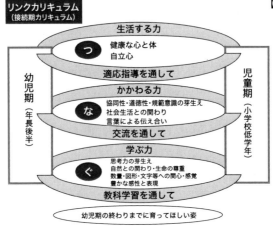

【資料8】

領域		項目	【アプローチカリキュラム】(5歳幼児期)	【スタートカリキュラム】(小学校1年生)
	幼児期の終わりまでに育ってほしい姿		小学校へつながる保育・教育内容 (10月～3月)	幼稚園・保育園とつながる教育内容 (4月～7月)
生活する力	健康 健康な心と体	食事	・一定時間内(30分)で食べられるようにする ・食事のマナーが身に付くようにする ・食への感謝の気持ちを持てるようにする	・各自が食べられる量を知り、決められた時間内で食べられるようにする ・食事のマナーを守って食べられるようにする ・食への感謝の気持ちを持って好き嫌いなく食べられるようにする
		排泄・衛生	・先を見通してトイレに行ったり、決められた時間に行けるようにする ・自分で排泄の始末、手洗い、手拭きができるようにする ・和式トイレについてもやり方を知らせる ・手洗い、うがいができるようにする	・決められた時間にトイレを済ませられるようにする ・和式トイレにも慣れ、使用後の始末をきちんとできるようにする ・日常的に手洗い、うがいができるようにする
		運動体験	・十分に体を動かせるようにし、諸感覚を使って様々な運動遊びに挑戦させる【うんてい、鉄棒、縄跳び(短なわ、長なわ)、マット運動、跳び箱、リズム遊び等】 ・個の遊びから、集団での協働的な遊びに広げていく ・ルールを守って集団遊びをする楽しさを味わわせる【ドッジボール、鬼ごっこ、リレー等】	・体育で集合・整列などの集団行動ができるようにする ・幼保育園での運動体験を生かし、様々な体つくり運動に挑戦させる ・ルールを守って、遊具遊びや集団遊びを楽しむことができるようにする
		自立心 時間の意識	・1日の始まりを大切にし、その日の生活や活動に見通しをもって、自主的な生活が送れるようにする ・表示や言葉がけを工夫して、時間を意識した活動ができるようにする	・朝の会を大切にして、その日の生活や活動に見通しをもって、自主的な生活が送れるようにする ・提出物や連絡帳などは朝の会で出すことを徹底させる ・初めは絵や図で表した予定表や日課表で、徐々に文字のものに慣れさせ、チャイムを意識した生活ができるようにする

かかわる力	人間関係				
			身辺整理	・ハンカチ, ティッシュをポケットに入れて, 随時使用させる ・身辺整理ができるようにする ・脱いだ靴をそろえさせる ・ほうきや雑巾を使った掃除の仕方を知らせる	・机, ロッカー, 靴箱等の使い方や整理整頓の仕方を知り, 自分で気を付けられるようにする ・園での経験を生かし, 自分たちで清掃する意欲を大切にし, 徐々に掃除の仕方や清掃道具の使い方にも慣れさせる ・着替え(体操服, 白衣)の仕方を知らせ, 自分でできるようにする
		共同性	友達や人とのかかわり	・集団遊びの楽しさが分かり, 仲良く遊べるようにする ・思いやりの気持ちをもって, 異年齢の友達とふれ合えるようにする ・目標に向かって, 友達と協力してやり遂げようとする姿勢を大事にする ・担任や周りの大人から認められたり, 友達と認め合ったりする関係の中で自尊感情を高めさせる	・隣同士や小グループでの活動を大切にし, 行動する人数を徐々に増やし, 集団活動に慣れさせていく ・集団ゲームを通して新しい友との関係を作ったり, お互いのよさを認め合ったりできるようにする ・当番や係活動を通して, 自分の役割を自覚させ, 人の役に立つ人になろうという気持ちをもたせる ・担任や周りの大人から認められたり, 友達や上級生から認められたりするかかわりの中で, 自尊感情を高めさせ, 意欲的に生活していこうという気持ちをもたせる
		規範意識の芽生え	マナーやきまり	・自分から元気に挨拶ができるようにする【おはようございます, こんにちは, さようなら, おやすみなさい等】 ・元気よく「はい」の返事ができるようにする ・生活に必要な挨拶をしたり, 感謝の気持ちを言葉で伝えたりできるようにする【ありがとう, ごめんなさい, いただきます, ごちそうさま等】 ・"してよいこと""よくないこと"に気付かせ, 集団を意識して生活できるようにする ・共同の物を譲り合って使えるようにする ・みんなで使う物を大切にするようにする ・使った物の整理整頓, 片付けをできるようにする ・約束事の意味が分かり, ルールを守ろうとすることができるようにする	・自分から進んで元気な挨拶ができるように【おはようございます, こんにちは, さようなら, おやすみなさい等】 ・相手を見て, 元気よく「はい」の返事ができるようにする ・生活に必要な挨拶をしたり, 感謝の気持ちを言葉で伝えたりできるようにする【ありがとう, ごめんなさい, いただきます, ごちそうさま, はいどうぞ等】 ・個人の物, みんなで使う物を区別し, 大事にさせる ・"してよいこと""よくないこと"に気付き, 考えながら行動できるようにする ・行事での集団行動・移動・整列の仕方について知らせる 集団行動のきまりや約束を守って生活できるようにする
		社会生活との関わり	園内外の人・もの・こととのかかわり	・安心できる保育者等との関係の中で, 身近な人や友達に親しみをもってかかわれるようにする ・困ったこと, してほしいことを言葉で伝えられるようにする ・自尊感情が得られるよう, よさを認める活動を大事にする ・担任との安心できる関係の中で, 信頼関係を深める ・地域の方や小学生, 中学生など, いろいろな人との交流の場をもつ	・安心できる教師等との関係の中で, 身近な人やともに親しみをもってかかわれるようにする ・困ったこと, してほしいことを言葉で伝えられるようにする ・個々の児童のよさを認め, 自尊感情を育てる ・その子の思いや願いを感じ取り, 受け止める ・遊びを通して子供理解に努め, 信頼関係を育む ・地域の人や幼保育園児, 上級生と楽しくかかわれるようにする

				左	右
		言葉による伝え合い	聞く・話す・伝える	・元気よく「はい」の返事をできるようにする ・感謝の気持ちをもち，その気持ちを伝えられるようにする ・困ったこと，してほしいことを自分の言葉で伝えることができるようにする ・相手の話に関心をもち，話す人を見て最後まで話を聞くことができるようにする ・大勢の前で話すことができるようにする ・言葉でのやり取りを通して，気付きや思いを深められるようにする	・元気よく「はい」の返事をできるようにする ・感謝の気持ちをもち，その気持ちを伝えられるようにする ・言葉にできないでいる子への個別のかかわりを大事にする ・相手の話に関心をもち，話す人を見て，最後まで姿勢よく話を聞くことができるようにする ・適切な声の大きさで話す，話す人を見て話を聞くなど，言葉に関する指導を大事にする ・言葉でのやり取りを通して，気付きや思考を深められるようにする
学ぶ力	環境言葉表現	思考力の芽生え	気付き・考え・試す	・さまざまな遊びや自然体験の中で興味をもったことに進んでかかわり，気付きや思考を深めたり，やってみようと決めたことにチャレンジできるようにする	・これまでの遊びや体験を踏まえ，気付きや思考をさらに深めたり，新たなことにも目を向けさせ，気付いたり，思考したり，チャレンジしたりすることができるようにする
		自然との関わり・生命の尊重	飼育・栽培活動 自然体験	・身近な自然や動植物に興味・関心をもってかかわれるようにする ・身近な自然や動植物にかかわる感動体験を多くもてるようにする ・自然の中での遊びを個から集団での協働的な遊びに広げていく ・経験したことをもとに遊びを工夫することができるようにする（ごっこ遊び等） ・諸感覚を使って遊べるようにする	・身近な自然や動植物に主体的にかかわれるようにする ・身近な自然や動植物にかかわることによって得られる感動体験から自然の大切さや命の大切さを感じ取るようにする ・これまでの自然体験や遊び，飼育栽培経験をもとに学習活動につなげていく
		数量・図形・文字等への関心・感覚	形を取り入れた遊び 文字・数色・	・生活や遊びの場面で文字や数にふれ，興味をもつことができるようにする ・数えたり，比べたりして遊ぶ経験をさせる ・生活や遊びの中で色や形，大きさなどの違いに気付くようにする ・色や形を楽しむことができるようにする ・自分の名前を読み書きできるようにする ・ひらがなの読み方に興味をもつことができるようにする ・数量の感覚が分かるようにする	・生活・学習場面で人やものの数を数える活動を大事にする ・生活・学習場面で文字や数にふれ，具体的操作活動を通してその意味や書き方を知らせ，使い方が分かるようにする ・ものの色や形への興味関心を生かした活動を通して色や形の感覚をもつようにする ・絵を見ながらお話をしたり，言葉遊びをしたりすることを通して言葉（音声言語）に慣れ親しむようにする
		豊かな感性と表現	創作・表現活動	・簡単な制作活動で材料，用具の経験（紙，木，土，砂，はさみ，のり，テープ等）をさせる ・劇や合奏，造形など多様な表現活動を経験させる ・歌やリズムを楽しみ音楽に親しむようにする ・表現したくなるような感動体験（実際に見たり，聴いたり，触れたり，など）を多くさせる	・紙，木，土，砂，水など豊かな材料を使った制作活動を経験させる ・はさみ，のり，テープなどの用具の特性や扱い方を知らせる ・劇や合奏，造形など多様な表現活動を深めるようにする ・歌やリズムを楽しみながら音楽への関心を深めるようにする

木村吉彦『育ちと学びをつなぐ「幼保小連携教育」の挑戦　実践接続カリキュラム』ぎょうせい，2016年，pp.64-69を参考に作成

【資料9】

リンクカリキュラム（資質・能力編）					
幼児期			小学校低学年		
アプローチカリキュラム			スタートカリキュラム		
領域		幼児期の終わりまでに育ってほしい姿	項目	教科名	育てたい資質・能力
生活する力	健康	健康な心と体	食事	適応指導（学活）	学びに向かう力・人間性等
			排泄・衛生		
			運動体験	体育	
		自立心	時間の意識	適応指導（道徳）	
			身辺整理		
かかわる力	人間関係	共同性	友達や人とのかかわり		
		規範意識の芽生え	マナーやきまり		
		社会生活との関わり	園内外の人・もの・こととのかかわり	生活科	思考力・判断力・表現力の基礎／知識・技能の基礎
		言葉による伝え合い	聞く・話す・伝える		
学ぶ力	環境・言葉・表現	思考力の芽生え	気付き・考え・試す		
		自然との関わり・生命の尊重	自然体験 飼育・栽培活動	国語	
		数量・図形・文字等への関心・感覚	文字・数・色・形を取り入れた遊び	算数	
		豊かな感性と表現	創作・表現活動	音楽	
				図工	

育ってほしい10の姿に照らし合わせ，茅野市の項目内容について整理した。また，一つ一つの教育内容を幼児期から入学期へとつながるように見直し，レベルアップさせるようにした。

さらにカリキュラム・マネジメントの視点で，幼児教育で育ててきた資質・能力を小学校低学年教育のどの教科でどうつなぎ，育てることができるのかを考え，資料9のように図示した。これらの資質・能力は小学校の各教科を通して「学びに向かう力・人間性等」「知識・技能の基礎」「思考力・判断力・表現力の基礎」として育ってくる。そして，いずれの資質・能力を育てることにもかかわってくるのが生活科なのである。

(2) 資質・能力のつながりを意識したスタートカリキュラムの提案

　幼児教育で育ってきた資質・能力は生活科を核としたスタートカリキュラムで小学校で育てたい資質・能力にどうつながるのかを学校探検の単元構想に表

【資料10】

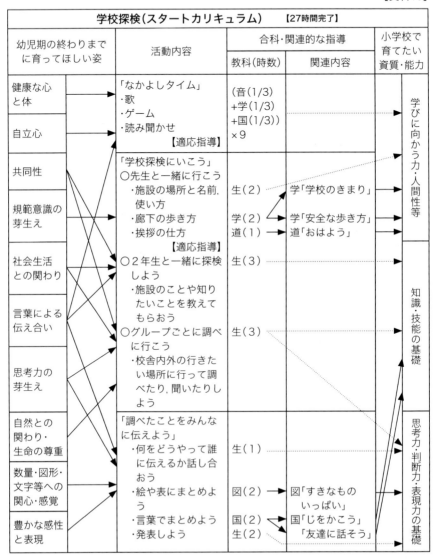

し，資料 10 のように生活科の役割を明らかにした。ここでは，時数や関連教科，内容，適応指導の扱いも明確になっている。これを参考に生活科を担当する教員が幼児教育とのつながりを意識しながらスタートカリキュラムを作成することが肝要であろう。

Ⅳ まとめ

1 生活科の役割

野田敦敬は 2017 年の学習指導要領改訂について，「低学年はもとより，幼児教育から小学校中学年教育の中核にも生活科が据えられている。しかし，中学年にも幼児教育にも，同学年で展開される他の教科等にも関連させることを考えすぎると，例えば，生活科を餅に例えれば，あちこちに引っ張られてどんどん伸びていって，肝心の真ん中が薄くなってしまわないかと心配である。まずは，生活科学習独自の特質の充実を図ることに重点をおいてほしい」[32]と生活科本来の学習を重視することを強調している。

今一度生活科の役割について考えると，「幼小の接続」においても「スタートカリキュラム」においても「学びの連続性」においてもどこを切っても真ん中に生活科の顔が金太郎飴のように出てくる。生活科が幼児教育と小学校教育をつなぐ不可欠な教科となっている。その役割は，幼児期の「学びの芽生え」をしっかり受け継ぎ，生活科の授業の中でそれを引き出し，思考と結びつけ，表現させることで自覚化させ，「自覚的な学び」または「深い学び」にすることである。

生活科は児童の学びをつなぎ，目覚めさせるという大役を担っている。「学びの接続」とはまさに生活科の果たすべきところである。ここでいう「学び」とは，無藤隆のいう「幼児期に育ってくる非認知的能力（社会情動的スキル・学びに向かう力や姿勢）」[33]も含んでいる。全ての資質・能力を生活科で育てることは不可能である。だが，生活科がそのきっかけであり，要となっていることは間違いないだろう。

2　スタートカリキュラムと生活科の関係

　様々なスタートカリキュラムの事例を基に考察をしてきたが，スタートカリキュラムと生活科との関係を明らかにするために，以下の3つのパターンを仮定した。

　A　スタートカリキュラム＜生活科
　B　スタートカリキュラム＝生活科（適応指導）
　C　カリキュラム・マネジメント＞スタートカリキュラム＞生活科

　2008年の学習指導要領改訂でイメージされていたスタートカリキュラムは，Aパターンであっただろう。しかし，学校現場では，Bパターンと受け止められる傾向が高かったようである。そして，2017年の学習指導要領改訂は，Cパターンを想定していると考えられる。

　初めは，小1プロブレムへの対策，幼児教育との接続と言えば，生活科で取り組めばよい，元々学校探検という単元もあるではないか，入学当初の児童への対応を考えたものであるのだから，という発想であろう。ここまでがAパターンである。しかし，その後の様々な解釈の下，スタートカリキュラムは様々に形を変え，学校現場に広がってきた。その中には，スタートカリキュラムのねらいである「小学校生活への適応」を達成するための適応指導として，生活指導，仲間づくり，ソーシャルスキルトレーニングを前面に出したものも多く見られた。生活科の目標にある「生活上必要な習慣や技能を身に付ける」という趣旨からは外れてはいないことになるわけだが，カリキュラムはもちろん単元構想や指導案にまでそこを強調されると，適応指導に偏っていると言われざるを得ない。

　「生活科を中核にして」という意味もよく理解されていない。生活科を中核にするとは，スタートカリキュラムに生活科を入れて，生活科で何でもやらせればよいという意味ではない。資料3の山口県のように生活科の単元名が中心にあり，その内容から他教科への関連を考えた全体的な単元構想を指すのである。このような発想でカリキュラムが作られていくのだろう。Cパターンである。

今後は，適応指導と生活科の学習との混同を避けなければならない。小学校への適応指導としての生活指導や仲間作り，ソーシャルスキルトレーニングなどは，学級活動や道徳として行うべきである。これらをスタートカリキュラムの最初に据えるのは大切なことであるが，これこそが生活科の授業と理解されるようなことは避けたいところである。

　生活科の目標や手だてがあり，それは開設以来ゆるぎのないものである。2017年の学習指導要領改訂では，スタートカリキュラムのあるべき姿を明確にすると同時に生活科は生活科としての本来の姿を見失なってはならない。その上でのスタートカリキュラムであり，カリキュラム・マネジメントであると捉える。

おわりに

　2016年度に筆者が愛知県K市の幼稚園および保育所の園長・主任レベルの教職員，小学校の低学年担当の教員を対象に行ったアンケート調査では，小1プロブレムを知らない教職員はほとんどいなかったが，アプローチカリキュラムを知らない教職員は，幼稚園で3％，保育園は23％であった。さらに，スタートカリキュラムを知らない小学校の教員は83％にのぼった。

　このような状況を踏まえると，まずは幼稚園や保育所，小学校の教職員が集まり，一緒にカリキュラムを作成することが求められる。その際に，本章で提案した「リンクカリキュラム（教育内容編）」「リンクカリキュラム（資質・能力編）」「学校探検（スタートカリキュラム）単元構想」を活用することでお互いの取り組みを理解し，子供の学びをどうつなげるか，どうつながっていくべきかの議論を進める資料としていただければ幸いである。

　今回作成したリンクカリキュラムは，作成そのものが目的ではない。今後も常に改良を重ね，実態に合ったより使いやすいカリキュラムを開発していくことが求められるだろう。

（神谷裕子）

9章 ■　幼児教育から小学校教育への学びの接続

【注】

1) 文部科学省 『小学校学習指導要領解説　生活編』2017 年, p.6

2) 同上書, p. 61

3) 新保真紀子『小１プロブレムに挑戦する』1998 年　明治図書

4) 中央教育審議会 「新しい時代を拓く心を育てるために――次世代を育てる心を失う危機――（答申）　1998 年

5) 幼児教育の進行に関する調査研究協力者会合「幼児教育の充実に向けて――幼児教育振興プログラムの策定に向けて――（報告）」2001 年

6) 秋田喜代美 「幼小連携のカリキュラムづくりと実践事例」2002 年　小学館　p.40

7) 渡辺研 「幼児教育と小学校をどうつなげていくか」『教育ジャーナル』2012 年 10月号特集　p.11

8) 木村吉彦 『「スタートカリキュラム」のすべて――仙台市発信・幼小連携の新しい視点――』 ぎょうせい　2010 年　p.5

9) 横井紘子 「幼小連携における『接続期』の創造と展開」『お茶の水女子大学子ども発達教育研究センター紀要』第 4 号　2007 年　pp.46–47

10) 秋田喜代美 「接続期の遊びと学び」 全国国公立幼稚園長会『幼稚園時報』2006 年

11) 文部科学省 『小学校学習指導要領解説　生活編』 2008 年 p.7

12) 文部科学省 スタートカリキュラムスタートブック 2015 年 p.2

13) 前掲書 11) p.45

14) 前掲書 11) p.45

15) 無藤隆 日本生活科・総合的学習教育学会第 23 回基調講演　2014 年

16) 和田信行「『せいかつ＆そうごう』 日本生活科・総合的学習教育学会　第 20 号 2013 年 文芸印刷 p.53

17) 和田信行「スタートカリキュラムの実施とその効果の検証」『東京成徳短期大学紀要』 第 46 号　2013 年　pp.6–9

18) 山口県教育庁義務教育課　スタートカリキュラム実践事例集 2014 年　p.4

19) 同上書, p.9

20) 横浜市子ども青少年局・横浜市教育委員会「横浜版　接続期カリキュラム～育ちと学びをつなぐ」2012 年

21) 文部科学省 「幼児期の教育と小学校教育の円滑な接続の在り方について（報告）」 2010 年

22) 木村吉彦 『育ちと学びをつなぐ「幼保小連携教育」の挑戦 実践接続期カリキュラ

ム』ぎょうせい　2016 年　p.23

23）同上書, pp.64–69

24）無藤隆　Benesse 次世代育成研究所「これからの幼児教育を考える」2011 年　p.3

25）前掲書 16) p.57

26）前掲書 24)　p.3

27）高知県教育センター　研究報告書 2011 年および 2012 年

28）前掲書 1) p.61

29）前掲書 1) p.62

30）文部科学省　『幼稚園教育要領』　2017 年　pp.7–9

31）前掲書 16) p.4

32）野田敦敬「中教審答申と新学習指導要領（案）に思うこと」2017『自ら学び学び合う子を育てる学び方』日本学び方研究会　第 343 号　p.18

33）無藤隆『学習指導要領改訂のキーワード』2017 年　明治図書 p.133

「資質・能力」時代における総合的学習の展望

はじめに

本章では,学習指導要領を中心に総合的学習の創設とその変遷について,その実践的イメージの具体と併せて回顧した上で,今後の総合的学習と教育課程の展望を描いてみたい。

I 総合的学習の「模索」の時代 ──平成10年改訂──

総合的学習は1998(平成10)年の学習指導要領改訂で創設された。この改訂をめぐる議論の土台の一つとなった「教育課程の基準の改善の基本方向について(中間まとめ)」で述べられたように,総合的学習は,一つには,学校が地域や学校の実態に合わせて教育実践を創意工夫できるような時間の確保,もう一つには,変化してゆく社会に対応する資質・能力を育成すべく,教科を超えた横断的・総合的な学習を行うことができるような時間の確保を目的として創設されたのであった[1]。

このような議論を経て1998(平成10)年12月に告示された学習指導要領の総則には,総合的学習のねらいとして次の2点が挙げられることとなった。

> (1) 自ら課題を見付け,自ら学び,自ら考え,主体的に判断し,よりよく問題を解決する資質や能力を育てること。
> (2) 学び方やものの考え方を身に付け,問題の解決や探究活動に主体的,創造的に取り組む態度を育て,自己の生き方を考えることができるようにすること。[2]

この2つのねらいが設定された背景には,「知識を一方的に教え込むことにな

りがちであった教育から，自ら学び自ら考える教育へと，その基調の転換を図り，子供たちの個性を生かし，学び方や問題解決などの資質や能力の育成を重視し，実生活との関連を図りつつ体験的な学習や問題解決的な学習にじっくりとゆとりをもって取り組むことができるようにすることが極めて重要であるということである。」[3]という記述にあるように，知識の教え込みの教育から自ら学び考える教育への転換が打ち出されたことがある。意義を見出しにくい断片的な知識の教え込みの教育を脱却すべく，学び方やものの考え方を身に付けたり，問題の解決や探究活動に主体的，創造的に取り組む態度を育てたりすることが強調されたのであった。

　では，このような総合的学習をどのように実践していくのか。総合的学習の学習活動を行うにあたっての配慮事項の一つとして，次のような記述が見られる。

---

　(1) 自然体験やボランティア活動などの社会体験，観察・実験，見学や調査，
　　　発表や討論，ものづくりや生産活動など体験的な学習，問題解決的な学習
　　　を積極的に取り入れること。[4]

　この記述にあるように，総合的学習においては，体験的な学習や問題解決的な学習を積極的に実践に取り入れることが重視された。

　総合的学習の創設期ではカレーライス作りの実践が数多く取り組まれていた。以下，小学校5年生の「最高のカレーライスを作ろう」という実践を例に，総合的学習の実践的イメージを広げてみよう。たとえば，学級の子供の多くがカレーライスを好きだったとする。給食でカレーライスが出るとおかわりをする子供がたくさんいた。そのとき，自分がカレーライスを作ったことがあるかを尋ねると，ほとんどの子供が作ったことがなく，「おいしいカレーライスを自分で作ってみたい」という声が上がった。

　そこで，総合的学習の時間に「最高のカレーライスを作るためにはどうすれば良いか」という発問を投げかけると，「家で作り方を聞いてくる」「近くの喫茶店のカレーライスがおいしいのでインタビューしたい」「インターネットで調べてみる」などの意見が出され，まずは家で作り方を聞いてくることになった。

聞いてきた意見をグループで出し合うと、「私の家のカレーは牛肉を入れる」「ぼくの家のカレーは豚肉だ」「チキンカレーもおいしいよ」「シーフードカレーもあるよ」「隠し味にチョコレートを入れるんだって」「リンゴも入れるそうだよ」「うちのカレーはキノコが入っているよ」「なすもおいしいよ」など、家庭によって、具材もいろいろだとわかった。

あまりにも様々な具材があったので、基本的な具材は何かと尋ねると、じゃがいも、にんじん、たまねぎ、肉、カレールー、米が共通していた。社会科の授業で全国各地の農産物の学習に関連させて、それぞれの産地と生産量を調べてみた。総合的学習で一度、みんなでカレーライスを作ってみた。しかし、あまりおいしくなかった。どうしておいしくないのか。再度、「最高のカレーライスを作る」という問題意識をもって調べ学習を進めた。

もう一度、家でおいしいカレーの作り方の秘訣を聞いたり、本やインターネットを使って調べたり、近所の喫茶店、レストラン、食堂などにインタビューに出かけたりしながら、たくさんの情報を集め、さらにおいしいカレーの作り方のポイントを学級全体で集約していった。食中毒にならないよう一晩ねかせる方法も検討した。グループ4人の必要経費を平等に設定して、各グループで工夫できるよう、スーパーでいろいろな具材の価格調べも行った。

子供たちの中には日本にカレーライスが伝わったのはいつか調べたり、インドのカレーライスと日本のカレーライスのどこが違うのかを調べたりする子供もいた。家でも家族と一緒にカレーライスを作る子供たちもいた。

「今度こそ、おいしいカレーを作りたい」と、学級で授業に支障を来さないように、カレーを煮込む時間も十分にとって二度目のカレーライスを作った。以前よりもずっとおいしいカレーライスができてみんなは満足していた。

この総合的学習の最後には、家族の人を呼んでカレーライスパーティーを開いた後で、「最高のカレーライスを作ろう」を通して学んだことや考えたことを「カレーライス新聞」にまとめ、学校の掲示板に掲示した。

この単元では、「最高のカレーライスを作るためにどうすれば良いか」という問題を解決していく過程で、様々な調べ学習を行い、グループや学級で話し合いながら、さらに社会科の産業学習およびコンピュータを使った情報学習とも

関連させながら，カレー作りに取り組むこととなった。問題解決的な学習と体験的な学習が組み込まれた総合的学習の単元の実践的イメージの具体を見ることができる。

さて，2003（平成 15）年 10 月に中央教育審議会から公表された「初等中等教育における当面の教育課程及び指導の充実・改善方策について（答申）」では，総合的学習に関して，「学校において具体的な『目標』や『内容』を明確に設定せずに活動を実施し，必要な力が児童生徒に身に付いたか否かの検証・評価が十分行われていない実態や，教科との関連に十分配慮していない実態，教科の時間への転用なども指摘されているところである。」[5]という課題が指摘されることとなった。特に総合的学習と教科との関連が十分に配慮されなかったり，教科の時間に転用されたりする現状があったことは注目されるべきであろう。

このような現状をふまえ，2003（平成 15）年における学習指導要領の一部改訂では，従来二つあった総合的学習のねらいに次のような三つ目のねらいが加えられることとなった。

---

(3) 各教科，道徳及び特別活動で身に付けた知識や技能等を相互に関連付け，学習や生活において生かし，それらが総合的に働くようにすること。[6]

この文言は「知の総合化」と呼ばれるものであるが，この改訂を通して，総合的学習と各教科等との関連が強調されることとなった。

先に取り上げた「最高のカレーライスを作ろう」の実践を例に挙げれば，社会科でのわが国の米作りの現状に関する学習，国語科での新聞の読み方に関する学習，家庭科での米の炊き方に関する学習と計画的に関連付けて指導するといった改善がなされる必要がある。

このように，1998（平成 10）年改訂の学習指導要領で新たに創設された総合的学習は，2003（平成 15）年の一部改訂で新たなねらいが加わるなど，試行錯誤が重ねられながらその方向性が模索され続けた。したがって，1998（平成 10）年改訂の学習指導要領に関する議論と実践が行われた時代を総合的学習の「模索」の時代と呼ぶことができよう。

II 総合的学習の「明確化」の時代 ——平成20年改訂——

2008（平成20）年1月に中央教育審議会より公表された「幼稚園，小学校，中学校，高等学校及び特別支援学校の学習指導要領等の改善について（答申）」では，総合的学習の課題について，「総合的な学習の時間の実施状況を見ると，大きな成果を上げている学校がある一方、当初の趣旨・理念が必ずしも十分に達成されていない状況も見られる。」，「こうした状況を改善するため、総合的な学習の時間のねらいを明確化するとともに、子どもたちに育てたい力（身に付けさせたい力）や学習活動の示し方について検討する必要がある。」[7]という指摘がなされた。この答申に基づき，総合的学習のねらいの明確化をはじめとする改善が行われることとなった。

2008（平成20）年に改訂された学習指導要領では，総合的学習の目標が次のように掲げられた。

> 横断的・総合的な学習や探究的な学習を通して，自ら課題を見付け，自ら学び，自ら考え，主体的に判断し，よりよく問題を解決する資質や能力を育成するとともに、学び方やものの考え方を身に付け、問題の解決や探究活動に主体的，創造的，協同的に取り組む態度を育て、自己の生き方を考えることができるようにする。[8]

大づかみにいえば，これまでの総合的学習の三つのねらいを要約したような記述であると見受けられるが，「横断的・総合的な学習や探究的な学習を通して」や「協同的」といった文言が加わったことは注目されるべきである。特に「探究的な学習」に関しては，その具体が明確に述べられている。探究的な学習とは問題解決的な活動が発展的に繰り返されていく一連の学習活動のことを指している[9]。その具体は次のように図示されている[10]。

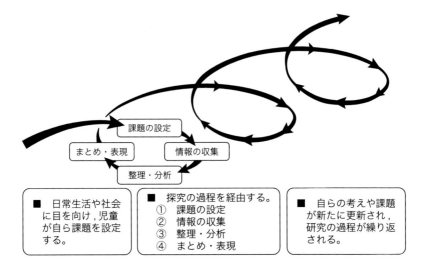

　子供が自分の日常生活や身近な社会に関心をもち，自ら課題を見出した後，探究の過程を経由することで，自らの考えや課題が新たに更新される。そして，このような探究の過程が繰り返されることで，探究的な学習の質が螺旋的に高まっていくのである。探究的な学習の学習過程の具体については，以下のように説明されている。

> ①【課題の設定】
> 　体験活動などを通して，課題を設定し課題意識をもつ
> ②【情報の収集】
> 　必要な情報を取り出したり収集したりする
> ③【整理・分析】
> 　収集した情報を，整理したり分析したりして思考する
> ④【まとめ・表現】
> 　気付きや発見，自分の考えなどをまとめ，判断し，表現する[11]

　ただし，この学習過程が「順序よく繰り返されるわけではなく，順番が前後することもあるし，一つの活動の中に複数のプロセスが一体化して同時に行われる場合もある」[12]のであり，固定的に理解すべきではないことには留意しなけ

ればならない。

　2008（平成20）年改訂の学習指導要領における総合的学習の実践的イメージを広げるために、この探究的な学習の学習過程をふまえて、「最高のカレーライスを作ろう」の学習過程を整理してみよう。まず、子供は「おいしいカレーライスを自分で作ってみたい」という思いから、最高のカレーライスを作るために「どうしたら良いか」を考え、「カレーに入れる具材、煮込む時間、隠し味に何を入れるか、甘口が良いか辛口が良いか、人の味覚によっても違う、どんなご飯がカレーに合うか」などの問題意識をもちながら、最高のカレーライス作りを進めることとなった（課題の設定）。家の人の話、店でのインタビュー、本やインターネットの調べ学習を通して、おいしいカレーライスの作り方に関する情報を集め（情報の収集）、おいしいカレーライスの作り方のポイントを学級全体で集約していった（整理・分析）。そして、クラスで何度かカレーライスを作り、その学習の成果を「カレーライス新聞」にまとめた（まとめ・表現）。

　このように、2008（平成20）年に改訂された学習指導要領では、総合的学習の目標や探究的な学習の具体が明確化されることとなった。したがって、2008（平成20）年改訂の学習指導要領に関する議論と実践が行われた時代を総合的学習の「明確化」の時代と呼ぶことができよう。

III　総合的学習の「資質・能力」の時代 ──平成29年改訂──

　2016（平成28）年12月に中央教育審議会より公表された「幼稚園、小学校、中学校、高等学校及び特別支援学校の学習指導要領等の改善及び必要な方策等について（答申）」では、2008（平成20）年の学習指導要領改訂を経て改善が試みられた総合的学習の成果と課題が分析されている。

　総合的学習の成果の一つは、わが国が2012年のOECD（経済協力開発機構）による生徒の学習到達度調査（PISA）で好成績を収めたことである。その報告書で「これについてもっともらしく説明すると、日本が、諸教科内でも総合的な学習の時間の諸活動でも、クロス・カリキュラム的な生徒主導のプロジェクトへの参加を通して、全ての生徒の問題解決スキルの開発に焦点を当てている

ことである。」[13]と報告され、改訂に際して総合的学習の意義が再確認されることとなった。

　しかし、総合的学習の課題の一つとして、「総合的な学習の時間で育成する資質・能力についての視点」が挙げられ、「総合的な学習の時間を通してどのような資質・能力を育成するのかということや、総合的な学習の時間と各教科等との関連を明らかにするということについては学校により差がある。」[14]との指摘があった。総合的学習固有の資質・能力の育成や各教科等との関連の具体化について、その取り組みに学校差が見られたのであった。

　このような課題の指摘は、学習指導要領改訂における資質・能力を柱とした教育課程全体の改善と密接に関係している。それは、端的に言えば、「教科等相互あるいは学校段階相互の関係をつなぐことで、教科等における学習の成果を、『何を知っているか』にとどまらず『何ができるようになるか』にまで発展させることを目指すものである。」[15]という文言に集約されるだろう。教育課程全体が「何を知っているか」という内容重視の教育実践から「何ができるようになるか」という資質・能力重視の教育実践へと転換されることが目指されることとなった。育成を目指す資質・能力の三つの柱は、次のように図示されている[16]。

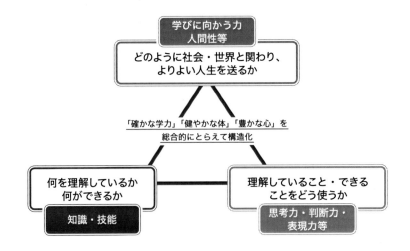

育成を目指す資質・能力の三つの柱は，生きて働く「知識・技能」の習得（＝「何を理解しているか，何ができるか」），未知の状況にも対応できる「思考力・判断力・表現力等」の育成（＝「理解していること・できることをどう使うか」），学びを人生や社会に生かそうとする「学びに向かう力・人間性等」の涵養（＝「どのように社会・世界と関わり，よりよい人生を送るか」）によって構成されている。この資質・能力の三つの柱を中核として，教育課程全体が構造化されることとなった。

　それに伴い，2017（平成29）年改訂の学習指導要領における総合的学習の目標も以下のように変更された。

　探究的な見方・考え方を働かせ，横断的・総合的な学習を行うことを通して，よりよく課題を解決し，自己の生き方を考えていくための資質・能力を次のとおり育成することを目指す。
（1）探究的な学習の過程において，課題の解決に必要な知識及び技能を身に付け，課題に関わる概念を形成し，探究的な学習のよさを理解するようにする。
（2）実社会や実生活の中から問いを見いだし，自分で課題を立て，情報を集め，整理・分析して，まとめ・表現することができるようにする。
（3）探究的な学習に主体的・協働的に取り組むとともに，互いのよさを生かしながら，積極的に社会に参画しようとする態度を養う。[17]

　ここでいう「見方・考え方」とは「各教科等の特質に応じた物事を捉える視点や考え方」[18]を指す。総合的学習固有の見方・考え方は「探究的な見方・考え方」として設定されている。その「探究的な見方・考え方」は，(1)に示されている「知識・技能」，(2)に示されている「思考力・判断力・表現力等」，(3)に示されている「学びに向かう力・人間性等」によって構成される総合的学習固有の資質・能力によって下支えされる。総合的学習固有の資質・能力の育成が明確に打ち出されることとなったのである。

　各教科等との関連の具体に関しては，総合的学習の「指導計画の作成と内容の取扱い」で，次のように述べられている。

10章 ■ 「資質・能力」時代における総合的学習の展望 **181**

(3) 他教科等及び総合的な学習の時間で身に付けた資質・能力を相互に関連付け，学習や生活において生かし，それらが総合的に働くようにすること。その際，言語能力，情報活用能力など全ての学習の基盤となる資質・能力を重視すること。[19]

　Ⅰ節で検討したように，これまでの総合的学習における「知の総合化」に関する記述では，相互に関連付ける対象は知識や技能等であったが，このように資質・能力という言葉に置き換えられることとなった。さらに，「言語能力」「情報活用能力」といった教科の枠を超えた汎用的能力の育成が強調されることとなった点は注目すべきであろう。ここにも，資質・能力重視の影響を確認することができる。

　たとえば，「最高のカレーライスを作ろう」の実践を例に，情報活用能力の育成を目指して総合的学習と教科の学習を関連付けるとすれば，この単元での「カレーライス新聞」の制作と結び付けて，6年生の社会科の歴史学習でも各時代の特徴を「歴史新聞」としてまとめさせるといった改善の方策が考えられる。

　このように，2017（平成29）年改訂の学習指導要領では，内容重視の教育実践から資質・能力重視の教育実践への転換が目指され，総合的学習もその影響を色濃く受けることなった。したがって，2017（平成29）年改訂の学習指導要領に関する議論と実践が行われる時代を総合的学習の「資質・能力」の時代と呼ぶことができよう。

Ⅳ　総合的学習と教育課程の次代
──知識の「意義」の明確化と構造化──

　最後に，これまでの議論をふまえながら，総合的学習と教育課程の次代の方向性を展望してみたい。この課題を考究する上で，2017（平成29）年改訂の学習指導要領がかかえる危険性を確認しておく必要がある。石井英真は，資質・能力重視の教育課程改革に関して，「学習」それ自体が目的とされ，「何のために何をという教育目的・目標・内容への意識は希薄化している。」[20]と述べ

ている。そして，2017（平成29）年改訂の学習指導要領について，「資質・能力」の育成という点から，教科学習において主体的・協働的な学びであること自体が正当化されるといったように，「何を教えるか」という問いが「いかに学ぶか」という問いに解消され，空洞化しがちになる危険性を指摘している[21]。私たちは「いかに学ぶか」という問いのみに焦点を当てるだけでなく，それとともに「何のために何を教えるのか／学ぶのか」という問いも教育実践に投げかけることが求められる。ここでは，この石井の指摘をふまえ，「何のためにこの知識を教えるのか／学ぶのか」という学習内容としての知識の意義に関する問いに焦点化して考究してゆきたい。

　総合的学習が，その創設期から，意義を見出しにくい断片的な知識の教え込みの教育からの脱却を図ってきたことをふまえるならば，総合的学習や教育課程全体における学習内容としての知識の意義について改めて検討を加える必要性を見出すことができる。ここで着目したいのが，学習内容の「レリバンス」に関する研究の知見である。学習内容の「レリバンス」とは，端的に言えば，学習内容の意義を意味し，「学習者が当該の学習内容に対して付与する重要性」[22]と定義されるものである。ここでは教育の「レリバンス（意義）」に関する研究を主導してきた本田由紀の近年の研究[23]に倣って「レリバンス」を「意義」と呼ぶこととしたい。

　この知識の「意義」に類する議論を，2017（平成29）年改訂の学習指導要領の動向と関連付けて展開しているのが田村学である。田村は知識の構造化の四つのタイプについて論じる中で，そのタイプの一つとして「知識が目的や価値，手応えとつながるタイプ」を挙げている[24]。注目すべきは，「目的や価値とつながったり，手応えとつながったりして構造化して高度化した状態になった知識・技能こそが『学びを人生や社会に生かそうとする「学びに向かう力・人間性等」』と考えることができる。」[25]という指摘である。Ⅲ節で示した実践を引き合いに出せば，たとえば，汎用的能力の一つである情報活用能力の育成を目指して弥生時代の特徴を歴史新聞にまとめる歴史の授業は，たしかに歴史新聞の制作を通して情報活用能力を育成できるかもしれないが，それだけでは子供は「私たちが弥生時代を学ぶ意味は何か」というその知識ならではの「意義」

10章 ■　「資質・能力」時代における総合的学習の展望 ┃ 183

を実感しにくい。そのため，この場合でいう「学びを人生や社会に生かそうとする『学びに向かう力・人間性等』」は，情報活用能力を人生や社会に生かそうとはなるが，弥生時代に関する知識を人生や社会に生かそうとはなりづらいことが危惧されるのである。そこで，知識の目的・価値と「学びに向かう力・人間性等」との関連性を示唆した田村の指摘にふまえつつ，学習内容の「意義」に関する研究の知見を援用することで，総合的学習や教育課程全体における知識の「意義」の再検討を試みたい。

山田美都雄は学習内容の「意義（レリバンス）」を次のように類型化している。

学習内容の「意義」の6類型[26]

類型	内容
テスト的意義	テストや受験とのつながりを感じる学習内容
思考的意義	学ぶことで考える力がつく学習内容
即自的意義	学んでいて面白い学習内容
職業的意義	将来就きたい職業の役に立ちそうな学習内容
社会的意義	現実世界とのつながりを感じる学習内容
生活的意義	自分の日常生活とのつながりを感じる学習内容

このように6類型に分類される知識の「意義」は，ある教育実践において，常に一つの「意義」を明確に見出すことができるものではなく，場合によっては複数の「意義」が含まれるものであることに留意する必要がある。

この山田による学習内容の「意義」の6類型を知識の「意義」の諸類型に援用するならば，総合的学習が脱却を図ろうとしたのは，テストや受験のために知識を教え込むようなテスト的意義に大きく依存する教育実践であったと考えられる。総合的学習は，子供の興味・関心に基づきながら（即自的意義），日常生活や現実世界を舞台とした問題解決的な学習や体験的な学習を積極的に取り入れ，子供の思考を引き出しつつ（思考的意義），日常生活・現実世界と知識との関連を図ることで（生活的意義・社会的意義），各教科の知識がもつ，テスト的意義とは異なる「意義」を見出そうと試みてきたと理解できる。また，

職業的意義に関しては，総合的学習の創設期に広がりを見せた職場体験を中心として，その保障が試みられていると考えられる。当然，各教科においてもそのような試みはなされてきたが，総合的学習は各教科の知識がもつさまざまな「意義」を見出す「発見器」として教科の枠を超えて機能してきたことは確かだろう。

　しかし，これまでの総合的学習に関する議論や実践は，知識の「意義」の保障をきわめて重視してきたために，むしろそれが自明視され，その「意義」の内容の明確化にはそれほど関心を向けてこなかったと考えられる。また，総合的学習の単元を中心として各教科の知識の何らかの「意義」を保障できたとしても，その単元で取り扱わなかった他の知識の「意義」や次年度の同学年でその単元を行わなかった場合の知識の「意義」に関しては保障しえないままに終わることが危惧される。そのため，発見した知識の「意義」を教育課程において構造化していく必要がある。今後は，総合的学習を中心として発見してきた各教科の知識の「意義」を，知識の「意義」の6類型を参照して明確化しつつ，次年度のその学年の教育課程や学校全体の教育課程において構造化していくことが求められよう。

　ただし，各教科の枠内でその教科の知識の「意義」を明確化するにあたっては，各教科の学習内容の背景に親学問があることに留意する必要がある。たとえば，歴史学習において，ホトトギスの句をもとに織田信長，豊臣秀吉，徳川家康の人柄に焦点を当てて時間をかけて議論する授業は，知識の即自的意義や思考的意義は保障されるかもしれないが，人物の人柄から学ぶという趣旨であれば「道徳科」における偉人や著名人の生き方の学習で置き換えることができてしまうし，歴史学の知識ならではの「意義」を考慮したときそれほど重要なものとはいえないだろう。したがって，山田が示した学習内容の「意義」の6類型に，「学問分野の体系で重要性が認められる学習内容」を意味する「学問的意義」を加える必要がある[27]。このように，各教科の枠内でその教科の知識の「意義」を明確化する際には，知識の「意義」の6類型に加え，学問的意義についても考慮に入れることが求められる。

おわりに

　以上，本章では，学習指導要領を中心に総合的学習の創設とその後の変遷について，その実践的イメージの具体と併せて各時代を回顧した上で，総合的学習と教育課程の次代の展望を描いてみた。「学びに向かう力・人間性等」を涵養すべく，総合的学習を中心として発見してきた各教科の知識の「意義」を明確化し教育課全体において構造化するという課題を考究する限り，問われるのは「教師が知識をどう教えるか」という教育者としての教師の授業観よりも前に「教師が知識の『意義』をどう捉えるか」という学習者としての教師の知識観かもしれない。

（中村仁志）

【注】

1）　初等中等教育局小学校課教育課程企画室「教育課程の基準の改善の基本方向について（中間まとめ）」，平成 9 年 11 月。(http://www.mext.go.jp/b_menu/shingi/old_chukyo/old_katei1998_index/toushin/1310243.htm)

2）　文部省『小学校学習指導要領（平成 10 年 12 月告示）』，大蔵省印刷局，1998, pp.2-3。

3）　前掲資料 1。

4）　前掲資料 2，p.3。

5）　中央教育審議会「初等中等教育における当面の教育課程及び指導の充実・改善方策について（答申）」，平成 15 年 10 月。
(http://www.mext.go.jp/b_menu/shingi/chukyo/chukyo0/toushin/03080701/007.htm)

6）　文部科学省『小学校学習指導要領（平成 10 年 12 月告示，平成 15 年 12 月一部改正)』，改訂版，国立印刷局，2004, p.3。

7）　中央教育審議会「幼稚園，小学校，中学校，高等学校及び特別支援学校の学習指導要領等の改善について（答申）」，平成 20 年 1 月。(http://www.mext.go.jp/b_menu/shingi/chukyo/chukyo0/toushin/__icsFiles/afieldfile/2009/05/12/1216828_1.pdf)

8）　文部科学省『小学校学習指導要領（平成 20 年 3 月告示）』，東京書籍，2008, p.110。

9）　文部科学省『小学校学習指導要領解説　総合的な学習の時間編（平成 20 年 8 月)』，東洋館出版社，2008, p.12。

10）　同上書，p.13。

11）同上書，p.87。

12）同上書，p.8。

13）OECD, *PISA 2012 Results: Creative Problem Solving: Students' Skills in Tackling Real-Life Problems (Volume V)*, PISA, OECD Publishing, 2014, p.124.
(http://dx.doi.org/10.1787/9789264208070-en)

14）中央教育審議会初等中等教育分科会教育課程部会「幼稚園，小学校，中学校，高等学校及び特別支援学校の学習指導要領等の改善及び必要な方策等について（答申）」，平成 28 年 12 月，p.236。
（http://www.mext.go.jp/b_menu/shingi/chukyo/chukyo0/toushin/__icsFiles/afieldfile/2017/01/10/1380902_0.pdf）

15）中央教育審議会「次期学習指導要領等に向けたこれまでの審議のまとめ（第 1 部）」，平成 28 年 8 月，p.42。（http://www.mext.go.jp/component/b_menu/shingi/toushin/__icsFiles/afieldfile/2016/09/09/1377021_1_1_11_1.pdf）

16）中央教育審議会「幼稚園、小学校、中学校、高等学校及び特別支援学校の学習指導要領等の改善及び必要な方策等について（答申）補足資料（1 ／ 8）」，平成 28 年 12 月，p.7。（http://www.mext.go.jp/component/b_menu/shingi/toushin/__icsFiles/afieldfile/2017/01/20/1380902_4_1_1.pdf）

17）文部科学省『小学校学習指導要領（平成 29 年 3 月告示）』，東洋館出版社，2018，p.179。

18）同上書，p.22。

19）同上書，p.181。

20）石井英真「資質・能力ベースのカリキュラム改革をめぐる理論的諸問題：教育的価値を追求するカリキュラムと授業の構想に向けて」国立教育政策研究所編『国立教育政策研究所紀要』，第 146 集，2017，p.113。

21）同上論文，p.113。

22）山田美都雄「高校生の国語・数学へのレリバンスの認識実態と規定要因：東京都の国立，難関校と公立中位校との比較を通じて」東京大学大学院教育学研究科『東京大学大学院教育学研究科紀要』，第 49 巻，2009，p.117。

23）たとえば，『教育の職業的意義：若者，学校，社会をつなぐ』（筑摩書房，2009），「カリキュラムの社会的意義」（東京大学教育学部カリキュラム・イノベーション研究会編『カリキュラム・イノベーション：新しい学びの創造に向けて』，東京大学出版会，2015，pp.27–40）などが挙げられる。

24）田村学『深い学び』，東洋館出版社，2018，pp.58–61。

25）同上書，pp.58–59。

知識の「意義」に類する議論に関しては，田村以外にも，たとえば，岡田が平成29年改訂の学習指導要領の動向を踏まえ，「レリバンス」に関する議論を整理している（岡田泰彰「『学びの意義』に関する一考察」筑波大学キャリア教育学研究会『筑波大学キャリア教育学研究』，第2号，pp.51-59）。

26）前掲論文22，pp.124を参考に筆者が作成。

27）学習内容の「意義」という語は用いていないものの，長谷川榮は「教育内容」を正当化する原理の一つとして，「科学的重要性の原理」を挙げ，「科学体系の中で鍵になる重要な内容及び科学的認識の基本的な方法は教育内容として正当化される。」と指摘している（『教育方法学』，協同出版，2008，p.156）。本章では，この指摘を学習内容の「意義」という文脈で引き取った上で，「科学」という語を用いることでその意味が「自然科学」のみが該当するというニュアンスを与えてしまうことを避けるため，ここでは「学問的意義」と呼び，学習内容の「意義」の6類型に加えることとする。

これからの時代に求められるカリキュラム・マネジメントと総合的な学習の時間

はじめに

　2017（平成29）年3月に小学校および中学校の学習指導要領が改訂された。今回の改訂では、「社会に開かれた教育課程」、「主体的・対話的で深い学び（アクティブ・ラーニング）」とともに、「カリキュラム・マネジメント」の重要性が強調されている。その背景には、ますます変化の激しさを増す社会、日常生活の変化がある。近年、様々な未来予測が発表されているが、従来の知識や技能に偏重したカリキュラムでは、目の前の子供たちが社会に出て活躍するための資質や能力を身につけさせることができないというわけである。これからの社会の変化に対応できる資質や能力を育成することが、「社会に開かれた教育課程」のねらいであり、そのための重要な手立てとして、「主体的・対話的で深い学び」の視点による授業改善、そして「カリキュラム・マネジメント」の充実が求められている。

　これまでは、学校の教育目標、カリキュラム（教育課程）、教育資源などが、個々に、それぞれバラバラに存在し、互いの関連や脈絡が乏しいことも少なくなかった。また、教師の専門性は、専ら個別の教科指導や学級・学年経営などに置かれており、教科間、教師間の協働は不十分であった。このように考えると、カリキュラム・マネジメントの充実は、学校や教師に対して、社会で求められる資質・能力を育成するための意識改革を迫っているとも受け取ることができよう。

　さて、2016(平成28) 年12月21日の中央教育審議会「幼稚園、小学校、中学校、高等学校及び特別支援学校の学習指導要領等の改善及び必要な方策等について（答申）」（以下、答申）は、「総合的な学習の時間において、学習指導要領に定められた目標を踏まえて各学校が教科横断的に目標を定めることは、各学校におけるカリキュラム・マネジメントの鍵となる。」と指摘している。さ

らに，2017（平成29）年6月に公表された『小学校学習指導要領解説 総合的な学習の時間編』（以下，解説）は，「総合的な学習の時間が各学校のカリキュラム・マネジメントの中核になることが今まで以上に明らかとなった。」と言及している。したがって，各学校のカリキュラム・マネジメントにおいて総合的学習が中核的な役割を果たすことが期待されており，このことは，総合的学習が各学校のカリキュラム・マネジメントの成否を左右すると換言できる。

　そこで本章では，総合的学習におけるカリキュラム・マネジメントの実際と想定される課題を明らかにし，その解消の手立てについて提言を加えたい。

Ⅰ 我が国におけるカリキュラム・マネジメントの動向

　我が国においてカリキュラム・マネジメントという用語が広く知れ渡るようになったのは，2008年の中央教育審議会「幼稚園，小学校，中学校，高等学校及び特別支援学校の学習指導要領等の改善について（答申）」（以下，2008年答申）に登場した影響が大きい。この中では，カリキュラム・マネジメントについて以下のように示されている。

（教育課程におけるＰＤＣＡサイクルの確立）
　これまで述べてきた教育課程や指導についての評価とそれに基づく改善に向けた取組は，学校評価と十分な関連を図りながら行われることが重要である。学校評価等を通じて，学校や設置者がそれぞれの学校の教育の成果や課題を把握し，それを改善へとつなげることが求められる。
　このように，学校教育の質を向上させる観点から，教育課程行政において，①学習指導要領改訂を踏まえた重点指導事項例の提示　②教師が子どもたちと向き合う時間の確保などの教育条件の整備③教育課程編成・実施に関する現場主義の重視④教育成果の適切な評価　⑤評価を踏まえた教育活動の改善　といった，Plan（①）－ Do（②・③）－ Check（④）－ Action（⑤）のＰＤＣＡサイクルの確立が重要である。各学校においては，このような諸条件を適切に活用して，教育課程や指導方法等を不断に見直すことにより効果的な教育活動を充実させるといったカリキュラム・マネジメントを確立することが求められる。[1]

　このように，2008年答申では，カリキュラム・マネジメントが効果的・効

率的な指導のためのPDCAサイクルの確立という視点が中心となっていることがわかる。

その後，「社会に開かれた教育課程」を実現するという理念のもとで，2017（平成29）年の学習指導要領が改訂されることが「論点整理」[2]等で明確になった。そして，論点整理では，「「社会に開かれた教育課程」の実現を通じて子供たちに必要な資質・能力を育成するという新しい学習指導要領等の理念を踏まえ，これからの「カリキュラム・マネジメント」について，以下の三つの側面から捉えられる。」[3]として，カリキュラム・マネジメントを以下のように整理して示している。

---

① 各教科等の教育内容を相互の関係で捉え，学校の教育目標を踏まえた教科横断的な視点で，その目標の達成に必要な教育の内容を組織的に配列していくこと。

② 教育内容の質の向上に向けて，子供たちの姿や地域の現状等に関する調査や各種データ等に基づき，教育課程を編成し，実施し，評価して改善を図る一連のPDCAサイクルを確立すること。

③ 教育内容と，教育活動に必要な人的・物的資源等を，地域等の外部の資源も含めて活用しながら効果的に組み合わせること。[4]

2008年答申は，カリキュラム・マネジメントを上の②の側面を中心に捉えているが，論点整理において，①および③の側面が加えられたことになる。教科横断的に教育課程全体を捉えカリキュラムを構築していく「カリキュラム・デザイン」の側面と，これまで個別に捉えられがちであった教育内容と条件整備を一体として扱い，カリキュラムを「内外リソース活用」との関連で捉えることで，「社会に開かれた教育課程」の実現を目指すものであり，そのための手立てとして，カリキュラム・マネジメントの重要性を強調している。

このカリキュラム・マネジメントの3つの側面については，2016年中央教育審議会答申「幼稚園，小学校，中学校，高等学校及び特別支援学校の学習指導要領等の改善及び必要な方策等について」でも同様に示され，学習指導要領においても，「各学校においては，児童や学校，地域の実態を適切に把握し，①

教育の目的や目標の実現に必要な教育の内容等を教科等横断的な視点で組み立てていくこと，②教育課程の実施状況を評価してその改善を図っていくこと，③教育課程の実施に必要な人的又は物的な体制を確保するとともにその改善を図っていくことなどを通して，教育課程に基づき組織的かつ計画的に各学校の教育活動の質の向上を図っていくこと（以下「カリキュラム・マネジメント」という。）に努めるものとする。」[5]（下線および丸数字は筆者による）とカリキュラム・マネジメントが定義されており，論点整理において示された3つの側面を，現在の我が国におけるカリキュラム・マネジメントの中心的な枠組みとして捉えることができよう。

Ⅱ 総合的学習におけるカリキュラム・マネジメント

　解説には，総合的学習の目標について，以下のように記述されている。

　学校の教育目標を教育課程に反映し具現化していくに当たっては，これまで以上に総合的な学習の時間を教育課程の中核に位置付けるとともに，各教科等との関わりを意識しながら，学校の教育活動全体で資質・能力を育成するカリキュラム・マネジメントを行うことが求められる。したがって，総合的な学習の時間が実効性のあるものとして実施されるためには，地域や学校，児童の実態や特性を踏まえ，各教科等を視野に入れた全体計画及び年間指導計画を作成することが求められる。[6]

　このように，学校の教育目標を具現化するために，総合的学習を各学校の教育課程の中核に位置付け，カリキュラム・マネジメントを行うことが求められている。そのため，総合的学習のカリキュラム・マネジメントは，学校全体のカリキュラム・マネジメントに深くかかわるものと理解できる。

　解説は，カリキュラム・マネジメントを以下の3つの側面として整理している。

> ① 内容等を教科等横断的な視点で組み立てていくこと
> ② 教育課程の実施状況を評価してその改善を図っていくこと
> ③ 教育課程の実施に必要な人的又は物的な体制を確保するとともにその改善を図っていくこと[7]

　上の３つの側面は，論点整理において整理されたカリキュラム・マネジメントの３つの側面と対応している。解説は，上の３つの側面について以下の通り詳説している。

1　内容等を教科等横断的な視点で組み立てていくこと

> ①内容等を教科等横断的な視点で組み立てていくことについては，目標及び内容，学習活動などが，教科等横断的な視点で連続的かつ発展的に展開するように，教科等間・学年間の関連やつながりに配慮することが大切である。例えば，低学年の生活科等で身に付けた資質・能力が第３学年以降の総合的な学習の時間をはじめとする学習活動に生かされるように作成することや，中学年で身に付けた資質・能力が高学年以降の学習によりよく発展するように配慮して作成することなどが考えられる。また，中学校においても総合的な学習の時間の取組が連続的かつ発展的に展開できるようにするためには，９年間でどのような学習を行い，どのような資質・能力の育成を目指すのか，小学校の全体計画や年間指導計画を踏まえた中学校の指導計画が作成されるよう，指導計画をはじめ児童の学習状況などについて，相互に連携を図ることが求められる。[8]

　第１の側面は，教科等横断的な視点での「カリキュラム・デザイン」の実施である。「教科間の関連やつながり」に配慮して総合的学習の指導計画を作成することは，これまでも求められてきた。今回の改訂では，「学年間の関連やつながり」についても言及している。特に，資質・能力を中心に，小学校第３学年における生活科から総合的学習への接続，学校間（小学校と中学校，中学校と高等学校）の総合的学習の接続の重要性を指摘している。

11章 ■　これからの時代に求められるカリキュラム・マネジメントと総合的な学習の時間 ｜ 193

2 教育課程の実施状況を評価してその改善を図っていくこと

②教育課程の実施状況を評価してその改善を図っていくことに関しては，児童
や学校，地域の実態を踏まえて総合的な学習の時間の指導計画を作成し，計画的・
組織的な指導に努めるとともに，目標及び内容，具体的な学習活動や指導方法，
学校全体の指導体制，評価の在り方，学年間・学校段階間の連携等について，
学校として自己点検・自己評価を行うことが大切である。そのことにより，各
学校の総合的な学習の時間を不断に検証し，改善を図っていくことにつながる。
そして，その結果を次年度の全体計画や年間指導計画，具体的な学習活動に反
映させるなど，計画，実施，評価，改善というカリキュラム・マネジメントの
サイクルを着実に行うことが重要である。[9]

　第2の側面は，計画，実施，評価，改善というカリキュラム・マネジメント
のサイクルの確立，すなわち「PDCA サイクルの確立」である。この点につい
て，解説は，「教育課程の評価を一層充実していくことが必要である」[10]と，教
育課程の評価の重要性を強調し，教育課程の評価がカリキュラム・マネジメン
トを促進する役割を担うとしている。カリキュラム・マネジメントの視点から
の評価の在り方については，次のように説明されている。

　カリキュラム・マネジメントについては，校長を中心としつつ，教科や学年
を越えて，学校全体で取り組んでいくことができるよう，学校の組織や経営の
見直しを図る必要がある。そのためには，管理職のみならず全ての教職員がカ
リキュラム・マネジメントの必要性を理解し，日々の授業等についても，教育
課程全体の中での位置付けを意識しながら取り組む必要がある。また，学習指
導要領等の趣旨や枠組みを生かしながら，各学校の地域の実状や児童の姿と指
導内容を見比べ，関連付けながら，効果的な年間指導計画等の在り方や，授業
時間や週時程の在り方等について，校内研修等を通じて研究を重ねていくこと
も重要である。
　このような教育課程の評価は，同僚教師間での情報交換や，全校体制での組
織的な取組を進めることが重要である。また，実際に授業を公開し，総合的な
学習の時間で探究的に学ぶ児童の様子を直に見てもらうことで理解を広げるこ
とも大切にしたい。さらに，個人情報に配慮した上で，ウェブページや学校通
信などを活用するなどして公開したり，保護者や地域住民等に直接説明したり

することなども考えられる。このような保護者や外部への公開や説明は，総合的な学習の時間への理解を促進させ，その後の総合的な学習の時間の充実のために協力してもらうことにもつながる。[11)]

　このように，「同僚教師間での情報交換や，全校体制での組織的な取組」「授業の公開」「保護者や地域住民等への情報公開」等の具体的な取り組みを例示し，カリキュラム・マネジメントの3つの側面から教育課程を評価することの重要性に触れている。

3　教育課程の実施に必要な人的又は物的な体制を確保するとともにその改善を図っていくこと

③教育課程の実施に必要な人的又は物的な体制を確保するとともにその改善を図っていくことについては，「内容」や「学習活動」，その実施を推進していく「指導方法」や「指導体制」に必要な人的・物的資源等を，地域等の外部の資源も含めて活用しながら効果的に組み合わせることが大切である。[12)]

　第3の側面は，「内外リソースの活用」である。学校内外の様々なリソースを，総合的学習の内容や学習活動はもとより，その指導方法や指導体制にも活用することである。なお，「指導方法」に組み合わせる人的・物的資源等については，「保護者や地域の人，専門家などの多様な人々の協力，社会教育施設や社会教育団体等の施設・設備など」と例示されている。また，「指導体制」の整備については，校内組織の整備，授業時数の確保と弾力的な運用，環境整備，外部連携の構築が挙げられている。物的資源の活用については，「情報環境の整備」において「プログラミング教育」の在り方に言及していることが従来には見られない指摘ではあるが，授業時数の確保と弾力的な運用，学習環境の整備の重要性について特段目新しい指摘は見られない。その一方で，校内組織の整備や外部連携の構築については，次に論じる通り，コーディネーターの設置，教職員の研修の実施，外部組織・人材の活用など，多岐にわたる指摘があり，人的資源の重要性が強調されている。以下，カリキュラム・マネジメントにお

いて求められる人的資源の活用について論じる。

(1) 校内組織の整備

　ここでは，「校長のリーダーシップ」が強調されているが，そのほか，実践を支える校内分担例として，「総合的な学習の時間の充実に向けた方策の企画・運営，研修計画の立案，教師への指導・支援」を担う「総合的な学習の時間推進担当（コーディネーター）」を提示している[13]。これまで，学習指導要領において総合的学習の推進担当者あるいはコーディネーターの在り方についての指摘はなく，特筆すべき点と言えよう。

　さらに，教職員の研修の在り方についても言及している。

　各学校の教育目標の実現や目指す資質・能力の育成について教科等横断的な視点からカリキュラムをデザインする力も求められている。今後，各学校の校内研修においては，校長のリーダーシップの下，学習指導の改善のみならず，教育課程全体を俯瞰して捉え，教育課程の改善を図ることをねらいとした総合的な学習の時間の研修を積極的に取り入れることが必要である。したがって，年間の職員研修計画の中に，総合的な学習の時間のための校内研修を確実に位置付け実施することが極めて重要になる。特に，今回の改訂により，総合的な学習の時間の目標や内容は，各学校の教育目標を踏まえて設定されることとされ，教科等横断的なカリキュラム・マネジメントの軸となることが明らかとなったことからも，学校全体で行う研修に位置付ける意義がある。[14]（下線は筆者による）

　総合的学習に関する研修の重要性は，これまでも指摘されている[15]。しかし解説は，「総合的な学習の時間の目標や内容は，各学校の教育目標を踏まえて設定されること」や「総合的な学習の時間が教科横断的なカリキュラム・マネジメントの軸となること」から，「年間の職員研修計画の中に，総合的な学習の時間のための校内研修を確実に位置付け実施することが極めて重要になる。」と，これまで以上に研修の必要性を強調している[16]。さらに解説は，研修の主体について，「教育委員会等は，所管の職員の研修効果が一層上がるよう，十分な情報提供をしたり研修会を開催したりすることが望まれる。」と言及しており，教育委員会等による総合的学習に関する情報提供や研修会の実施が期待

されている。

　総合的学習に関する研修会は，創設期においては各地で開かれていたものの，現在は低調と言わざるを得ない。このような状況において，教育委員会等を中心とした総合的学習に関する研修会の開催に言及していることから，カリキュラム・マネジメントにおける教育委員会等の役割の重要性が示されたと理解できる。

(2) 外部連携の構築

　第5節には，外部との連携の必要性，連携のための留意点が示されている。外部人材等については，具体的に以下の通り例示されている。

　　・保護者や地域の人々
　　・専門家をはじめとした外部の人々
　　・地域学校協働活動推進員等のコーディネーター
　　・社会教育施設や社会教育関係団体等の関係者
　　・社会教育主事をはじめとした教育委員会，首長部局等の行政関係者
　　・企業や特定非営利活動法人等の関係者
　　・他の学校や幼稚園等の関係者 等

　今回の改訂では，「地域との連携に当たっては，よりよい社会を作るという目的の基，コミュニティ・スクールの枠組みの積極的活用や，地域学校協働本部との連携を図ることなどにより地域社会と共にある学校を実現することが期待されている。」[17]と，外部人材等をゲストティーチャーの活用といった単なる授業のツールとしての活用にとどまらず，「地域社会と共にある学校」の実現に向けた活用が求められている。そのため，保護者や地域の人々，専門家等だけでなく，コーディネーターや行政関係者といった，学校と地域社会とのパイプ役を担うことが期待される役割の人材に協力を求めることの重要性が指摘されている。さらに，「育成を目指す資質・能力について共有し，必要な協力を求めることが重要」[18]との指摘もあり，どのような資質・能力を育てたいのか，学校と地域社会で一緒に考えていくことの必要性にも言及している。

11 章　■　これからの時代に求められるカリキュラム・マネジメントと総合的な学習の時間

Ⅲ 総合的学習における
カリキュラム・マネジメントの推進のために

　解説には，総合的学習におけるカリキュラム・マネジメントの在り方について，これまで以上に詳しく示されている。その点を踏まえた上で，ここでは，総合的学習のカリキュラム・マネジメントに関して想定される課題と，解決のための手立てについて論じたい。

1　内容等を教科等横断的な視点で組み立てていくこと

　教科間のつながりについては，年間指導計画や単元計画等に各教科等との関連を示すことは一般的になりつつある。また，近年はESDの考え方も広がりつつあり，ESDの拠点として，我が国でも1116校（2018年10月現在）がユネスコスクールに認定されている。ユネスコスクールでは，年間の授業展開を全てESDのコンセプトで構築する「ESDカレンダー」を活用して，指導内容の共通理解を図ることが推奨されている[19]。ESDは総合的学習に限定されて実施されるものではないが[20]，2016年12月中央教育審議会答申は，「持続可能な開発のための教育（ESD）は，次期学習指導要領改訂の全体において基盤となる理念である」[21]と言及した上で，次のように解説している。

　（前略）求められている資質・能力（国立教育政策研究所の整理によれば，「多様性」「相互性」「有限性」「公平性」「連携性」「責任性」といった概念の理解，「批判的に考える力」「未来像を予測して計画を立てる力」「多面的・総合的に考える力」などの力）は，総合的な学習の時間で探究的に学習する中で，より確かな力としていくことになると考えられる。
　持続可能な社会の担い手として必要とされる資質・能力を育成するには，どのようなテーマを学習課題とするかではなく，必要とされる資質・能力を育むことを意識した学習を展開することが重要である。各学校がESDの視点からの教科横断的な学習を一層充実していくに当たり，総合的な学習の時間が中心的な役割を果たしていくことが期待される。[22]

　このように，総合的学習がESDの視点からの教科横断的な学習を実施する役

割が期待されていることがわかる。したがって，総合的学習において教科等横断的な視点でのカリキュラム・デザインは今後一層推進されていくものと考えられる。しかし，現状において，以下の2点の課題が存在する。第1に，学年間や学校間のカリキュラムをつなげる取り組みが十分に行われていないことである。特に学校種間（小・中学校間）の連携について，解説は，「中学校区単位で総合的な学習の時間の実施に関わる協議会を組織し，合同研修や情報交換，指導計画作成等を行って連携を深めることも有効」[23]と提案している。この点については，筆者も拙論の中でその必要性を指摘しているが，現状としては「系統的なカリキュラム開発」や「育てたい力の系統性の担保」にまで至っているケースは少ない[24]。

　第2に，中学校や高等学校において，どのように教科等横断的なカリキュラムを編成するのか，その具体的な方策が明らかになっていないことである。小学校では学級担任が総合的学習や各教科等の授業を担当することが一般的であり，教科等横断的なカリキュラムの編成についても学級担任の裁量で実施できるが，教科担任制が敷かれる中学校や高等学校では小学校とは異なるアプローチが必要となる。『中学校学習指導要領解説　総合的な学習の時間編』（以下，中学校解説）には，「総合的な学習の時間と各教科等の単元を関連付けた年間指導計画」[25]が例示されており，さらに，「実践を支える運営体制」の在り方について以下のように解説されている。

　特に総合的な学習の時間では，探究的な学習によって，教科の枠を超えた横断的・総合的な学習が展開されるため，全体計画や年間指導計画の作成，教材開発に当たって，教師の特性や教科等の専門性を生かした全教職員の協働的な取組が求められる。例えば，環境問題を課題として取り上げる場合，社会科や理科，技術・家庭科の教師等が指導計画の作成や指導方法の検討に積極的に参加し，専門的な知見やアイディアを出し合う場を設けることが有効である。また，総合表現を行う場合には，音楽科，美術科，保健体育科，技術・家庭科などの教師が力を合わせることが考えられる。[26]

このように，中学校解説は「全体計画や年間指導計画の作成，教材開発」にお

いて，「全教職員の協働的な取組」を求めている。この点は，教科担任制である中学校や高等学校において，小学校以上に重要な指摘である。こうした取り組みが求められることが，中学校や高等学校での総合的学習が小学校に比べて低調である一因とも考えられ，全教職員の協働的な取り組みを促すことの難しさを示唆している。

　これらの課題は，教師の個人的な取り組みで解決することは難しい。組織的な取り組みによる解決の方略については，他の課題への対応を含めて後述する。

2　教育課程の実施状況を評価してその改善を図っていくこと

　PDCA サイクルを確立するためには，総合的学習の教育課程を評価するための指標が必要である。しかし，総合的学習は特定の知識・技能等の獲得が主たる目的ではないため，児童生徒の学習成果の評価はもとより，カリキュラムの評価の在り方は各教科等とは性質を異にしており，総合的学習の教育課程を評価する枠組みが確立されているとは言い難い。

　米国では，総合的学習と多くの共通性をもつ「サービス・ラーニング」[27]が実施されているが，サービス・ラーニングでは，表に示す「成功するサービス・ラーニング・プロジェクトのためのチェックリスト」[28]が開発されている。こうしたチェックリストを参考にして，各学校が実態に即して総合的学習の実施状況を評価していく指標を設定し，評価の実施と検証を積み重ねていくことが有効であろう。このチェックリストによる評価は，教員だけではなく，児童生徒，保護者や地域住民等も実施することで，教育課程の改善や情報公開が一層促進されることが期待される。

表　成功するサービス・ラーニング・プロジェクトのためのチェックリスト

カテゴリー	チェック項目
意義深いサービス SLは，積極的に参加者を有意義かつ個人的にも関連性のあるサービス活動に従事させる。	1 SLの経験が参加者の年齢や発達能力に適している。
	2 SLは個人的に関係のある問題に取り組む。
	3 SLは参加者に，興味深く魅力的なサービス活動を提供する。

	4 SLは参加者に, 実在する根本的な社会問題の文脈で, 彼らのサービスの経験を理解するように促す。
	5 SLは, 達成可能で目に見える成果をもたらす。それは, サービスを提供される人々によって評価される。
若者の声 SLは, 大人の導きによって, 若者がSLの経験に向けて強い発言権を持って計画し, 実行し, 評価する機会を与える。	1 SLは, 計画, 実施, 評価のプロセスの中で, 若者にアイディアを生み出すことに従事させる。
	2 SLは, SLの経験の初めから終わりまで, 意思決定の過程に若者を巻き込む。
	3 SLは, 若者や大人を, アイディアの表現を信頼してオープンにできる環境を整えることに関与させる。
	4 SLは, 若者のリーダーシップや意思決定を増進する知識やスキルの獲得を促す。
	5 SLは, 若者にSLの経験の質と効果についての評価に関与させる。
カリキュラムとの関連 SLは, 学習の目標や履修すべき内容と合致する教育手法として意図的に利用されるものである。	1 SLには, 明確な学習目標がある。
	2 SLには, 学術的および／または計画的なカリキュラムに沿って行われる。
	3 SLは, 参加者が知識やスキルをある状況から別の状況に転移させる方法を学ぶのに役立つ。
	4 学校で行われているSLは, 教育委員会の政策や生徒の記録として公式に認められている。
リフレクション SLには, 自分自身や社会と自分の関係について深く考え自己分析を行うことを求める, あるいはプロジェクト後も継続して行うような, 通常, 簡単にはできない多くのリフレクション活動を導き出す効果がある。	1 SLのリフレクションは, 参加者の知識やスキルや態度の理解と変化を実演するための, 口頭, 書く, 芸術的, 非言語的な様々な活動を含む。
	2 SLのリフレクションは, サービスの経験の前, 途中, 後で生じる。
	3 SLのリフレクションは, 参加者に複雑なコミュニティの問題や代替の解決策について深く考えることを促す。
	4 SLのリフレクションは, 市民としての役割や責任を探り理解するために, 参加者の先入観や思い込みを調べることを促す。
	5 SLのリフレクションは, 参加者が公共政策や市民生活とのつながりを理解できるように, SLの経験に関連する様々な社会的および市民的な問題を調べるように促す。
	1 SLは, 若者, 教育者, 家族, コミュニティのメンバー, 地域密着型の団体, あるいは企業といった様々なパートナーが関与している。

11章 ■ これからの時代に求められるカリキュラム・マネジメントと総合的な学習の時間 201

パートナーシップ	2 SLのパートナーシップは,すべてのパートナーに活動や進捗についての十分な情報を提供するための,頻繁かつ定期的なコミュニケーションに特徴がある。
SLのパートナーシップは,協力的な関係であり,お互いにとって役立つものであり,コミュニティの課題に取り組むものである。	3 SLのパートナーは,コミュニティのニーズに対応する共有ビジョンの確立や一般的な目標の設定のために協働する。
	4 SLのパートナーは,特定の目標を達成するために協力し合って行動計画を開発し実行する。
	5 SLのパートナーは,学校やコミュニティの資源とニーズに関する知識と理解を共有し,互いを価値あるリソースと見なす。
多様性	1 SLは,参加者が多様な見方の理解を得るために,様々な視点の認識や分析するのに役立つ。
SLは,すべての参加者の多様性と相互尊重の理解を促進する。	2 SLは,対立の解決やグループの意思決定における対人関係のスキルを発達させるのに役立つ。
	3 SLは,参加者がサービスの提供側や受入側の多様な背景や見方を積極的に理解したり価値付けたりするのに役立つ。
	4 SLは,参加者が固定観念を認識して克服することを促す。
進捗状況のモニタリング	1 SLの参加者は,SLの経験を通して,複数の情報源から,明確な目標の達成や学習成果に関する進捗状況の証拠を集める。
SLによって参加者は,設定された目標の達成に向けた活動を実行し進展させながら,同時にその質を検証するプロセスに携わる。そして,その結果を改善や持続可能性に向けて利用する。	2 SLの参加者は,SLの経験を通して,複数の情報源から,SL実施の質に関する証拠を集める。
	3 SLの参加者は,SLの経験を改善するために証拠を利用する。
	4 SLの参加者は,SLの理解を深め,質の高い実践を維持するために,目標や成果に向けた進捗状況についての証拠を政策立案者や教育指導者を含む,より広いコミュニティに対して伝える。
期間と集中的な対応	1 SLの経験は,コミュニティのニーズの調査,サービスの準備,活動,リフレクション,学習や影響の実演,そして祝福の過程を含んでいる。
SLにおいては十分な時間と集中的な対応を行うことで,コミュニティの課題への取り組みが行われ,設定された目標が達成される。	2 SLは,数週間あるいは数ヶ月にわたって集中的に実施される。
	3 SLの経験は,特定のコミュニティのニーズに取り組み,学習成果が得られるのに十分な時間を提供する。

※ 表中の「SL」はサービス・ラーニングを指す

(*KIDS as Planners 3rd Edition*(2011) pp.121-122 より筆者作成)

3 教育課程の実施に必要な人的又は物的な体制を確保するとともにその改善を図っていくこと

　校内組織の整備に関しては，既に述べたように，カリキュラム・マネジメントの推進にあたり，教育委員会等が中心となって研修会等をリードしていくことが求められている。しかし，教育委員会等が総合的学習やカリキュラム・マネジメントに関する研修を開催しているケースはまれである[29]。そのため，カリキュラム・マネジメントや総合的学習に関する効果的な研修の方法を明らかにすることが喫緊の課題と言えよう。

　外部連携の構築について，解説は，2017 年 3 月に一部改正された社会教育法について触れ，「地域学校協働活動推進員」をコーディネーター役とする方法を提示している[30]。既に，全国の公立学校の 5,432 校，14.7％がコミュニティ・スクール（学校運営協議会制度を導入した学校）となる中（2018 年 4月 1 日現在）[31]，学校運営に地域の声を積極的に生かし，地域と一体となって特色ある学校づくりを進めていくことが期待されている状況を踏まえると，地域学校協働活動推進員をコーディネーター役とすることで，外部連携の強化に一定の効果があると考えられる。

　しかし，総合的学習のカリキュラム・マネジメントにおいて求められるのは外部連携の構築だけではない。ここまでに述べてきた総合的学習のカリキュラム・マネジメントの様々な課題の解決は，教師の個人的な取り組みだけでは不可能であることは論を俟たないが，組織的な取り組みをリードする役割を担うことが最も期待されるのが総合的学習を担当するコーディネーターであろう。

　このような視座で考えると，総合的学習を担当するコーディネーターに求められる役割が見えてくる。楊 (2017) は，総合的学習の担当者の在り方を「カリキュラム・マネージャーとしての教員」[32]と論じているが，まさに上で述べた総合的学習のカリキュラム・マネジメント上の課題の解決に取り組むカリキュラム・マネージャーが求められていると言えよう。学年間や学校間のカリキュラムをつなげる取り組みの推進，PDCA サイクルを確立するための評価の実施と検証，そして，校内組織の整備や外部連携の構築といった職務を一体として実施する，あるいは，これらのカリキュラム・マネジメントを学校全体で実施

できるように統括的な立場で教職員のカリキュラム・マネジメントを促す役割である。さらに，中学校や高等学校では，全教職員の協働的な取り組みを促進する役割が期待される。

　文部科学省は，2006年度から「総合的な学習の時間コーディネーター養成講座」を全国各地で実施したが，十分な成果は得られていない。その原因として，総合的学習のコーディネーターの役割や求められるスキルが明確になっていなかったことが指摘できる。教育委員会等にはカリキュラム・マネジメントをリードしていくことが求められており，今後は，教育委員会等による「カリキュラム・マネジメント研修」の実施と充実が一層重要になるだろう。

おわりに

　本章では，総合的学習におけるカリキュラム・マネジメントの3つの側面に基づき，想定される課題とその解消のための手立てについて指摘した。留意すべき点を付言するのであれば，それぞれの手立ては相互に関連しており，一体としてカリキュラム・マネジメントを促していくことが効果的ということである。例えば，教科等横断的な視点でのカリキュラム・デザインや外部連携との構築の状況について評価・検証する必要もあるだろう。そして，総合的学習のコーディネーターの養成と活躍に大きな期待がかかるが，カリキュラム・マネジメントに関するスキルは，総合的学習のコーディネーターだけでなくすべての教師が備えるべきだと考える。すなわち，総合的学習のコーディネーターに求められる役割は，組織づくりや環境整備を含めた，カリキュラム・マネージャーとしての全学的な総合的学習を推進する役割であり，各教師へのカリキュラム・マネジメントに関する指導的役割と言えよう。

　2017年11月の教育職員免許法施行規則の一部改正に伴い，2019年度から「総合的な学習の時間の指導法」が教職課程の各科目の必要事項に位置付けられることになっている。教員養成において，カリキュラム・マネジメントのスキルを養成していくことが，これからは求められることになる。そして，高等学校においては，総合的学習を生涯にわたって探究する能力を育むための，初等中等教育最後の総仕上げとなる重要な時間としての位置付けを明確化するた

め，その名称を「総合的な探究の時間」として見直し，2022年度から年次進行で実施される。中学校よりさらに教科の専門性が高まる高等学校において，教科等横断的な視点でどのように総合的な探究の時間のカリキュラム・デザインを進めていくのか，この点は今後さらに検討を重ねる必要があるだろう。

(加藤智)

【注】

1) 文部科学省 (2008)「幼稚園，小学校，中学校，高等学校及び特別支援学校の学習指導要領等の改善について（答申）」p.144
   http://www.mext.go.jp/b_menu/shingi/chukyo/chukyo0/toushin/1216828.htm

2) 文部科学省 (2015)「教育課程企画特別部会　論点整理」
   http://www.mext.go.jp/b_menu/shingi/chukyo/chukyo3/053/sonota/1361117.htm

3) 同上書，p.22

4) 同上書，p.22

5) 文部科学省 (2017a)『小学校学習指導要領』(Web版) p.4
   中学校学習指導要領でも同様に示されている。

6) 文部科学省 (2017b)『小学校学習指導要領解説　総合的な学習の時間編』(Web版)，p.35

7) 同上書，p.36

8) 同上書，p.36

9) 同上書，pp.36–37

10) 同上書，p.122

11) 同上書，p.122

12) 同上書，p.37

13) 同上書，p.127

14) 同上書，p.129

15) 2008 (平成20) 年版の『小学校学習指導要領解説　総合的な学習の時間編』(文部科学省) においても，教職員の研修の重要性についての指摘がある。(pp.114–115)

16) 文部科学省 (2017b)，前掲書，p.129

17) 同上書，p.137

18) 同上書，p.137

19) 文部科学省国際統括官付日本ユネスコ国内委員会 (2016)『ESD (持続可能な開発のための教育) 推進の手引 (初版)』http://www.mext.go.jp/unesco/004/1339957.htm

20) 同上書，p.14
    ESDの指導案の作成のポイントの一つとして，「ESDを教科横断的に実施する」ことを提示している。その解説において，「教科横断的な学びという点では，総合的な学習の時間を

11章 ■ これからの時代に求められるカリキュラム・マネジメントと総合的な学習の時間　205

活用する方法も有効です。しかし，ＥＳＤは総合的な学習の時間のみ実施するものではありません。どの教科においても，持続可能な社会の構築に関わる内容を扱うことがＥＳＤの学びを深めるために必要なことです。」との指摘がある。

21) 文部科学省（2016）「幼稚園，小学校，中学校，高等学校及び特別支援学校の学習指導要領等の改善及び必要な方策等について（答申）」p.240
http://www.mext.go.jp/b_menu/shingi/chukyo/chukyo0/toushin/1380731.htm

22) 同上書，p.240

23) 文部科学省（2017b），前掲書，pp.125-126

24) 加藤智（2016）「総合的な学習の時間における小中連携・接続の実態と今後の課題」日本生活科・総合的学習教育学会『せいかつか＆そうごう』第23号，pp.24-33
「系統的なカリキュラム開発」を行っていると回答した学校は，小学校で4割，中学校で2割程度であった。また，「育てたい力の系統性の担保」を行っていると回答した学校は，小中学校ともに2割程度にとどまった。

25) 文部科学省（2017）『中学校学習指導要領解説　総合的な学習の時間編』（Web版）p.90

26) 同上書，p.125

27) サービス・ラーニング（Service-Learning）には，様々な定義があるが，一般的には，「学習を充実させ，市民的な責任を考えるとともに，コミュニティをよりよくするために，コミュニティ・サービスとアカデミックな学習とを統合する教授と学習のアプローチ」と定義される米国の教育プログラムを指す。
National Commission on Service-Learning.(2002). *Learning in Deed.*, p.15

28) Marina Schauffler(2011). *Kids As Planners: A Guide to Strengthening Students, Schools and Communities through Service-Learning Revised and Expanded 3rd Edition,* Harkins Consulting, LLC,pp.121-122

29) 例えば，以下では，仙台市の教育委員会によるカリキュラム・マネジメントに関する研修の取り組みが紹介されているが，こうした取り組みが広がっているとは言い難い。
奈須正裕・猪股亮文・四ヶ所清隆・渋谷一典（2017）「座談会　総合的な学習の時間で育成を目指す資質・能力とカリキュラム・マネジメント（特集　新学習指導要領に向けた指導の在り方　総合的な学習の時間の特質に応じた学習の在り方）」東洋館出版社『初等教育資料』No.961，pp.52-59

30) 文部科学省（2017b），前掲書，p.57

31) 文部科学省ホームページ「コミュニティ・スクールの導入・推進状況」（http://www.mext.go.jp/a_menu/shotou/community/shitei/detail/1405722.htm）より

32) 楊川（2017）「教職課程科目における総合的な学習の時間の指導方法に関する研究：カリキュラム・マネジメントの視点から」九州国際大学教養学会『九州国際大学教養研究』第23巻第3号，p.81

〔付記〕本章は，下記の論文を加筆・修正したものである。
加藤智「総合的な学習の時間におけるカリキュラム・マネジメントに関する一考察」愛知淑徳大学教育学会『学び舎──教職課程研究──』第13号，2018年，pp. 3-17

総合的学習における思考ツールの活用の可能性

はじめに

　平成29年3月に公示された新学習指導要領は，知識の理解の質を高め資質・能力を育む「主体的・対話的で深い学び」の実現に向けた授業改善を求めている。その背景には，これまでの学習指導要領が「何を学ぶのか」という個別の知識・技能の習得に重点を置いており，教育課程全体や各教科等の学びを通じて児童生徒が「何ができるようになるのか」という新しい時代に必要となる資質・能力を育成する視点や，必要な指導内容等を児童生徒が「どのように学ぶのか」という授業改善の視点が欠けていたことがある。そして，新しい時代に必要となる資質・能力について，新学習指導要領は，「生きて働く知識・技能」「未知の状況にも対応できる思考力・判断力・表現力等」「学びに向かう力・人間性等」という3点に整理しているが，これらの資質・能力は従前の個別の知識・技能の習得に偏重した授業で育成することは困難であり，児童や学校の実態，指導の内容に応じて，「主体的・対話的で深い学び」の視点から授業改善を図ることが求められているのである。

　総合的学習においても，「主体的・対話的で深い学び」の実現に向けた授業改善が求められている[1]。田村は，「主体的・対話的で深い学び」を実現するための手立てとして，「思考ツール」を活用することの価値を指摘している[2]。なぜなら，「思考ツール」による可視化と操作化が，「自ら学び，ともに学ぶ」子供の姿を具現化するからだという。確かに，思考ツールを介して，子供たちは自分たちの考えを整理し，次に学ぶべきことを焦点化する（すなわち，「主体的に学ぶ」）ことができる。また，子供たち一人一人が持っている情報の粒を，関連付けたり組み合わせたりすることによって，一つの確かな真理に行きついたり，向かうべき道筋を共有したり，他者の考えと自分の考えを比較し，新たな考えを持つこともできる。その姿は，まさしく「ともに学ぶ」（すなわち，「対話的

に学ぶ」）姿だろう。しかし，思考ツールを使用する過程，つまり経験を文字化する過程が「自己目的化」[3]されてしまうことによって，子供の学びが生活現実と離れたものになる危険性もある。このような視座に立つと，経験の文字化が自己目的化した思考ツールの使用は，深い学び，すなわち「習得・活用・探究という学びの過程の中で，各教科等の特質に応じた「見方・考え方」を働かせながら，知識を相互に関連付けてより深く理解したり，情報を精査して考えを形成したり，問題を見いだして解決策を考えたり，思いや考えを基に創造したりすることに向かう」[4]学びの実現を妨げかねないと指摘できよう。

　本章では，筆者が滋賀県近江八幡市立八幡小学校で実践した総合的学習の授業実践で活用した思考ツールの分析を通して，「主体的・対話的で深い学び」を実現させるための思考ツールの活用の在り方について考察する。

Ⅰ　思考ツールとはなにか

1　思考スキル

　思考ツールの説明にあたり，深く関わっている思考スキルについて先に述べる。黒上（2012）は，思考をスキルととらえて，以下のように記している。

　絵画についての感想をまとめるときの思考は，図画を見る視点をいくつか設定して，その視点から見たときに言える事実，事実に対してもつ感情，事実から連想される出来事などを意識化し，それらをつなげて文章にするという頭や心のはたらきである。つまり，①視点を設定する，②視点ごとに言えることを意識する，③意識したことをつなげて文章にする，という3段階の手順によって，考えを書き出すことになる。このように思考には，手順に落とすことができるものがある。そして，手順を意識させることによって，より多くの子供が考えを深めたり表したりできるようになる。このような頭や心の中の手順を，思考スキルと呼んでいる。固く言うと，「思考の結果を導くための具体的な手順についての知識とその運用法」が思考スキルということになる。[5]

児童生徒は，自分の頭や心の中にあるものをうまく表現できないことがある。例えば，「絵画について感想を述べよ」と言われても，何も書くことが思い浮かばない子供がいるとする。その子供に，「色使いについてどう思うか」と焦点化する視点や，「隣の絵との違いは何か」と比較する視点を与えたならば，「その絵は，赤色を使うことで，隣の絵と比べて熱いイメージが強くなっている」と思考の結果を表現することができるようになる。この「焦点化する」，「比較する」などの技法を，黒上は思考スキルと呼んでいる。

　黒上は，小学校段階で求められる思考スキルを表1のように19に整理している[6]。

　総合的学習においても，思考スキルが注目されている。平成29年度に告示された学習指導要領において，総合的学習における指導計画の作成に当たっては，「探究的な学習の過程においては，他者と協働して課題を解決しようとする学習活動や，言語により分析し，まとめたり表現したりするなどの学習活動をすること。その際，例

表1　19の思考スキル

	思考スキル	定　義
❶	多面的に見る	多様な視点や観点に立って対象を見る
❷	順序立てる	視点にもとづいて対象を並び替える
❸	焦点化する	重点を定め，注目する対象を決める
❹	比較する	対象の相違点，共通点を見つける
❺	分類する	属性に従って複数のものをまとまりに分ける
❻	変化をとらえる	視点を定めて前後の違いをとらえる
❼	関係付ける	学習事項同士のつながりを示す
❽	関連付ける	学習事項と実体験・経験のつながりを示す
❾	変換する	表現の形式（文・図・絵など）を変える
❿	理由付ける	意見や判断の理由を示す
⓫	見通す	自らの行為の影響を想定し，適切なものを選択する
⓬	抽象化する	事例からきまりや包括的な概念を作る
⓭	具体化する	学習事項に対応した具体例を示す
⓮	応用する	既習事項を用いて課題・問題を解決する
⓯	推論する	根拠にもとづいて先や結果を予想する
⓰	広げてみる	物事についての意味やイメージ等を広げる
⓱	構造化する	順序や筋道をもとに部分同士を関係付ける
⓲	要約する	必要な情報に絞って情報を単純・簡単にする
⓳	評価する	視点や観点をもち根拠にもとづいて対象への意見をもつ

12章 ■　総合的学習における思考ツールの活用の可能性 | 209

えば，比較する，分類する，関連付けるなどの考えるための技法が活用されるようにすること。」[7]というように記されている。総合的学習においても，④比較する，⑤分類する，⑧関連付けるに代表される思考スキルが重要になるということである。

2 思考スキルと思考ツール

前項で述べたように，思考という言葉には様々な活動が含まれており，それぞれに思考スキルが存在する。その思考スキルをより深く自分の学びに繋げていくことや，自分の周りと学びを協同的に深めていくために，近年教育現場において注目を高めている技法が「思考ツール」である。思考ツールは，「頭の中の情報を書き込むための図形の枠組み」[8]であり，児童の頭の中を整理するために使用されている。また，思考ツールは，思考スキルの特性によって使い分けがされていたり，学年の発達段階に見合ったツールが使用されていたりする。ここでは，学習指導要領にも例示された，「比較する」「分類する」「関連付ける」の3つの思考スキルを習得するための思考ツール[9]を紹介する。

(1) 比較する

比較する思考スキルでは，「ベン図」を使用する（図1）。ベン図は，複数の考えや事実，意見等を比較，分類し整理・分析をする際に使用される。活動の事例として，分類する視点を定めて情報を分類していく方法，比較して考えながら対象

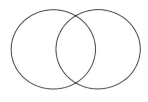

図1　ベン図

の共通点とリストアップしていく方法が挙げられる。また，ベン図は比較だけではなく，様々な事象を二つの視点で分類し，その中から共通するものを見つける際にも有効であると考えられる。

(2) 分類する

分類する思考スキルでは，「座標軸」を使う（図2）。二つの軸を立てて対象を位置付けることによって物事を整理するために使う。例えば「長所←→短所」という軸を立てると，どれくらい長

図2　座標軸

所か（短所か）という程度を考慮することになる。
（3）関連付ける

関連付ける思考スキルでは、「コンセプトマップ（概念地図法）を使用する（図3）。コンセプトマップは複数の事柄の関係や関連についての考えを書き出し、つながりがある事柄を線で結び、その線の上にそのような関係があるかを記入していく。つながりによって結ぶ線が矢印となる場合

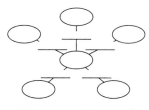

図3　コンセプトマップ

がある。対象となる事柄を決めておくことで、結び付けに集中させることができる。また、何を対象とするかを含めて自由に書き出させることで、テーマについてどのような知識をもっているか、それらをどのように関連付けているかを振り返ることも可能である。

　これらの思考ツールを使用することで、児童が頭の中にある様々な考えを整理し、表すことができるようになる。田村（2015）は、思考ツールの特性を「情報の可視化」と「情報の操作化」であると挙げている[10]。学習活動において、言葉という目に見えない情報を比較・関連付けることは高度であるが、思考ツールを使用することで情報を目に見える形で表すことが可能である。可視化することで児童同士の情報の交換や課題にあった情報処理が容易になる。また、ツールを使用する一環において、カードやホワイトボードや上の文字を自由自在に動かしたり、書き直したりして操作できる状況が生まれる。操作化することで、新しい発見や情報同士のつながりに気付く場面がみられると考える。

　思考ツールは、個人で情報を整理したり、じっくりと考えを深める場面だけではなく、ペアやグループで意見を交換しながらまとめたり広げたりすることも可能である。さらには全体で話し合いを行う際にも思考ツールを使用し、共有することも可能である。使用する形態によっては、ワークシートやホワイトボードで書き込むことや、板書で整理する場面もある。思考ツールを話し合いの中で使用することによって、児童同士が積極的に意見を交わし、情報を整理し考える学びを深めていくことに加え、協同的な学びにつながると期待される。以上の点からも、思考ツールを使用することが、児童の思考力を高める手段の

一つとして有効であるといえるだろう。

3　思考ツールを活用する際における配慮事項と課題

　田村は思考ツールを活用する際の配慮するべき点として,「①必然性」「②整合性」「③簡便性」「④充足性」の4点を指摘している[11]。①必然性は「活動の連続性はあるのか？　そのツールを使用する必然性はあるのか？」であり, 思考するという活動において, どのような目的の実現に向けて思考ツールを使っているのかを明らかにする必要がある。②整合性は「どんな思考をさせたいのか？　最適な思考ツールか？」であり, 実際に行わせたい情報の処理方法と思考ツールとに整合性が取れていることが重要である。③簡便性は「分かりやすいのか？　複雑なものではないか？」であり, 情報を整理するための思考ツールが逆に思考の幅を狭めてしまわないかという点に配慮しなければならない。④充足性は「使ったことがあるのか？　ある程度の経験を有しているか？」であり, 思考ツールを活用する際にはいくらかの経験が必要であることを示している。加えて, 発達段階に合った思考ツールの選択も必要である。低学年児から高度なツールを提示するのではなく, 易しいツールから始めることも考慮しなくてはならない。

　本章では, 上の4点を踏まえ, 図2の「座標軸」に加えて, 思考の構造化や焦点化を図るために用いられる「ピラミッドチャート」(図4) を修正した「台形チャート」を使用している。次節では, 実践の中でどのようにそれらの思考ツールを用いたかを明らかにする。

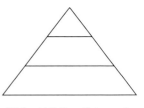

図4　ピラミッドチャート

II　実践事例「八幡の水　滋賀の水」

1　実践のねらい

　滋賀県は,「マザーレイク」(母なる湖) と呼ばれる琵琶湖を有している。多種多様な生物や植物の命を育むだけでなく, 約1450万人が利用する水道水に

なるなど，人々の生活にも深く関わっている湖である。ところが，琵琶湖が魚などの生き物を保全する力は，年々衰えてきている。1970年代末ごろに住民から起こった「石けん運動」[12]を皮切りに，様々な団体や公的機関が琵琶湖を保全するための活動をしているにもかかわらずである。環境先進県と呼ばれる滋賀県の5年生の子供は，「びわ湖フローティングスクール」（船に乗って琵琶湖を1周する1泊2日の教育活動）で琵琶湖の生き物が今なお減り続けているという事実を知る。しかし，このような単発の活動だけでは，子供たちが自分の生き方にまで踏み込んで考える機会を持つことにはならない。

本実践は，子供たちに環境問題の当事者としての自覚を持ち，琵琶湖や様々な自然環境のためにできることを考え続けられる人間になってほしいという願いから行われた実践である。

2　実践の実際（50時間完了）
(1) ふるさとや，身近な自然環境とのかかわり合いを深める活動
① ヨシの調べ学習

八幡小学校の5年生は，4クラス合計133名が在席する学年である。子供たちが居住する学区には，北之庄沢という沢があり，北之庄沢を船頭さんの手漕ぎ船によってめぐる「水郷めぐり」[13]が

写真1：水郷めぐりで見られるヨシ原

観光名所とされている。水郷めぐりの見どころとして，ヨシ原と田園風景とのコントラストの美しさに加えて，ヨシ原が育むたくさんの水鳥や魚に遭遇することができることも挙げられる（写真1）。

5月の中旬に，北之庄沢で採れたヨシを，教室で子供たちに提示した。全長4mほどの，枯れたヨシである。「うわ，長いなっ！」子供たちは，教室に入りきらないほどの長いヨシに驚いた。「これは何でしょう」と問うと，意外にも首を傾げる子供たちが何人もいた。北之庄沢の近所に住んでいる子供たちにとっては，ヨシは至極身近な存在であるが，そこから離れた所に住んでいる子供た

ちには，馴染みの浅い植物だったのだ。枯れたヨシは，よしずやヨシ笛などに加工される。ヨシ笛を吹いてみせると，ヨシから笛ができていることに驚く子供もいた。北之庄沢や，琵琶湖などにヨシが生えているのは知っている子供が多かった。しかし，ヨシが何に加工されるのか，どのような生態なのかを知っている子供は少なかった。「ヨシについて，何か知りたいことはないですか」と聞くと，「他にヨシがどのような道具に変わるのか」，「ヨシの一生を調べたい」，「ヨシはどんな所に生えているのか」，「なんで琵琶湖や北之庄沢に生えているのか」など，たくさんの答えが返ってきた。中には，「ヨシの秘密を知りたい」という漠然とした意見もあった。どのような調べ方をしたいかと尋ねると，「図鑑があれば，それで調べたい」，「詳しい人に聞きたい」，「インターネットで調べたい」などの意見が出た。それに加えて，Ａ児は「ヨシを育てて観察したい」と答えた。「北之庄沢を守る会」という団体が存在し，子供たちの親や祖父母がその団体に加盟していることや，八幡小学校を地元とする教師がいることを知っている子供もいた。筆者も事前に北之庄沢を守る会とは連絡をとっていたが，その日は何も言わず，今すぐにできる方法であるインターネットで調べることになった。すると，ヨシが思った以上に様々な製品に加工されてきていることが分かり，ノートにメモするＢ児の姿が見られた。また，「ヨシの秘密を探ろう」という課題設定をした子供は，ヨシが環境保全に役立つという事実を知り，その内容を意欲的にノートにまとめ出した。ちなみに，「ヨシの秘密を探ろう」というテーマで調べ始めた何人かの課題テーマは，いつの間にか「ヨシの働きについて」に変わっていった。

　子供たちが調べたことを出し合い，整理してみると，加工品にはよしずや衝立などに加え，「よしうどん」や「よしクッキー」などの食品にも加工されていることが共有できた。また，ヨシは川をきれいにしたり，生き物のすみかになったりすることも分かった。一方で，インターネットで検索してもヨシの育て方を見つけられなかったＡ児は，「北之庄沢を守る会の人に聞いたら分かるかな？聞いてみたい！」と語った。そして，八幡小学校の角田教諭が北之庄沢を守る会に入っていることから，Ａ児たちは角田教諭にヨシについて教えてもらえるようにお願いに行った。

翌週，角田教諭は子供たちにヨシの働きについて説明してくれた。B児は，「よしずを作っている人は近くにいるんですか」と尋ねた。角田教諭はよしず職人の大西さんの名前を挙げた。また，A児が，「ヨシを育てたいんやけど，どうやって育てるんですか」と尋ねると，それも大西さんが詳しいかもしれないと教えてくれた。

② よしず職人・大西博さんとのかかわり

　よしず職人の大西博さんは，補聴器をつけており，年齢も80歳に近いので，最初の打ち合わせでは，「教えるのは，無理かもしれません」と言っていた。しかし，打ち合わせを重ねる度に，「ヨシ笛作りもできるで」，「よしずを加工して，一輪挿しを作ったらどうや」などと，様々なアイデアを出してくださり，子供たちのために乗り気になってくれた。大西さんは，北之庄沢を守る会を立ち上げた一人でもあった。大西さんが子供の頃は，北之庄沢は，透き通るほどにきれいだったという。ヨシがたくさん茂っており，ヨシを加工して生計を立てる者も多かった。そのために，冬にはヨシ刈りやヨシ焼きが行われるのが町の風物詩となっていた。しかし，建物の洋式化が進むと，よしずやヨシ葺き屋根の需要が減り，ヨシを扱う人が減ってきた。その結果，枯れたままのヨシが残り，新しいヨシが芽生えなくなり，ヨシ原は減っていった。ヨシのおかげできれいだった水も濁り始め，高度経済成長期とも重なり，たくさんのごみや産業廃棄物が北之庄沢にも捨てられるようになり，北之庄沢はヘドロの沼と化した。北之庄沢の環境を改善しようと行政と共に立ち上がったのが，大西さんたち北之庄沢を守る会の人々だったという。

　大西さんは，「おっちゃんは，北之庄沢を守る会の一員です。○○君と○○君のおじいちゃんと一緒に，川のごみ取りとかしてるんやで」と話し始めた。その後，「昔は北之庄沢の秋の水は飲めました。けど，冬になったら飲めませんでした。なぜで

写真2：大西さんとよしず作り

12章 ■　総合的学習における思考ツールの活用の可能性　｜　215

しょう」というクイズを出し，秋まではヨシが北之庄沢を浄化していてくれたことや，冬になると，ヨシ刈りやヨシ焼きをしないと，新しいヨシが育たなくなることなどを話してくれた。北之庄沢の話を一通りした後，大西さんはよしずの編み方を教えてくれた（写真2）。機械ではなく，昔ながらの手作業で見本を見せてくれたのだが，その手際の良さに，子供たちからは，「すごい！」と声が挙がった。続いて，大西さんは子供たち一人ひとりに丁寧によしずの編み方を教えてくれた。さらに，大西さんは子供たちに，よしず作りだけでなく，よしずを加工して作る一輪挿しと，簡易版のヨシ笛の作り方も教えてくれた。ヨシ笛やよしずの一輪挿しを作ることができた子供たちは大喜びだった。

　振り返りの時間に，大西さんが当日のために何日もかけて準備をしてきたことを伝えると，子供たちは，自分たちの感想文を大西さんに渡したいと頼んできた。大西さんは，「家に来てくれたら，またよしずを作らせたるで」と言ってくださったので，「家に行って教えてもらうときに感想文を渡そう」ということになった。夏休みに大西さんのもとに大勢の子供たちが押しかけたが，大西さんは大変喜んでくださり，子供たちとの温かい関係もできたようであった。

③ ヨシの観察

　A児はよしず作りを終えた後，ヨシの育て方について大西さんに質問することができた。ヨシは茎を地下に植えれば茎から新しい芽が出てくるが，ヨシを育てるのには，広い敷地が必要だと言われたようだ。そこで，A児は大西さんが持ってきたヨシの穂先についている種を植えることにした。大西さんは，「種からはなかなか育たへんよ」と言っていたが，後日，種から小さな芽が出てきた。理科で学習した知識を生かしてA児が肥料も与えると，どんどん生長していった。これを目の当たりにしたクラスの子供たちに，ヨシの観察ブームが訪れた（写真3）。発芽する種もあれば，発芽しない種もあることがわかったが，なぜ，ヨシ

写真3：種からヨシを育てたよ

は茎を植えれば新しい芽が出るのに，種もできるのか，子供たちは疑問を抱いた。子供たちは，インターネットで淡海環境保全財団という団体を探し当て，「なぜ，発芽する種もあるのに，ヨシを育てるときに種を使わないのか」などの質問をした。淡海環境保全財団の田井中さんは，電話での質問に答えてくださった。電話はスピーカーにつなぎ，みんなで聴くことができるようにした。田井中さんによると，アサガオなど，品種改良をして種から育てる植物を除いて，自然に生えている植物の多くは，クローンを生えさせることにより子孫を残し続けるということだった。「ただし，クローンは環境の変化に弱いことが多く，冷害などによってクローンが枯れれば子孫は残らなくなる」と教えてもらった。子供たちは，「冷害が過ぎた後に，種が発芽したら，子孫が残るやん！」とヨシがもつ生き残る工夫に驚嘆した。

　この活動の後，A児や数人の有志を引き連れて，放課後に青いヨシを根から掘り起こしに行き，プランターに土を入れて植えてみた。すると，採ってきたヨシは枯れたものの，数日後には枯れたヨシの根（地下茎）から新しいヨシが生えてきた。生えてきたその日に，すでに種から発芽した芽の全長を追い抜いたので，「大西さんらは，種からは育てへんって言ってやったんは，こういう理由やったんかな」と子供たちは納得しているようであった。

　A児の興味・関心から広がったヨシを育てる活動は，理科の学習との関連を図るだけでなく，子供たちとヨシとの距離感を縮めることができた。

（2）環境問題の当事者としての思いを育む活動
内湖の埋め立てに賛成するか，反対するか

　よしず作りをした次の週に，角田教諭が北之庄沢を守る会の活動についてさらに詳しく教えてくれた。その中で子供たちは，内湖の干拓や埋め立てによってヨシ原が減ってしまい，絶滅した生き物がいたことを聞いた。原因は，戦後の貧困から脱出するために内湖を埋め立てる必要があったからだという。その日の感想に，「人間の都合で生き物を絶滅させるなんて最低だと思う」と書いている子供がいたので，後日，子供たちに，「みんなが，戦後の貧困のせいで，食べ物にさえありつけないとしたら，埋め立て案に賛成する？　反対する？」と

聞いてみた。「えー，究極やな……」，「どっちやろー……」などと，子供たちは期待以上に自分事として考えた。賛成か反対かの立場をはっきりさせて，その理由も書くように指示すると，賛成が20名，反対が10名となった。賛成派の子供たちは，「自分が死にかけてるときに，他の生き物のことを考えることなんてできひん」，「その時代の人は，まだヨシの役割とかも知らんでやったやろし，まさか魚が死んだり，絶滅したりするとは思ってなかったと思います」などと発言した。対して反対派は，「人間の命も大事やけど，他の生き物の命も大事やし，生き物をどっかに移動させてから埋め立てたらよかったと思います」や，「やっぱり他の生き物のことを考えると，賛成はできんかったと思う」という発言をした。加えて反対派のC児は，「人間と魚の命を比べて，人間の方が上って思っていたけど，よく考えたらおかしいと思う」という発言もした。誰もが環境破壊の当事者になり得るという事実を知った子供たちは，「環境破壊をする人＝悪人」という短絡的な考えからは脱していた。

　他にも，「本当にブルーギルが悪いのか」というテーマなどで議論した。まとめとして，「結局，環境破壊はどのようにして起こるのか」というテーマで考えを出し合うことにすると，「人が生きるためだったり，家を建てたりして便利に暮らすため」，「やっぱり，内湖埋め立てにしても，ブルーギルの問題にしても，知っていればこんなことにならんかったんやから，正しく知らないことが原因やと思う」という意見も挙がった。

(3) 自分たちに何ができるかを考え，行動しよう！
① 思考ツール「台形チャート」を媒体として練られたプロジェクト内容

　10月上旬に，滋賀県庁琵琶湖保全再生課の深井鉄平さんや，NPO法人ヨシネットワークの方々を招き，講義やワークショップを行った。子供たちは，琵琶湖が1450万人の飲み水になっていることや，そんな琵琶湖が危機に瀕していることを教えてもらった。その次の週には，琵琶湖に関するDVD「7月1日びわ湖の日30周年」を鑑賞し，琵琶湖が魚や鳥，植物が住みにくい環境になってきており，マザーレイクとしての機能を失いつつある危機的状況にあることを確認した。

深井さんたちから，たくさんの団体が琵琶湖のために活動していることを知り，自分たちも何かがしたいという子供が出てきた。数人の子供たちは，休日に北之庄沢を守る会の人と，舟に乗ってごみ清

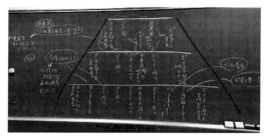

写真4：台形チャート

掃をしていた。しかし，みんなでプロジェクトを組んで活動したことはなかった。「じゃあ，みんなに何ができるだろう。一人一人で考えてみよう」と声かけすると，子供たちはこれまでの学習を蓄積してきたノートを見ながら考え，自分の思いを文章にまとめていった。

次の日，黒板に「ピラミッドチャート」に類似した，「台形チャート」を提示した（写真4）。ピラミッドチャートによって，みんなの目標を一つに絞ることは度々行ってきた。しかし，今回は，活動を1つに絞らず，子供たちの思いに基づいた，複数のプロジェクトチームに分かれて活動を展開したいという教師の思いがあったために，頂上のない台形チャートを用いることにした。

各学級で，台形チャートを用いて意見をまとめていった。まずは一人一人が意見を出し，チャートの最下部の段を埋めていった。A児は，「もっとたくさんヨシを育てて，琵琶湖とかに植える」と発言した。また，B児は，大西さんにヨシ刈りの大切さを教えてもらっていたので，「ヨシ刈りは絶対に外せません。ヨシの大切さを広めるポスターも，いろんな場所に貼りたいです」と思いを語った。ブルーギル釣りに参加したC児は，「ブルーギル釣りをして外来魚を少しでも減らしたい」と自分の経験を基に発言した。多かったのが，「ごみ拾いをする」という意見だった。その理由を尋ねると，子供たちは4年生の頃に，学区にある観光名所の一つである「八幡掘」についての学習をし，その時に，八幡掘を毎日欠かさず清掃している方との出会いが印象に残っていることが分かった。また，子供たちは1学期に北之庄沢を守る会の角田教諭から，路上のごみは雨風によって川に落ちてしまい，川から北之庄沢や琵琶湖に流れ着いてしまうことを教えてもらっていた。そのため，みんなでごみ拾いをすれば，川

や沢に流れるごみも減り，琵琶湖に流れ着くごみも減ると考えたのだ。その他には，「ポイ捨て禁止のポスター作りをする」，「ポイ捨て禁止を広めるビラまきをする」，「ゴミ箱や灰皿を設置する」という意見も出された。

　続いて，最下部の段を整理して，二段目に意見を集約する活動を行った。争点となったのは，「今年度中にできる活動であるかどうか。」だった。「ヨシを育てて植える」という意見は，内湖の埋め立ての話題が出たときから，Ａ児がみんなに提案していたが，周りの友だちから，「自分たちが育てているヨシを植えたとしてもたかが知れている」と退けられていた。それでも今回，Ａ児は再度同じ意見を表明したため，周囲からは，「あんまり役に立てへんのとちがう？」と反対の声が上がった。それに対してＡ児は，「だけど，ヨシはたくさん増えてほしいし，ヨシの植え方とか，みんなに広める活動がしたい」と自分の思いを伝えた。それに対してＢ児は，「私は，ポスターを作りたいって書いたのは，ヨシの大事さとか，私らも最初は知らなくて，みんなに知ってほしいと思ったから。ヨシがたくさん生えてきたら，今度はたくさん刈る必要がある。だから，ヨシ刈りや，ヨシを作った加工品を使うことがエコになるって伝えたい。Ａも，ポスターを作ってヨシの大切さを広めてみてはどうか」と語った。Ａ児はＢ児のヨシのことを広めたいという思いに共感し，彼らの意見は「ヨシの大切さを広める」活動としてまとまった。

　上から２段目に残ったのは，「ヨシの大切さを広める」，「ブルーギルつり」，「外来魚を減らすために呼びかける」，「ポスター作り」，「ごみ拾い」，「ポイ捨て禁止を呼びかける」だった。ごみ箱や灰皿の設置については，来年度以降の管理が保証できないという意見が出て実現に至らなかった。ビラまきについては，余計にゴミが増えるという意見が多く，賛同を得られなかった。

　３段目に残る意見を決めるにあたって，「本当に意味のある活動なのか」という視点を教師が提示した。すると，Ｃ児が提案したブルーギル釣りについての反対意見が出された。「Ｃ児が釣りをしたいだけと違うの？　５年生が何時間か釣りをしただけで，外来魚の量が変わると思いますか」といったものだった。これに対してＣ児は，「ぼくもみんなの意見を聞いてて，釣りだけじゃどうしようもないことは分かってるねん。けど，ブルーギルしか釣れへんような琵琶湖と

か北之庄沢の現実は知ってほしいねん」と強い口調で語った。そして，ブルーギル釣りは，「外来魚バスタープロジェクト」の活動として組み込まれることになった。こうして，3段目は，「ヨシの大切さを広めるプロジェクト」，「ごみ拾いプロジェクト」，「外来魚バスタープロジェクト」の3つのプロジェクトに集約された。そして，それぞれのプロジェクトで自分たちがしてきたことをポスターにして広めることになった。

② 琵琶湖をより良くするプロジェクト発足

　10月から12月までの2ヶ月間で，それぞれのプロジェクトは行われた。「ヨシのよさを広めるプロジェクト」の子供たちは，「ヨシを植える活動をしたい！」と願って淡海環境保全財団の田井中さんにお願いをしたのだが，時期がずれていたので，その願いは叶わなかった。それでも，ヨシが自然環境保護のためにどれだけ役立っているのか，ヨシ刈りやヨシの加工品を作ることが，どれだけ環境に良いのかをよしず職人の大西さんから再び聞き取って，ポスターにまとめた。「外来魚バスタープロジェクト」は，実際に琵琶湖や北之庄沢に出向いて釣りをした。合計14匹の魚を釣ることができたが，その全てがブルーギルであることが分かり，その現実にみんなが愕然とした。その後，外来魚の駆除のために，近江八幡市や滋賀県がどのような対策をしているのかを，訪問や電話での質問によって聞き取り，外来魚のキャッチ＆リリースを禁止していることや，外来魚駆除ボックスが存在していることを知り，外来魚駆除を呼びかけるポスターを作るに至った。どのプロジェクトもポスターを作製したので，貼りたい場所を決め，貼らせてもらえるようにお願いに行った。また，「テレビメディアにもお願いして広めたい」と言っていた子供の願いが実現して，ポスターセッションの様子が地元のケーブルテレビ局によって放送された。ポスターはその後，市役所や図書館，近江八幡駅等の公共施設，コンビニエンスストア等の商業施設などに貼られることになった。「市役所にポスターを見に行ったら，そのポスターを見ててくれやる人がいた！」と喜んで報告してくる子供もいた。

Ⅲ 思考ツールを適切に活用するために

1 より有効な思考ツールを選定する

　本実践では，琵琶湖をよりよくするための活動を決める際に台形チャートを用いた。一方，同様の実践をした別の学級では，当初は台形チャートを用いず，座標軸を用いて活動内容を話し合った（写真5）。より琵琶湖のためになる意見を右側に，より実現しやすい意見を上側に集めるようにして，クラス全員の意見が整理された。この学級の場合，右上の「実現しやすく，琵琶湖のためになるエリア」に，「ごみを拾いたい」，「ポイ捨て禁止のポスターを作りたい」という意見が集中した。

　一方で，「ヨシを植える」や，「外来魚を駆除する」などの意見は，右下の「琵琶湖の役に立つが，実現が難しいエリア」に集まった。結局，この時間の子供たちの意見は，ごみ拾いに集中した。それぞれの子供の思いを生かしきれなかったことを反省して，担任教師は，次の日に台形チャートを使用して活動を決め直した。

　本学級では，元々台形チャートを利用するつもりでいた。主な理由は3つあった。1点目は，台形チャートの基となったピラミッドチャートは，思考の構造化に適したツールとされているが，数ある思考ツールの中でも比較的シンプルな構造であり，子供の発達段階や汎用性から適切なツールと判断したからである（簡便性）。2点目は，台形チャートの基となったピラミッドチャートは，学級目標を決めるときや，運動会のリレーのめあてを決めるときなど，以前に使った経験があるからである（充足性）。そのため，子供たちは台形チャートをスムーズに使うことができると考えた。3点目は，子供の思いの強さがより反映されやすいのが台形チャートだと考えたからだ（整合性）。

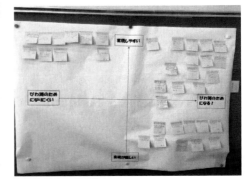

写真5：座標軸

座標軸は，情報の比較・分類・整理に役立つが，自分の意見が「実現しにくい」方にあることを認識すると，子供たちが自分の思いを語ることに二の足を踏んでしまう可能性がある。台形チャートは，スタート地点が同じであり，自分の思いを言いやすい環境作りに貢献したと考えられる。

2 子供の思いの深さが必然性を生み，思考ツールの自己目的化を防ぐ

本実践では，子供たちの思いが台形チャートを介してつながったり，焦点化されたりした。A児の「ヨシを育てて植えたい」という意見は，文字として見ただけでは，環境保全に役立つとは判断しづらい。案の定，他の子供たちから，「そんなに小量のヨシを植えたところで，あまり環境のためにはならないだろう」といった反論を受けた。しかし，A児はヨシを育て続けている背景を持っており，かつヨシの環境保全における重要性を確信していた。そのため，ヨシを植える活動をすることは叶わなくても，せめて，「ヨシの植え方とか，みんなに広める活動がしたい」という言葉が出てきたのだと考える。その思いに共感したのがB児だった。ヨシの加工品に興味を持つことから始め，大西さんによしず作りを教えてもらったり，ヨシ刈りやヨシの加工品を作る必要性などを教えてもらったりしたB児は，自分一人がヨシの加工品を買うという行動を取っても，ほとんど環境保全に役立たないことを分かっていた。だからこそ，ポスターを作って，それらの大切さをたくさんの人に広めることによって，みんながヨシ原の活性化に協力できるのではないかと考えたのだろう。その思いが，B児の，「ポスターを作ってヨシの大切さを広めてみてはどうか」という助言を生んだのではないかと考えられる。C児の「ブルーギル釣りをする」という意見にしても，その言葉の裏にC児の思いがなければ，簡単に却下されてしまうような意見である。しかし，「釣れるのが，ほとんど外来魚だということを伝えたい」とC児が自分の思いを真剣に語り，共感を得たからこそ，ポスター作りと合わせて採用された意見だった。

これがもし，A児のヨシに対する思いがなければ，B児の大西さんとの深いかかわり合いがなければ，そして，C児の外来魚釣りの経験がなければ，どうなったのだろうか。おそらく，何の思いの交流もない，台形チャートに書かれ

た文字だけを読みながら，ごみ拾いプロジェクトとポスター作りのみに体裁よく決まっていく時間になったのではないか。そうなると，子供たちは，確かに，ごみをたくさん拾って，充実感を得ることにはなっただろう。けれども，琵琶湖のために活動している人々には，ごみ拾いをしている人もいれば，ヨシの再生に尽力している人もいる。在来魚を守るために外来魚対策をしている人もいる。そうした人々との出会いがなければ，その人たちの努力や苦労にまで，思いを馳せることはできなかっただろう。このような子供たちの思いの深さが，思考ツールを使う「必然性」を生んでいると言えよう。

おわりに

　本章では，総合的学習における思考ツールの活用の在り方について考察した。「比較する」，「分析する」，「関連付ける」などの，思考スキルや「考えるための技法」の指導のために思考ツールを用いることは，子供たちの思考力を養うために有効な手段だと言える。しかし，思考ツールの利用ありきの実践であれば，子供たちの願いや教師のねらいに適さない思考ツールを用いてしまい，学びが深まらないケースや，ただ思考ツールを文字で埋めることが目的になってしまうケースに陥ることもあるだろう。近頃は総合的学習に限らず，思考ツールの使用ありきの授業が散見されている。このような授業では，先に述べた「必然性」「整合性」「簡便性」「充足性」のいずれかが欠けている。

　総合的学習は，本章の実践の姿からわかるように，子供たちが自らの思いや願いを実現するために探究していく時間である。そのため，とりわけ「必然性」が不可欠である。必然性のない状況で思考ツールを使用すれば，思考ツールを文字で埋めること自体が目的となってしまうことが危惧される。その一方で，子供たちが対象と深くかかわり，強い思いや願いをもっている状況で適切な思考ツールを用いることができれば，思考ツールは知識を相互に関連付けてより深く理解すること，情報を精査して考えを形成すること，問題を見いだして解決策を考えること，思いや考えを基に創造することに大いに貢献する可能性があるだろう。

　このように考えると，総合的学習において思考ツールを活用することは否定

されるべきではない。しかし，この見解が曲解されることで，総合的学習が思考スキルの練習場面として，脱文脈的に使われることが危惧される。思考ツールは，総合的学習だけではなく，各教科等においても活用することが可能であり，むしろ様々な場面で活用していくことが，思考スキルの汎用性を高める上で効果的である。

　田村は，思考ツールを活用する子供の成長の段階について，以下の 5 つのステップを踏まえるとしている。

　　ステップ 1【単独】：教師が用意した思考ツールを活用して考える
　　ステップ 2【選択】：子どもが自ら思考ツールを選んで考える
　　ステップ 3【複合】：子どもが複数の思考ツールを組み合わせて考える
　　ステップ 4【創造】：子どもがオリジナルな思考ツールを開発して考える
　　ステップ 5【自立】：子どもが思考ツールを使わずに考える[14]

　このステップに示されているように，思考ツールの究極的なゴールは，思考ツールを使わずに思考することであり，思考ツールの使用はその過程という捉え方ができる。教科等の枠に捕らわれず，様々な場面で思考ツールを有効に使用できるように試行錯誤することによって到達し得る境地である。したがって，思考ツールの使用にあたっては，総合的学習に限らず全教科・領域のカリキュラムを見通して中長期的な指導計画を立てる必要があるだろう。そして，このような指導計画を立案し，授業を展開するスキルこそが，総合的学習を指導する教師には特に求められると言えよう。

（西野雄一郎）

【注】

1）　文部科学省『小学校学習指導要領解説 総合的な学習の時間編』2017 年，3-4 頁

2）　田村学・黒上晴夫『「深い学び」で生かす思考ツール』2017 年，2 頁
　　上書で黒上は，「総合的な学習の時間は，思考ツールを使う場面の宝庫である。自分たちで集めた情報を整理する場面，分析する場面，それぞれにいろいろなものが使える。これは，その成果をメタ認知させ，思考ツールを選択する力を育てるのに都合のよい場面でもある。」（14 頁）と，総合的学習における思考ツールの活用の可能性につい

て言及している。

3）岩川直樹（2005）「教育における『力』の脱構築」久富善之・田中孝彦編著『希望をつむぐ学力』，明石書店，226 頁
岩川は，「スキル習得が行為や関係や知識や価値観から切り離されて，それ自体で自己目的化する傾向」を「スキル主義」と呼び批判している。

4）文部科学省『小学校学習指導要領解説 総則編』2017 年，77 頁

5）田村学・黒上晴夫『考えるってそういうことか！「思考ツール」の授業』小学館，20 頁

6）同上書，21 頁

7）文部科学省『小学校学習指導要領』2017 年，182 頁

8）関西大学初等部『関大初等部式 思考力育成法』さくら社，2012 年，38 頁

9）田村学・黒上晴夫『考えるってそういうことか！「思考ツール」の授業』小学館，119 頁 -127 頁

10）田村学『授業を磨く』東洋館出版社，2015 年，142 頁

11）同上書，140 頁

12）滋賀県『琵琶湖ハンドブック [改訂版]』2012 年，68 頁
1970 年代に，琵琶湖に悪臭を放つ赤褐色のプランクトンによる淡水赤潮が大量発生した。この原因の 1 つが，当時広く使用されていた合成洗剤の中に含まれている「りん」であった。この赤潮大量発生を契機に，主婦層を中心とした県民が主体となって，りんを含む洗剤の使用をやめ，天然油脂を主原料とした粉石けんを使おうという運動が広まった。

13）北之庄沢での水郷めぐりについては，以下のサイトで閲覧できる。
http://suigou-meguri.com（2018 年 6 月 7 日確認）

14）前掲書 10），144 頁–147 頁

〔付記〕本書は，加藤智・西野雄一郎「総合的な学習の時間における思考ツールの活用の在り方に関する一考察」『愛知淑徳大学教志会研究年報』第 4 号、2018 年の西野の執筆箇所について，本書の趣旨に合わせて加筆・修正したものである。

13章 生活科・総合的学習における教師の実践的力量形成

はじめに ―教師の実践的力量形成についてのとらえ―

　生活科・総合的学習を創り上げていくための教師の実践的力量はどのように形成されるのか。生活科・総合的学習に限らず，実践を支える教師の力量形成は喫緊の課題である。

　授業分析を創始した重松鷹泰[1]（1908〜1995）は，現場の教師自身が，権威に屈せず，自分の実践に自信をもち，堂々と進んでいくために，「教師の自立」を「授業記録に学ぶ授業研究の原点」に据えた。

　重松は，「教師自身の自立のために」[2]という小論で，次のように述べている。

> 　教育学の自立のためには，教育のいとなみを，教師自身が観察し省察して，それを集積し吟味していかねばならない。それが教師の授業研究となり，教師の自立，教育の自立，教育学の自立を支えていくのである。授業の記録をふまえての，授業の研究は，そのようなことをねらっているのである。（略）一人ひとりの学習者が，どのようにその人なりの生き方，個性的なあり方を，追究し実現しようとしているかを，学ぶということを根底におかねばならない。また教師自身が，ひとりの人間として，どのように生き抜いていこうとしているのか，その心の奥底にある動きが，一人ひとりの学習者の生き方と，いかに感応しあうかを探究していかねばならない。

　重松は，「授業を研究することにより，教師の指導計画の立て方，指導の技術，教師の出方，そして学習者たちの理解度の深まり，知識や技能の習得度，または教材や教科の特性やそのねらい，その教材の機能といった様々なことを学びとること」だけでなく，「教師の自立，教育の自立，教育学の自立というねらいからすると，それらの研究が，人の人として生きていく可能性の探究という根源と不可分のものとして，推進され，深化されることを要求しないわけにはい

かない」としている。重松は，授業を研究する根底に「教師自身の自立」を置いている。すなわち，授業研究のねらいとして，授業における教師の技術的側面としての力量向上と共に，教師としての人間形成を位置付けているのである。

筆者も，教師の実践的力量形成とは，子供と向き合って実践を創り出していく技量形成と共に，教師自身の学びと成長という自己形成をも含みこんだものであるととらえている。

ここでは，筆者の38年間にわたる教師人生のあゆみに即して，豊富小学校（担任時代），大雨河小学校（教務主任時代），形埜小学校（校長時代）で取り組んだ教育実践を元に，教師としての実践的力量形成に欠かせないものは何かについて考察したい。

Ⅰ 教師としての原点を学ぶ ——豊富小学校・担任時代——

筆者は，1976（昭和51）年度から1988（昭和63）年度まで，13年間にわたり額田町立豊富小学校に勤務した。豊富小学校で筆者が取り組んだ実践は，「総合的な学習の時間」創設以前のものであり，社会科を軸とした総合的・関連的学習であった。田村学（2014）は，「『総合的な学習の時間』創設以前において，その萌芽となる教育実践が各地でじっくりと積み重ねられていた」[3]と述べているが，豊富小学校での実践は，こうした一連の実践に連なるものである。

豊富小学校では，重松鷹泰を講師にして「自主学習への過程」の研究と実践を進め，毎年研究発表会を行い授業を公開していた。

1 子供とふれ合い，子供に学ぶ（教師の子供観の変革）

新任教師として豊富小学校の子供と出会い，授業の難しさと奥深さに直面した。大学での学びや自主的な研究活動での学びなどから，「子供を丸ごと，その内面世界をとらえる」「レッテルを貼らず，発展途上人としてみる」などの子供観を学んではいた。しかし，めざす理想と，目の前の子供・自分の授業の実際とのギャップに悩みもがく自分がいた。

子どもらが本当に目を輝かし，参加している先輩の授業に驚かされると共に，自分の授業とのへだたりの大きさを感ぜずにはいられなかった。かたや子どもたちが自分の足場を持ち，堂々と自分の考えをみんなの中に出し切り，板書も子ども自らの手で進められているのに対し，自分の学級のそれは，まるで授業になっていないのである。小学校での教育実習の経験がなかったこともあるが，初めて出会った2年生の子どもたちへの対応の仕方もわからず，集中してくれない子どもたちにいらだち，叱ったり怒鳴りちらす日々であった。そんな自分の力量のなさに自己嫌悪し，教師に向いてないのではないかとか，こんな自分に受け持たれた子たちはなんてかわいそうなんだと思ったりもした。[4]

　子供をとらえ，子供がやる気になる授業をどう創り出していくのか，どの新任教師もが直面する課題である。

　　先輩の先生に初めて見てもらった授業は，子どもたちが好きかってなことを始めてしまい，話し合いの授業には程遠いものであった。また，社会科でビニルハウスの見学に行ったところ，子どもたちはたまたまそこで見つけた大きな食用ガエルに夢中になり，農家の見学などそっちのけになってしまった。[5]

　上記の社会科のビニルハウスの見学の失敗は，今も鮮やかに思い起こされる。子供は，目の前の大きなウシガエルに興味津々であり，教師が見学の目的としていたビニルハウスの中の観葉植物やそこで働く人などは眼中にない状態になってしまった。その当時は，教師のねらいが先行して，この見学を失敗としかとらえられなかった。今の自分ならば，ウシガエルを発見し興味を持った子供の動きを大切にしながら，温度を保つビニルハウスという施設の役割や働く人へと子供の関心をつなげ，広げていくことができたのではないかと思われる。子供をとらえる目と教材研究の確かさが問われていたのである。

　失敗の中に明日を拓く道がある。悪戦苦闘しながらも，どうやって活路を切り拓いていったのか。

13章 ■　生活科・総合的学習における教師の実践的力量形成　｜　229

> 　こんな失敗の連続であったが，放課後子どもたちと一緒におたまじゃくしや
> ザリガニを取ったりして遊ぶ中で，子どもの生き生きとした目の輝きや表情を
> 発見し，熱中しているときの子どもの素晴らしさを感じた。子どもと共にもの
> ごとに体当たりしていく中に自分の道も開けてくるように思われた。[6)]

　子供と一緒に放課後にザリガニ取りなどして遊ぶ中で，子供との距離も縮ま
り，子供の伸びようとする芽をとらえることができるようになっていった。不
思議なもので，子供とのつながりを実感するとき，授業の中でも集中して取り
組む子供の姿が生まれてきた。学級の雰囲気が変わってくると，教師の子供の
見方も変わってくる。ちっともいうことを聞いてくれない子供という存在から，
共に追究を楽しむ仲間としての子供へと見方が変わってきたのであった。

2　教育実践を書き綴り，実践を振り返ることの意味

　豊富小学校では，子供をとらえるために，子供が自分の考えを表現すること
を重視し，その表現を手がかりに子供理解を深めることに取り組んでいた。そ
のため，子供には多くの機会をとらえ書くことを奨励してきた。教師は，子供
の生活日記，見学の作文，国語の「読み取りノート」，社会の「考えノート」
などに表現されたものを読み取り，朱書きを入れて子供に返していた。

　子供に書くことを要求する以上に，教師自身が書き綴ることを重視していた。
毎週の子供の授業の様子などを書き綴った週案実践記録，子供の考えをとらえ
予測して書いた詳細な指導案（子供の生活意識と教材の価値，単元構想，予想
される追究過程），録音テープをもとにした逐語記録による授業記録の作成と分
析など，多岐にわたっていた。

　その他にも，筆者は，日々の子供と実践の様子を，「育ち合い」「共に育つ」
などと名付けた「教育実践ノート」（大学ノート）に書き綴っていた。

> 　「や」を「つ」，「も」を「し」とつづるＡ児のことを。
> 　彼女は，本当にがんばろうとしているぞ。
> 　この前の『やえもん』の研究授業の時も，

> 自分から言いたくて，聞きたくて
> 「Bさんに質問だけどね。」と発言してくれたっけ。
> 「やえもんノート」に彼女なりの精一杯の読み取りを書き綴っている。(後略)
>
> (教育実践ノートに書き記したもの　1976年9月27日)

　国語の自主教材「やえもん」の授業でのA児の姿を元に，教師の思いを詩のように書き綴ったものである。学習成績などの面では苦戦していたA児が，一生懸命に発言しようとしていた姿が今でも蘇ってくる。子供への共感的理解と子供を見る眼を磨くのに，記録を書き綴ることは重要な意味をもっている。

　「教育実践ノート」は，殴り書きのメモの場合も多いが，子供の追究の姿や，授業での発言やつぶやきメモ，単元の構想や授業の追究方向，教材研究，明日の授業実践構想などを書き綴っていった。自分の教育実践の断片がそこに凝縮されており，日々の実践を見通し，実践を展開する基盤となった。

　教師にとって，教育実践を書き綴り，実践を振り返るという地道な営みが，実践的力量形成にとって重要な意味をもっている。

3　教材を発掘し，単元を構想し，授業を創造していく力を鍛える

　豊富小学校は，地域に根ざし，子供が主人公となる体当たりの追究をめざしていた。筆者は，主に社会科の地域教材の発掘と単元構想という視点から取り組んでいた。社会科での追究を軸にしながらも，子供と共に，探検し，追究していくことで，その学習は，自ずと総合的・関連的な追究の様相を呈していた。

　1977年度，教員になって2年目に出会った4年生の子たちとの出会いによって，教師としてやっていけるという手応えを感じた。とりわけ，子供との原用水の用水路探検は，フィールドワークを生かした体当たりの社会科学習の楽しさを実感させてくれた。「猪垣」の石を運んだずん切り車を自作するC児や，役場に自主的に聴き取り調査に出かけていったD児などの姿に，目を見張った。

　豊富小学校での13年間にわたる，地域に根ざし子供が主人公となる体当たりの総合的追究の模索は，教材を発掘し，単元を構想し，授業を創造していく力を鍛える場であり，苦労の連続であったが，子供と共に地域を探検する楽しさ

や，発見の喜びを味わわせてくれた。

4　共同研究体制の厳しさと温かさ

　豊富小学校では，学校全体の研究体制として，「一学期に一つは単元を通した授業実践に取り組もう」を合言葉に授業研究に力を入れており，研究授業も数多く行われていた。地域教材を発掘して単元を構想する，子供の生活意識をとらえ授業の追究の方向を予測していくというのは，未知の世界に挑戦していくことであった。そこには，子供の生活意識をとらえることの難しさと共に，授業の見通しをもつことの困難さを伴っていた。

　子どもをとらえ，教材を掘り起こして単元を構想し，授業を公開することもたいへんな努力を要するものであったが，その後の授業分析もそれに劣らずきびしいものであった。テープを聞き文字化し，自分の授業の事実を見つめるという作業はたいへんではあるが，「あの子がいいたかったことはこういうことだったのか」「この子がこんないい考えをつぶやいているのに，どうして教師はとりあげなかったのか」と授業中には気づかなかったことがみえてきたりした。「授業実践の記録を積み上げていくことが自分の教師としての財産だ」といわれていた。夏休みには，授業記録と実践記録を持ち寄り，授業研究の合宿を行い，お互いの実践の検討がなされた。[7]

　事後研究会では，授業記録を元にした授業分析も重視されていた。子供のつぶやきを含めた授業の逐語記録を作成して，子供の発言の意味を検討していく授業分析による共同研究の手法は，教師の子供を見る眼と心を磨く重要な意味をもっていた。教師集団の相互検討は厳しいものであったが，子供を育てていく仲間としての温かさも含んだものがあったと感じている。教師としての実践的力量形成の基盤は，実践探究と授業分析を重視した豊富小学校の教職員との共同研究の中で築かれていったのである。

　改めて豊富小学校での自らの実践を振り返ったとき，担任教師として苦労や失敗を恐れず，困難に挑戦していくことが可能になったのは，校長を始めとした学校の厳しく温かい研究体制と教職員集団の支えがあったからこそだと感じ

る。この経験は，教務主任，校長という立場になったときの，子供と担任教師の思いや願いのこもった実践に対して最大限の応援をしていきたいという信念につながっていった。

Ⅱ 「ふるさと総合学習」を支える共に学び合い育ち合う仲間
──大雨河小学校・教務主任時代──

1996（平成8）年度から2003（平成15）年度までの8年間，額田町立大雨河小学校に勤務して，学ぶ喜びが生まれる体当たりの総合実践に取り組んだ。

1 教師同士の雑談から生まれる学び合い育ち合い

学ぶ喜びが生まれる体当たりの「ふるさと総合学習」（生活科・総合的学習）

○ 子どもがふるさと大雨河の自然や人間とふれ合い，自分の思いや願いにこだわり，問いをもち，全身を働かせて考え続けていくような手作りの学習

○ 子どもと先生の個性と持ち味が存分に生きる楽しい実践

「ふるさと総合学習」における教師による手探りの教材発掘や単元構想の開拓は，カリキュラムの創造という側面をもっていた。それだけに，教師同士がお互いの実践を語り合い，学び合っていく共同研究体制の構築が求められていた。職員室をみんなの「おすそ分けの部屋」と形容した，その当時の黒柳校長は以下のように書いている。

　また今日も，みんなの「おすそ分けの部屋」で雑談が始まる。雑談は，現職教育（教師たちが学び合う校内研修の時間）に早変わり。どうしたら子どもの夢が実現できるかと。「おすそ分けの部屋」は，教材研究カリキュラムづくりの場であり，授業構想の場であり，反省会場でもある[8]。

大雨河小学校は，1995（平成7）～1997（平成9）年度にかけて，愛知県西三河地方教育事務協議会の教育研究委嘱と，1997年度愛知県教育委員会主催のへき地・複式教育研究協議会の会場校という二重の研究指定を受けていた。

黒柳校長が，研究発表会の根底においていた思いを次のように綴っている。

> 　学校は，子どもが生き生きして学び，自己成長するところである。そのために教師自身が常に学ぶ喜びを持ち，私たち自身が自己成長する感覚を持つ体験が必要となる。研究発表は私たち全員で行い，分科会場の発表でも授業でも，気負いや不安もなく笑顔を交え，ふだんのままの伸び伸びとした活動ができたと思う。これまでの教師にはこの感覚が不足していた。私たちの「学ぶ喜びが生まれるとき」の根っこの部分には，子どもの喜びを感じ合える，「共育ちする」私たちでありたいという願いを置いた[9]。

　とかく「研究指定」による研究には何か成果を上げなければという重圧がかかり，何のための研究かという問いがおろそかになりがちである。それを打ち破る鍵は，「おすそ分けの部屋」としての職員室と，お互いを受け止め合う教職員の温かい雰囲気と，共育ちに支えられた探究心旺盛な教師集団の形成である。

　筆者の前任の教務主任だった近藤教諭は，「職員室に語り合える仲間がいる喜び」と題して，職員集団形成のエピソードを綴っている。

> 　4年生のケーキづくりも同じようなことがあった。担任の山口教諭のこんな話から始まった。「困っちゃった。F君とGちゃん，砂糖も小麦粉もイチゴもぜえんぶ自分たちがつくって，それでケーキをつくりたいって言うんだよ。私が額田の子らしいことしたいねって言ったら」山口教諭に同情する他の教諭。ところが，こんな話になっていった。「いや，それって面白くないかなあ。砂糖と言えば，沖縄か北海道。4年生の社会科の教材にぴったりかもしれんよ」…(略)…子どもの思いを大切にして，できるならばやってみたいがとうてい無理だろう，と思っていた山口教諭の顔が少し明るくなってきた。やれるかもしれない。まだ，解決しなくてはならないことは山ほどあるけれど，子どもと一緒にやっていこう，そんな思いがわいてきたのである。その数日後，「こんな新聞を見つけたよ」と荻野教諭が新聞を持ってきたのである。それは，沖縄でサトウキビのポット苗の植付けが始まったという記事であった。その記事のなかに，ポット苗が一つ10円で分けてもらえるということも書いてあった。分けてもらえるならと，さっそく沖縄への電話が始まったのである[10]。

ある日の職員室での雑談の様子が描かれているが，ここには「ふるさと総合学習」における教師の実践的力量形成に関する重要な要素が含まれている。

第一に，山口教諭が，自分の困ったという悩みを率直に話せる職員室の雰囲気があったこと。教師としての悩みや喜びを分かち合える場の存在と，共育ちの関係性にある仲間への信頼感があったからこそ，山口教諭の悩み事はみんなの前に披瀝されたのである。

第二は，山口教諭の相談を自分事として受け止め，一緒に考え合う教職員集団の反応の良さ。重松の「共存の感情」[11]がその場に醸成されているのである。山口教諭は，みんなのアイデアとヒントによって背中を押され，子供の思いや願いにとことん付き合っていく決意を固めていった。子供と一緒に「手作りケーキ」を追究していくという単元構想とカリキュラムが生まれた瞬間であった。

第三は，同僚教師によって，様々なアイデアがもたらされ，単元の構想が大きくふくらんでいったこと。当時，「田んぼの奥深い世界」の追究に夢中になっていた筆者は，日刊の農業専門新聞「日本農業新聞」を購読していた。サトウキビのポット苗の記事を見つけたのは全く偶然の出来事だった。しかし，偶然の出会いをいかす，という教師のアンテナが張られていた。この教師のアンテナが，偶然の出会いを必然に変えていったのである。筆者も，同僚と子供の追究の一助となり得たという喜びを感じた。教師同士の雑談から，総合学習の教材や単元構想についての学び合い・共同開拓が生まれていったのである。

後日談ではあるが，この山口教諭と子供の追究は一年間にわたり継続し発展していった。沖縄・石垣島からポット苗を送ってもらい，サトウキビが熟した頃にサトウキビの搾り汁から黒砂糖を作る方法を教えに，精糖会社の方がはるばる大雨河小学校まで来てくれるという夢のような出来事にまで発展した。

2　教育実践記録と，教務通信を通した教職員集団づくり

額田地域の小学校においては，「週案実践記録」として，各担任が毎週の自分の教育実践を記録し，それに校長・教頭・教務主任等が朱書きを入れて担任に返していくという取り組みの伝統がある。

新任教務主任として，いったい自分はどういうことに取り組めばいいのだろ

うかと先の見通しを不安に思っていた４月当初。教職員の週案実践記録を読んで驚いた。「どの先生もすごい！ よしこれだ！ ここに自分のできることがあるな」と直感的に感じた。週案実践記録を書く立場から読んでコメントを書く立場になったのだが，正直，教職員の週案実践記録には感動した。単なる週の反省の域を越えて，子供の成長への感動や喜び，とまどいや悩みという教育のドラマが本音で書き綴られた教育実践記録になっていたからである。読んでいて面白いし，自分もその感動を共有しているような気持ちになった。

　自分が読んでいるだけじゃあもったいない。いろんな発見や感動をみんなで共有したい。そこで見つけ出したのが，教育実践記録への朱書きと教務通信「ひびき合い」の発行であり，教育実践記録とそれへの朱書きを教務通信の記事の軸としていくことであった。

＜事例＞心通い合うあたたかい雰囲気が人間の可能性を開花させる

　梶教諭は，３年生の足の不自由なＨ児と自閉的な傾向のあるＩ児が入学してきた３年前からみつわ学級（特別支援学級）の担当をしている。明るい笑顔で，いつもみんなをあたたかく包んでくれる学校のお母さんのような存在である。

教務通信「ひびき合い」No.8　1999（平成11）年5月18日より

Ｉ君の素敵な絵が生まれてきた背景が分かる気がします！（梶教諭へ）

　5/17（田植えの）次の日のＩ君の日記には，「田植えをした。どろんこになっておもしろかった。どろんこどろどろ。いいきもち。はやくおこめにならないかなあ」と書いてありました．日記に書いてくるほどだから，ひょっとしたら絵になるかもしれないと思い，国語の内容を変更して「田植えの絵日記を書く時間」にしました。Ｉ君に画用紙を渡すとさっそくかきはじめました。…「Ｉ君，日記のようにみんなで田を植えた絵をかいてね」と方向を変えてみることにしました。すると，「わかった」とのことで鉛筆を持ってくれました。このやる気が起きれば鉛筆の動きはかき終えるまで止まりません。側にいて，「Ｈさんはどこにいるのかな」「Ｉ君はどこかな」とぼそぼそと言葉を投げかけるだけです。これがいいというやり方は分かりませんが，わたしにとっては楽しい時間の一つになっています。（梶教諭の週案記録簿より）

　この文章を読んで，Ｉ君の素敵な絵が生まれた背景に梶教諭のどんな働きかけがあったのかを感じることができたように思えました。Ｉ君自身の中に深い感動がなければ絵にならないこと。Ｉ君や友達がその絵の中にどう位置付いているの

かストーリーが思い描けること。そして側にあたたかいお母さんがいてにこにこしながら見守っていてくれること。そんな雰囲気の空間とゆったりとした時の流れが必要なのだということを思いました。＜後略＞　　（教務主任の朱書き）

　教育実践記録に朱書きをし，通信を書き続ける中で，教務主任である自分自身も担任の思いや願いを受け止め，共に教材開発に努めたり，探検に出かけたりすることができた。担任の実践記録を読むことによって，担任の心で共に実践を創り出すという姿勢を自覚することになった。
　大雨河小学校の実践を振り返ったとき，次のことがいえる。共育ちは，決して子供同士の関係にとどまらず，教師同士の共育ちの関係性が子供の追究へと反映されていく。教職員集団の形成は，探究的な学びを核とする総合的学習の重要な要素である。

Ⅲ 子供と共に，地域の先生から学ぶ教師
── 形埜小学校・校長時代 ──

　2010（平成22）年度から2013（平成25）年度まで，教員生活の締めくくりとして，岡崎市との合併により岡崎市立となった形埜小学校に校長として4年間勤務した。
　2008（平成10）年の学習指導要領の改定を受けて，総合的学習の時間数の削減はあったものの，様々な施策と現場教師の努力により，総合的学習が各学校に定着していった時期に位置している。

1　「木の芽学習」（生活科・総合的学習）と地域の先生
　形埜小学校の生活科・総合的学習は，端的に言えば，ふるさと形埜に根ざした，ふるさと学習の探究であった。身近なふるさと形埜のもの・こと・人と深く関わり，学ぶ喜びを創り出すことにより，ふるさとと自分を愛する心の形成を図っていくことが必要だと考え，研究主題を次のようにした。

13章　■　生活科・総合的学習における教師の実践的力量形成　｜　237

> **研究主題** 「ふるさと形埜に根ざし，学ぶ喜びを創り出す子ども」
> ～発見と感動が生まれる「木の芽学習」の探究～

「木の芽学習」とは，地域に根ざした生活科・総合的学習を軸にしたふるさと学習の授業実践の形埜小学校での名称である。「ぼくたちは木の芽　明日に向かって伸びる」という，校歌の歌詞に歌い込まれた木の芽の成長のように伸びゆく子供自身の成長を意味している。

子供が「木の芽学習」の追究を生き生きと展開していくためには，教師自身が地域の教材発掘と単元構想と過程を楽しみながら取り組んでいくことが不可欠である。教師が地域に出かけ，地域の先生とつながり，自信をもって実践を展開していくことが重要である。

「木の芽学習」の単元を構想し実践していく場合に，子供が対象にかかわり学びを深くしていく過程で，問いをもったり，問題に突き当たったりすることが出てくる。その時に，子供の追究を深くしてくれるのが，地域の先生であり，その道のプロである。その人との出会いと学びは，子供の学びと育ちに重要な意味をもつ。地域の先生・その道のプロは，農業などの技術を学ぶにとどまらず，人間としての生き方を学ぶ先生でもある。

授業づくりを学校づくりの中核的仕事ととらえ，地域の人とのコーディネーターとして，地域の魅力有る人物と子供・教師をつなぐことを校長として心がけてきた。また，実践の主体である担任の単元構想の相談にのったり，実践現場に足を運び見学や体験を共にしたり，授業を参観したりしていった。

2 「木の芽学習」での子供と教師の学びと育ち
──小5総合「形埜の森共生プロジェクト」（2013）の授業実践から──

ここで考察する事例は，2013年度5年総合「形埜の森共生プロジェクト」の有馬教諭の実践である。岡崎市の都市部に生まれ育った教師は，形埜地区と自分の育った環境との違いに戸惑いながらも，山里に位置する形埜小学校の豊かな自然と地域の先生に大きな魅力を感じていた。「木の芽学習」に取り組むにあたり，教材には分からないことがたくさんあり不安もあったが，子供と共に新

しいことに挑戦していきたいという意欲をもっていた。

5年生の子供たちは，地域の林業家・星野さんに学び，間伐体験に挑戦した。天然林と人工林の違いや，間伐することで森の保水力が高まるということを，言葉だけで理解するのは難しい。実際に山に入り，間伐されていない場所と間伐された場所を見る。そして，間伐を体験することで，山の持つ力や間伐の大切さを学ぶことができる。それは，5年生の子供だけでなく，担任も同じである。

9月，星野さんと巴山山頂付近の森へ行き，間伐体験を行った。やはり，子どもたちは，体を動かすことが大好きだ。とても楽しそうに間伐作業を行っていた。その後，千万町の茅葺屋敷で，星野さんから，森についていろいろなことを教えてもらった。現在，間伐が進まず，森が危機的状況にあることや，どうしてこのような状況になったのかなどを話してくださった。そのときに星野さんが言われた自分の考え「山を愛し，緑を育て，山と共に生きる」という言葉には，私も子どもたちも感銘を受けた。そこに，まさに山と共に生きてきた人生を感じたからである。子どもたちにとって，その生き方も大きな学びになった。

(有馬教諭の振り返りの記録より　2013年12月25日)

その後，子供たちは，野生動物の作物被害実態を調査し，イノシシ解体場の見学に行くことになった。イノシシ解体場は，形埜地区の隣の夏山地区にある。そこでNPO法人中部猟踊会の日浅さんにお話を聞き，イノシシ解体の見学をすることができた。

猪・鹿解体施設を見学する

　…＜前略＞そして，解体施設である。処埋途中の3頭のイノシシがぶら下がっており，その解体の様子を日浅さんが実演してくださった。J児は，実際にナイフを使って体験までさせてもらった。そのときに，J児は，日浅さんから「食べたいだけで殺してはいけないんだよ」と教えていただいた。このことがJ児にとって，強く心に響いたようであった。

見学で学んだことから野生動物との付き合い方を話し合う

　…＜前略＞日浅さんの思いに対する理解を深める中で，子どもたち自身の考えも深まっていった。「いっしょに生きていきたい」「人と動物がバランスよく生活できるといい」などの意見が出た。J児は授業の中で，「(日浅さんは)猟師なのにこんな気持ちを持っているんだなと思って，『殺して食べたい』気持ち

から少し離れた」と気持ちの変化を述べた。このことは，野生動物の命を考えることができるようになったということを示していると言える。＜後略＞…

(有馬教諭の教育実践論文より　2013年)

　J児は「撃ち殺して食べたい」という考えを持っていた。その考えには，祖父母のイノシシやシカの農作物被害のひどさを憤る様子を見聞きしているという背景があった。イノシシ解体場見学でJ児は，実際にイノシシの解体を日浅さんにやらせてもらった。日浅さんは「このイノシシも今まで生きていたんだね。いのちをいただくんだから大事に扱って無駄にしないようにせんとね」と声をかけながら，皮を削ぐやり方を教えてくださった。J児は解体作業を行った後で，「自分が，ちょっと優しい気持ちになった気がする」とつぶやいた。本物と出会い，迷いながら，自分の考えを見つめていこうとするJ児の姿があった。

　「木の芽学習」を通して，教師は子供の関心やこだわりにとことん付き合い，自分も知らなかった山里に生きる人々のくらしに迫っていくことで，教師自身の考えを見つめ直していくことができた。

＜１年間の木の芽学習を通して＞

　この前年，ある保護者の方から面白いことを聞いた。「濃い緑の山は人工林なんですよ」と言うのだ。あらためて周りの山々を見ていると，そのほとんどが濃い緑色をしている。つまり，多くが人工林なのだ。そして，この管理が行き届かなくなっていることも教えてもらった。翌年，出会った5年生の児童は，長子が多い。ということは，この子たちの多くは，将来，山の持ち主になるということである。山と切り離せない関係を持っている子たちである。だから，ぜひ，この森の状況を小学生のときに学習してほしいという思いが，私にあった。実践を進めながら，私自身も初めて知ることが多く，子どもたちと共に勉強をしているといった様相であった。…＜中略＞…この木の芽学習だけは違った。木の芽学習のときは，よく自分で考えて意見を言っていた。学習が子どもたちの深いところまできちんと落ちていることが分かってうれしく思ったものである。将来，この子どもたちが，少しでも森の環境のことを考えてくれる大人になるのを楽しみに思う。

(有馬教諭の振り返りの記録より　2015年12月25日)

この教師の振り返りには，実践への率直な思いが語られている。「実践を進めながら，私自身も初めて知ることが多く，子供たちと共に勉強をしているといった様相であった」と，正直に教師としての経験不足を語り，「この木の芽学習だけは違った。木の芽学習のときは，よく自分で考えて意見を言っていた。学習が子供たちの深いところまできちんと落ちていることが分かってうれしく思ったものである」と，体当たりの追究により，子供の学びと育ちの姿に手応えを感じている心境を綴っている。ここには，教師自身の子供観・授業観のとらえ直しと共に，教師としての追究の喜びが表明されている。

　有馬教諭の実践からは，「木の芽学習」で地域の先生に学び，共に成長する子供と教師の姿が見て取れるのである。

Ⅳ 教師の力量形成における自主サークル活動の役割

　教師の実践的力量形成の中核は，今まで述べてきたように学校での現職研修を通じての学び合い育ち合いである。それと共に，自ら求める自主的なサークル活動も力量形成に大きな意味をもっている。

　筆者は，学校の垣根を越えて，共に学ぶ自主サークル活動に参加し運営してきた。岡崎総合的な学習研究会（岡総研）とは，岡崎市現職研修部生活科部会，総合的な学習部会とも連携した，自主的サークルである。

呼びかけ　あなたも「岡総研」で，仲間と共に，学び合い育ち合いましょう！

　岡崎総合的な学習研究会（岡総研）とは，2003年，額田（現岡崎市額田地区）の地に誕生し，岡崎の地域に根ざし，子どもが主人公となる授業実践を求め，歩み続けてきた生活・総合を窓口とした自主サークルです。

　教育実践の現場で，日々子どもと向き合い，苦労や悩みを重ねながら，子どもと共に授業を創り出そうとしている「あなたが主役」の学び合い，育ち合いの場です。教師という仕事の悩みや喜びを共に分かち合う仲間がいてこそ，教師として生きる勇気も元気もわいてきます。

　岡総研の例会は，年5回を定例としています。内容は，①実践交流学習会と②体験型フィールド研修の二本立てで行っています。《体験型フィールド研修の事例　岡崎市ホタル学校での環境学習とホタル鑑賞会，岡崎の水源林・千万町楽

13章　■　生活科・総合的学習における教師の実践的力量形成 ｜ 241

校での山里体験…岡崎市民の飲み水の半分を支える乙川の水源の森見学，皮むき間伐体験，薪割り体験等》

年度当初の単元構想の交流検討，実践の途中経過の報告交流，実践の事実と子どもと教師の学びと育ちの検討など，継続的に学ぶことを大切にしています。一年間の総まとめの学習合宿では，自分の実践を持ち寄り，ていねいにじっくり検討し合い，仲間の中で教師としての自己信頼感を育んでいます。

岡総研の魅力は，実践経験豊富な先輩教師や教育現場とつながる大学の研究者から，直接話を聞いたりアドバイスを受けたりできるところにあります。実践交流の場では，提案者も参加者も，そして先輩教師も，大学の研究者も，みんなよりよい実践を創り出すために知恵を出し分かち合う仲間です。大学の研究者も対等の立場で関わって，明日の実践の指針になるヒントを温かくアドバイスをしてくださいます。

よりよい実践を求めて努力しているあなたも，ぜひ，岡総研に足を運んでみて下さい。

こうした自主サークル活動は各地域に存在する。教師の実践的力量形成にとって，自ら求めて，仲間同士の学び合いの場に参加することは意味がある。

おわりに──教師の実践的力量形成の要──

筆者の教師生活における，教師の実践的力量形成について時代ごとに追うと以下のようである。

担任時代，それは，教師としての力量形成と人間形成の基盤を創る時期であり，「体当たりの追究」と「教師の探究心」を育む時期だったといえる。

教務主任時代，それは，授業づくり・カリキュラムづくりを担任と共同追究する時期であり，学級という枠にとらわれず，学校全体の教職員集団との「共育ちの関係性」を育む時期だったといえる。

そして，校長時代，それは，担任教師の「体当たりの追究」（授業づくり）を応援し，学校づくりを楽しむ，「共育ち」の学校集団づくりを追究する時期だったといえる。

筆者の38年間の教師生活から導き出された，生活科・総合的学習における教師の実践的力量形成の要は，「体当たりの追究」「教師の探究心」と「共育ち」である。

「体当たりの追究」と「教師の探究心」

「体当たりの追究」とは，単に頭の中での知識の操作にとどまらず，子供自らが五官を総動員して体全体を働かせて対象に深く関わり，自分の問いを追いかけてねばり強く考え続けていく学びの姿である。

子供の思いや願いを元に，地域の教材に体当たりで追究をする。これこそが，子供の学びと成長の基盤となっている。魅力ある地域教材と子供の追究意欲とがひびき合う「体当たりの追究」が，単元の基盤にすわっていなければならない。子供の学びが「体当たりの追究」になっているかどうかは，「やらされている体験」や「本やインターネットで調べことが主となっている学び」から，「子供自らが求め，本気で追究していく学び」への転換に欠かせない視点である。

教師の中に上述のような単元構想がふくらむとき，子供との追究も豊かに深くなっていく。試行錯誤しながら，子供と「体当たりの追究」をすることで生まれる教師自身の探究心が，教師の成長の鍵となる。「教師の探究心」が，教材の発見をもたらすと共に，教師による新たな子供の発見をももたらすのである。

「共育ち」

「共育ち」の教育とは，子供同士，子供と教師，子供と地域の先生が考えをひびき合わせ，学び合い育ち合う教育の姿である。

子供が自分の本音を出して自分事として追究していくには，学級の仲間が醸し出す温かい雰囲気が欠かせない。子供が自分の生活という足場をもって友だちと考えをひびき合わせる「共育ち」の関係づくりが追究を深くしていくための重要な視点となる。子供の生活意識を掘り起こし，授業の中で子供同士の思いや願いとその背景をひびき合わせるような教師の指導や発問なども重要である。

「共育ち」は，子供同士の関係にとどまらない。教師同士がお互いの実践や悩みや喜びを共有し，学び合い「共育ち」していくことで，教師自身の実践的力量が形成されていくのである。

最後に，教師の実践的力量形成を支えるものとして，実践過程における子供の追究の事実と教師の悩みや喜びを，教育実践記録に書き綴っていくことが大きな力になることを指摘しておきたい。

（荻野嘉美）

【注】

1) 重松鷹泰は，現場の実践に学び，子供と教師の追究の事実である授業記録を大切にしてきた。名古屋大学教育学部にて，授業記録を足場に，教育の原点である評価の研究に 1952（昭和 27）年に歩み出して以来，1972（昭和 47）年に，帝塚山学園授業研究所を開設し，1 万点を超す授業記録を収集し，分析するという地道な仕事に取り組んできた。「授業分析」という研究手法を確立し，実践の事実から理論を構築するという教育現場に密着した実践的な研究スタイルを貫き通してきた。

2) 重松鷹泰「教師自身の自立のために」『学習指導法研修』77 号，教育開発研究所，pp.28-31

3) 田村学「『総合的な学習の時間』誕生と理念の形成」『日本生活科・総合的学習学会誌せいかつ＆そうごう』第 21 号，2014 年，p.4

4) 荻野嘉美「Ⅲ．教師の力量 自己の経験を振り返って 第 16 章学校での授業研究から学んで」将積茂・霜田一敏監修『教育実践学入門——人間性を育てる教師』，朝倉書店，1989 年，pp.118–119

5) 同上書 p.119

6) 同上書 p.119

7) 同上書 p.121

8) 大雨河小学校・石川英志『ふるさと総合学習　小さな学校の大きな冒険』，農山漁村文化協会，1999 年，p.26

9) 同上書，p.23

10) 同上書，pp.199–200

11) 重松鷹泰『初等教育原理』，国土社，1971 年，p.70

〔付記〕本章は，下記の論文の一部を加筆・修正し，再構成したものである。
荻野嘉美「ふるさと総合学習の理論と実践に関する研究」2015 年度修士論文（愛知教育大学大学院教育学研究科発達教育科学専攻生活科教育領域）

資　料

小学校学習指導要領

第2章　各教科　第5節　生活

（平成29年3月）

第1　目標

具体的な活動や体験を通して，身近な生活に関わる見方・考え方を生かし，自立し生活を豊かにしていくための資質・能力を，次のように育成することを目指す。

(1) 活動や体験の過程において，自分自身，身近な人々，社会及び自然の特徴やよさ，それらの関わり等に気付くとともに，生活上必要な習慣や技能を身に付けるようにする。

(2) 身近な人々，社会及び自然を自分との関わりで捉え，自分自身や自分の生活について考え，表現することができるようにする。

(3) 身近な人々，社会及び自然に自ら働きかけ，意欲や自信をもって学んだり生活を豊かにしたりしようとする態度を養う。

第2　各学年の目標及び内容

〔第1学年及び第2学年〕

1　目標

(1) 学校，家庭及び地域の生活に関わることを通して，自分と身近な人々，社会及び自然との関わりについて考えることができ，それらのよさやすばらしさ，自分との関わりに気付き，地域に愛着をもち自然を大切にしたり，集団や社会の一員として安全で適切な行動をしたりするようにする。

(2) 身近な人々，社会及び自然と触れ合ったり関わったりすることを通して，それらを工夫したり楽しんだりすることができ，活動のよさや大切さに気付き，自分たちの遊びや生活をよりよくするようにする。

(3) 自分自身を見つめることを通して，自分の生活や成長，身近な人々の支えについて考えることができ，自分のよさや可能性に気付き，意欲と自信をもって生活するようにする。

資　料　245

2 内容

1の資質・能力を育成するため，次の内容を指導する。

〔学校，家庭及び地域の生活に関する内容〕

(1) 学校生活に関わる活動を通して，学校の施設の様子や学校生活を支えている人々や友達，通学路の様子やその安全を守っている人々などについて考えることができ，学校での生活は 様々な人や施設と関わっていることが分かり，楽しく安心して遊びや生活をしたり，安全な登下校をしたりしようとする。

(2) 家庭生活に関わる活動を通して，家庭における家族のことや自分でできることなどについて考えることができ，家庭での 生活は互いに支え合っていることが分かり，自分の役割を積 極的に果たしたり，規則正しく健康に気を付けて生活したりしようとする。

(3) 地域に関わる活動を通して，地域の場所やそこで生活したり働いたりしている人々について考えることができ，自分たちの生活は様々な人や場所と関わっていることが分かり，それらに親しみや愛着をもち，適切に接したり安全に生活したりしようとする。

〔身近な人々，社会及び自然と関わる活動に関する内容〕

(4) 公共物や公共施設を利用する活動を通して，それらのよさを 感じたり働きを捉えたりすることができ，身の回りにはみんなで使うものがあることやそれらを支えている人々がいることなどが分かるとともに，それらを大切にし，安全に気を付けて正しく利用しようとする。

(5) 身近な自然を観察したり，季節や地域の行事に関わったりするなどの活動を通して，それらの違いや特徴を見付けることができ，自然の様子や四季の変化，季節によって生活の様子が変わることに気付くとともに，それらを取り入れ自分の生 活を楽しくしようとする。

(6) 身近な自然を利用したり，身近にある物を使ったりするなど して遊ぶ活動を通して，遊びや遊びに使う物を工夫してつくることができ，その面白さや自然の不思議さに気付くとともに，みんなと楽しみながら遊びを創り出そうとする。

(7) 動物を飼ったり植物を育てたりする活動を通して，それらの育つ場所，変化や成長の様子に関心をもって働きかけることができ，それらは生命をもっていることや成長していることに気付くとともに，生き物への親しみをもち，大切にしようとする。

(8) 自分たちの生活や地域の出来事を身近な人々と伝え合う活動を通して，相手のことを想像したり伝えたいことや伝え方 を選んだりすることができ，身近な人々と関わることのよさや楽しさが分かるとともに，進んで触れ合い交流しようとする。

〔自分自身の生活や成長に関する内容〕

(9) 自分自身の生活や成長を振り返る活動を通して，自分のことや支えてくれた人々について考えることができ，自分が大きくなったこと，自分でできるようになったこと，役割が増えたことなどが分かるとともに，これまでの生活や成長を支えてくれた人々に感謝の気持ちをもち，これからの成長への願いをもって，意欲的に生活しようとする。

第3　指導計画の作成と内容の取扱い

1　指導計画の作成に当たっては，次の事項に配慮するものとする。

(1) 年間や，単元など内容や時間のまとまりを見通して，その中で育む資質・能力の育成に向けて，児童の主体的・対話的で深い学びの実現を図るようにすること。その際，児童が具体 的な活動や体験を通して，身近な生活に関わる見方・考え方を生かし，自分と地域の人々，社会及び自然との関わりが具体的に把握できるような学習活動の充実を図ることとし，校外での活動を積極的に取り入れること。

(2) 児童の発達の段階や特性を踏まえ，2学年間を見通して学習活動を設定すること。

(3) 第2の内容の (7) については，2学年間にわたって取り扱うものとし，動物や植物への関わり方が深まるよう継続的な 飼育，栽培を行うようにすること。

(4) 他教科等との関連を積極的に図り，指導の効果を高め，低学 年における教育全体の充実を図り，中学年以降の教育へ円滑 に接続できるようにするとともに，幼稚園教育要領等に示す 幼児期の終わりまでに育ってほしい姿との関連を考慮すること。特に，小学校入学当初においては，幼児期における遊び を通した総合的な学びから他教科等における学習に円滑に移行し，主体的に自己を発揮しながら，より自覚的な学びに向かうことが可能となるようにすること。その際，生活科を中心とした合科的・関連的な指導や，弾力的な時間割の設定を 行うなどの工夫をすること。

(5) 障害のある児童などについては，学習活動を行う場合に生じる困難さに応じ

た指導内容や指導方法の工夫を計画的，組織的に行うこと。

(6) 第1章総則の第1の2の（2）に示す道徳教育の目標に基づき，道徳科など
との関連を考慮しながら，第3章特別の教科道徳の第2に示す内容について，
生活科の特質に応じて適切な指導をすること。

2 **第2の内容の取扱いについては，次の事項に配慮するものとする。**

(1) 地域の人々，社会及び自然を生かすとともに，それらを一体的に扱うよう学
習活動を工夫すること。

(2) 身近な人々，社会及び自然に関する活動の楽しさを味わうとともに，それら
を通して気付いたことや楽しかったことなどについて，言葉，絵，動作，劇
化などの多様な方法により表現し，考えることができるようにすること。ま
た，このように表現し，考えることを通して，気付きを確かなものとしたり，
気付いたことを関連付けたりすることができるよう工夫すること。

(3) 具体的な活動や体験を通して気付いたことを基に考えることができるように
するため，見付ける，比べる，たとえる，試す，見通す，工夫するなどの多
様な学習活動を行うようにすること。

(4) 学習活動を行うに当たっては，コンピュータなどの情報機器について，その
特質を踏まえ，児童の発達の段階や特性及び生活科の特質などに応じて適切
に活用するようにすること。

(5) 具体的な活動や体験を行うに当たっては，身近な幼児や高齢者，障害のある
児童生徒などの多様な人々と触れ合うことができるようにすること。

(6) 生活上必要な習慣や技能の指導については，人，社会，自然及び自分自身
に関わる学習活動の展開に即して行うようにすること。

小学校学習指導要領

第5章　総合的な学習の時間

（平成29年3月）

第1　目標

　探究的な見方・考え方を働かせ，横断的・総合的な学習を行うことを通して，よりよく課題を解決し，自己の生き方を考えていくための資質・能力を次のとおり育成することを目指す。

(1) 探究的な学習の過程において，課題の解決に必要な知識及び技能を身に付け，課題に関わる概念を形成し，探究的な学習のよさを理解するようにする。

(2) 実社会や実生活の中から問いを見いだし，自分で課題を立て，情報を集め，整理・分析して，まとめ・表現することができるようにする。

(3) 探究的な学習に主体的・協働的に取り組むとともに，互いのよさを生かしながら，積極的に社会に参画しようとする態度を養う。

第2　各学校において定める目標及び内容

1　目標

　各学校においては，第1の目標を踏まえ，各学校の総合的な学習の時間の目標を定める。

2　内容

　各学校においては，第1の目標を踏まえ，各学校の総合的な学習の時間の内容を定める。

3　各学校において定める目標及び内容の取扱い

　各学校において定める目標及び内容の設定に当たっては，次の事項に配慮するものとする。

(1) 各学校において定める目標については，各学校における教育目標を踏まえ，総合的な学習の時間を通して育成を目指す資質・能力を示すこと。

(2) 各学校において定める目標及び内容については，他教科等の目標及び内容との違いに留意しつつ，他教科等で育成を目指す資質・能力との関連を重視す

資　料　249

ること。

(3) 各学校において定める目標及び内容については，日常生活や社会との関わりを重視すること。

(4) 各学校において定める内容については，目標を実現するにふさわしい探究課題，探究課題の解決を通して育成を目指す具体的な資質・能力を示すこと。

(5) 目標を実現するにふさわしい探究課題については，学校の実態に応じて，例えば，国際理解，情報，環境，福祉・健康などの現代的な諸課題に対応する横断的・総合的な課題，地域の人々の暮らし，伝統と文化など地域や学校の特色に応じた課題，児童の興味・関心に基づく課題などを踏まえて設定すること。

(6) 探究課題の解決を通して育成を目指す具体的な資質・能力については，次の事項に配慮すること。

　　ア　知識及び技能については，他教科等及び総合的な学習の時間で習得する知識及び技能が相互に関連付けられ，社会の中で生きて働くものとして形成されるようにすること。

　　イ　思考力，判断力，表現力等については，課題の設定，情報の収集，整理・分析，まとめ・表現などの探究的な学習の過程において発揮され未知の状況において活用できるものとして身に付けられるようにすること。

　　ウ　学びに向かう力，人間性等については，自分自身に関すること及び他者や社会との関わりに関することの両方の視点を踏まえること。

(7) 目標を実現するにふさわしい探究課題及び探究課題の解決を通して育成を目指す具体的な資質・能力については，教科等を越えた全ての学習の基盤となる資質・能力が育まれ，活用されるものとなるよう配慮すること。

第3 指導計画の作成と内容の取扱い

1　指導計画の作成に当たっては，次の事項に配慮するものとする。

(1) 年間や，単元など内容や時間のまとまりを見通して，その中で育む資質・能力の育成に向けて，児童の主体的・対話的で深い学びの実現を図るようにすること。その際，児童や学校，地域の実態等に応じて，児童が探究的な見方・考え方を働かせ，教科等の枠を超えた横断的・総合的な学習や児童の興味・関心等に基づく学習を行うなど創意工夫を生かした教育活動の充実を図ること。

(2) 全体計画及び年間指導計画の作成に当たっては，学校における全教育活動との関連の下に，目標及び内容，学習活動，指導方法や指導体制，学習の評価の計画などを示すこと。

(3) 他教科等及び総合的な学習の時間で身に付けた資質・能力を相互に関連付け，学習や生活において生かし，それらが総合的に働くようにすること。その際，言語能力，情報活用能力など全ての学習の基盤となる資質・能力を重視すること。

(4) 他教科等の目標及び内容との違いに留意しつつ，第1の目標並びに第2の各学校において定める目標及び内容を踏まえた適切な学習活動を行うこと。

(5) 各学校における総合的な学習の時間の名称については，各学校において適切に定めること。

(6) 障害のある児童などについては，学習活動を行う場合に生じる困難さに応じた指導内容や指導方法の工夫を計画的，組織的に行うこと。

(7) 第1章総則の第1の2の(2)に示す道徳教育の目標に基づき，道徳科などとの関連を考慮しながら，第3章特別の教科道徳の第2に示す内容について，総合的な学習の時間の特質に応じて適切な指導をすること。

2 第2の内容の取扱いについては，次の事項に配慮するものとする。

(1) 第2の各学校において定める目標及び内容に基づき，児童の学習状況に応じて教師が適切な指導を行うこと。

(2) 探究的な学習の過程においては，他者と協働して課題を解決しようとする学習活動や，言語により分析し，まとめたり表現したりするなどの学習活動が行われるようにすること。その際，例えば，比較する，分類する，関連付けるなどの考えるための技法が活用されるようにすること。

(3) 探究的な学習の過程においては，コンピュータや情報通信ネットワークなどを適切かつ効果的に活用して，情報を収集・整理・発信するなどの学習活動が行われるよう工夫すること。その際，コンピュータで文字を入力するなどの学習の基盤として必要となる情報手段の基本的な操作を習得し，情報や情報手段を主体的に選択し活用できるよう配慮すること。

(4) 自然体験やボランティア活動などの社会体験，ものづくり，生産活動などの体験活動，観察・実験，見学や調査，発表や討論などの学習活動を積極的に取り入れること。

(5) 体験活動については，第1の目標並びに第2の各学校において定める目標及び内容を踏まえ，探究的な学習の過程に適切に位置付けること。

(6) グループ学習や異年齢集団による学習などの多様な学習形態，地域の人々の協力も得つつ，全教師が一体となって指導に当たるなどの指導体制について工夫を行うこと。

(7) 学校図書館の活用，他の学校との連携，公民館，図書館，博物館等の社会教育施設や社会教育関係団体等の各種団体との連携，地域の教材や学習環境の積極的な活用などの工夫を行うこと。

(8) 国際理解に関する学習を行う際には，探究的な学習に取り組むことを通して，諸外国の生活や文化などを体験したり調査したりするなどの学習活動が行われるようにすること。

(9) 情報に関する学習を行う際には，探究的な学習に取り組むことを通して，情報を収集・整理・発信したり，情報が日常生活や社会に与える影響を考えたりするなどの学習活動が行われるようにすること。第1章総則の第3の1の(3)のイに掲げるプログラミングを体験しながら論理的思考力を身に付けるための学習活動を行う場合には，プログラミングを体験することが，探究的な学習の過程に適切に位置付くようにすること。

執筆者 ───

- 中野　真志　愛知教育大学教授 ……………………………… 第 1・2・7 章
- 加藤　　智　愛知淑徳大学准教授 ……………………………… 第 3・6・8・11 章
- 荻野　嘉美　前愛知教育大学非常勤講師 ……………………… 第 13 章
- 金津　琢哉　東海学園大学准教授 ……………………………… 第 4 章
- 神谷　裕子　愛知学泉大学講師 ………………………………… 第 9 章
- 清水　　聖　奈良女子大学附属小学校教諭 …………………… 第 5 章
- 中村　仁志　豊橋市立松葉小学校教諭 ………………………… 第 8・10 章
- 西野雄一郎　近江八幡市立八幡小学校教諭 …………………… 第 12 章
- 山本惠士朗　知多市立八幡小学校教諭 ………………………… 第 3 章
- 岡田　直俊　愛知教育大学大学院（院生） …………………… 第 1 章

編 者

■ 中野　真志 (なかの　しんじ)

　　1960 年生まれ
　　1998 年　大阪市立大学大学院文学研究科（教育学専攻）
　　　　　　博士課程単位取得退学
　　現　在　愛知教育大学生活科教育講座教授・文学博士

■ 加藤　智 (かとう　さとし)

　　1980 年生まれ
　　2005 年　愛知教育大学大学院教育学研究科
　　　　　　(学校教育専攻生活科教育分野)
　　　　　　修士課程修了
　　現　在　愛知淑徳大学文学部教育学科准教授

生活科・総合的学習の系譜と展望

2018 年 10 月 22 日　初版発行
2021 年 8 月 1 日　第 2 版発行

　編　者　　　中野真志
　　　　　　　加藤　智
　発行所　　　株式会社　三恵社
　　　　　　　〒 462-0056 愛知県名古屋市北区中丸町 2-24-1
　　　　　　　TEL 052-915-5211　FAX 052-915-5019
　　　　　　　URL https://www.sankeisha.com

本書を無断で複写・複製することを禁じます。
乱丁・落丁の場合はお取替えいたします。
ISBN978-4-86487-908-8
写真提供：taka / PIXTA（ピクスタ）